David Kopec

Algorithmen in Java

32 Klassiker vom Rucksackproblem bis zu neuronalen Netzen

Aus dem Lektorat

Liebe Leserin, lieber Leser,

ich freue mich, Sie zu diesem Buch aus der Reihe »Classical Computer Problems« begrüßen zu können!

US-Autor David Kopec möchte damit seinen Studierenden etwas bieten, was ihn selbst einst beim Lernen motiviert und weitergebracht hat: Eine gute Sammlung passender »Probleme«, also Aufgaben, die sich mit Grundlagenkenntnissen lösen lassen.

Sie sind so gewählt, dass Sie dabei wichtige Techniken zur Problemlösung und zur Codierung in Java kennenlernen. Mehr noch: Die Lösungen gehören allesamt in den Kanon der wichtigsten Algorithmen, die die Informatik kennt. Suche im Binärbaum, Minimax ... sehen Sie selbst!

Wenn Sie sich für die Entstehung neuer Java-Features und die Arbeit des Teams dahinter interessieren, dann lege ich Ihnen das Interview mit dem Java-Chefarchitekten Brian Goetz ans Herz, das Sie am Ende des Buches finden. Im Gespräch mit unserem Autor spannt er den Bogen von den ersten Syntaxentscheidungen über die Sprachenvielfalt der letzten Jahre bis zur Bedeutung funktionaler Elemente in der OOP-Sprache Java.

Dieses Buch wurde mit großer Sorgfalt lektoriert und produziert. Sollten Sie dennoch Fehler finden oder inhaltliche Anregungen haben, sind mir Ihre Fragen und konstruktive Kritik jederzeit willkommen.

Ich wünsche Ihnen viel Erfolg mit Java!

Ihre Almut Poll
Lektorat Rheinwerk Computing

almut.poll@rheinwerk-verlag.de
www.rheinwerk-verlag.de
Rheinwerk Verlag · Rheinwerkallee 4 · 53227 Bonn

Auf einen Blick

1 Kleine Aufgaben 23
2 Suchaufgaben 49
3 Bedingungserfüllungsprobleme 91
4 Graphenprobleme 117
5 Genetische Algorithmen 153
6 k-Means-Clustering 181
7 Einfache neuronale Netzwerke 205
8 Adversarial Search 243
9 Weitere Aufgaben 277

Impressum

Wir hoffen, dass Sie Freude an diesem Buch haben und sich Ihre Erwartungen erfüllen. Ihre Anregungen und Kommentare sind uns jederzeit willkommen. Bitte bewerten Sie doch das Buch auf unserer Website unter **www.rheinwerk-verlag.de/feedback**.

An diesem Buch haben viele mitgewirkt, insbesondere:

Lektorat Almut Poll, Christoph Meister
Übersetzung und deutsche Bearbeitung Isolde Kommer, Großerlach
Herstellung Denis Schaal
Typografie und Layout Vera Brauner
Einbandgestaltung Julia Schuster
Satz Typographie & Computer, Krefeld
Druck Beltz Grafische Betriebe, Bad Langensalza

Dieses Buch wurde gesetzt aus der TheAntiquaB (9,35/13,7 pt) in FrameMaker.
Gedruckt wurde es auf chlorfrei gebleichtem Offsetpapier (90 g/m²).
Hergestellt in Deutschland.

Übersetzung der amerikanischen Originalausgabe:
David Kopec: Classic Computer Science Problems in Java, ISBN 978-1-6172-9760-1

Original English-language edition published by Manning Publications USA © 2020 by Manning Publications. German-language edition copyright © 2021 by Rheinwerk Verlag GmbH. All rights reserved.

Das vorliegende Werk ist in all seinen Teilen urheberrechtlich geschützt. Alle Rechte vorbehalten, insbesondere das Recht der Übersetzung, des Vortrags, der Reproduktion, der Vervielfältigung auf fotomechanischen oder anderen Wegen und der Speicherung in elektronischen Medien.

Ungeachtet der Sorgfalt, die auf die Erstellung von Text, Abbildungen und Programmen verwendet wurde, können weder Verlag noch Autor, Herausgeber oder Übersetzer für mögliche Fehler und deren Folgen eine juristische Verantwortung oder irgendeine Haftung übernehmen.

Die in diesem Werk wiedergegebenen Gebrauchsnamen, Handelsnamen, Warenbezeichnungen usw. können auch ohne besondere Kennzeichnung Marken sein und als solche den gesetzlichen Bestimmungen unterliegen.

Bibliografische Information der Deutschen Nationalbibliothek:
Die Deutsche Nationalbibliothek verzeichnet diese Publikation in der Deutschen Nationalbibliografie; detaillierte bibliografische Daten sind im Internet über *http://dnb.dnb.de* abrufbar.

ISBN 978-3-8362-8452-3

1. Auflage 2021
© Rheinwerk Verlag, Bonn 2021

Informationen zu unserem Verlag und Kontaktmöglichkeiten finden Sie auf unserer Verlagswebsite **www.rheinwerk-verlag.de**. Dort können Sie sich auch umfassend über unser aktuelles Programm informieren und unsere Bücher und E-Books bestellen.

Inhalt

Vorwort 13
Einleitung 15

1 Kleine Aufgaben 23

1.1 Die Fibonacci-Folge 23
    1.1.1 Ein erster rekursiver Ansatz 23
    1.1.2 Abbruchbedingungen verwenden 25
    1.1.3 Memoisation eilt zu Hilfe 27
    1.1.4 Fibonacci leicht gemacht 29
    1.1.5 Fibonacci-Zahlen mit einem Stream erzeugen 30

1.2 Triviale Komprimierung 31

1.3 Unknackbare Verschlüsselung 36
    1.3.1 Die Daten bereitstellen 37
    1.3.2 Entschlüsseln und verschlüsseln 38

1.4 Pi berechnen 40

1.5 Die Türme von Hanoi 42
    1.5.1 Die Türme modellieren 43
    1.5.2 Türme von Hanoi lösen 43

1.6 Anwendungen im Alltag 46

1.7 Übungsaufgaben 47

2 Suchaufgaben 49

2.1 DNA-Suche 49
    2.1.1 DNA speichern 50
    2.1.2 Lineare Suche 52
    2.1.3 Binärsuche 53
    2.1.4 Ein generisches Beispiel 57

2.2	**Labyrinthe lösen**		59
	2.2.1	Ein Zufallslabyrinth erzeugen	62
	2.2.2	Weitere Labyrinth-Hilfsfunktionen	64
	2.2.3	Tiefensuche	65
	2.2.4	Breitensuche	70
	2.2.5	A*-Suche	75
2.3	**Missionare und Kannibalen**		82
	2.3.1	Darstellung der Aufgabe	82
	2.3.2	Lösung	85
2.4	**Anwendungen im Alltag**		89
2.5	**Übungsaufgaben**		89

3   Bedingungserfüllungsprobleme   91

3.1	Ein Framework für Bedingungserfüllungsprobleme schreiben	92
3.2	Die Landkarte Australiens einfärben	98
3.3	Das Acht-Damen-Problem	101
3.4	Wortsuche	104
3.5	SEND+MORE=MONEY	112
3.6	Leiterplatten-Layout	115
3.7	Bedingungserfüllungsproblem im Alltag	115
3.8	Übungsaufgaben	116

4   Graphenprobleme   117

4.1	**Eine Landkarte als Graph**		117
4.2	**Ein Framework für Graphen schreiben**		120
	4.2.1	Mit Edge und UnweightedGraph arbeiten	126
4.3	**Den kürzesten Pfad finden**		128
	4.3.1	Wiedersehen mit der Breitensuche	129

4.4	Die Kosten für den Aufbau des Netzwerks minimieren		131
	4.4.1	Mit Gewichten arbeiten	131
	4.4.2	Den minimalen Spannbaum finden	136
4.5	Den kürzesten Pfad in einem gewichteten Graphen finden		143
	4.5.1	Der Dijkstra-Algorithmus	143
4.6	Graphenprobleme im Alltag		150
4.7	Übungsaufgaben		151

5   Genetische Algorithmen   153

5.1	Biologischer Hintergrund	153
5.2	Ein generischer genetischer Algorithmus	155
5.3	Ein naiver Test	164
5.4	Wiedersehen mit SEND+MORE=MONEY	167
5.5	Listenkomprimierung optimieren	172
5.6	Kritik an genetischen Algorithmen	176
5.7	Genetische Algorithmen im Alltag	178
5.8	Übungsaufgaben	179

6   k-Means-Clustering   181

6.1	Vorbereitungen	182
6.2	Der k-Means-Clustering-Algorithmus	185
6.3	Gouverneure nach Alter und Längengrad clustern	193
6.4	Michael-Jackson-Alben nach Länge clustern	199
6.5	k-Means-Clustering-Probleme und -Erweiterungen	201
6.6	k-Means-Clustering im Alltag	202
6.7	Übungsaufgaben	203

7 Einfache neuronale Netzwerke — 205

7.1 Biologische Grundlagen? — 206
7.2 Künstliche neuronale Netzwerke — 207
7.2.1 Neuronen — 208
7.2.2 Schichten — 209
7.2.3 Backpropagation — 210
7.2.4 Das große Ganze — 214
7.3 Vorbereitungen — 215
7.3.1 Skalarprodukt — 215
7.3.2 Die Aktivierungsfunktion — 216
7.4 Das Netzwerk aufbauen — 218
7.4.1 Neuronen implementieren — 218
7.4.2 Schichten implementieren — 220
7.4.3 Das Netzwerk implementieren — 222
7.5 Klassifikationsprobleme — 227
7.5.1 Daten normalisieren — 227
7.5.2 Die klassische Iris-Datenmenge — 229
7.5.3 Wein klassifizieren — 234
7.6 Neuronale Netzwerke beschleunigen — 238
7.7 Probleme und Erweiterungen neuronaler Netzwerke — 239
7.8 Neuronale Netzwerke im Alltag — 241
7.9 Übungsaufgaben — 242

8 Adversarial Search — 243

8.1 Grundkomponenten von Brettspielen — 243
8.2 Tic Tac Toe — 245
8.2.1 Den Zustand von Tic Tac Toe verwalten — 246
8.2.2 Minimax — 251
8.2.3 Minimax mit Tic Tac Toe testen — 254
8.2.4 Eine Tic-Tac-Toe-KI entwickeln — 257

8.3	Vier gewinnt		260
	8.3.1	Der Vier-gewinnt-Spielmechanismus	260
	8.3.2	Eine Vier-gewinnt-KI	268
	8.3.3	Minimax mit Alpha-Beta-Suche verbessern	270
8.4	Minimax-Verbesserungen über die Alpha-Beta-Suche hinaus		272
8.5	Adversarial Search im Alltag		273
8.6	Übungsaufgaben		274

9 Weitere Aufgaben   277

9.1	Das Rucksackproblem		277
9.2	Das Problem des Handlungsreisenden		284
	9.2.1	Der naive Ansatz	285
	9.2.2	Die nächste Stufe erklimmen	292
9.3	Merkhilfen für Telefonnummern		292
9.4	Anwendungen im Alltag		296
9.5	Übungsaufgaben		297

Anhang   299

A	Interview mit Brian Goetz	301
B	Glossar	317
C	Weiterführende Ressourcen	323

Index	327

*Gewidmet Xingben Chen, SUNY Suffolk,
und Wei Kian Chen, Champlain College,
die mir die Gelegenheit gaben
und mich angeleitet haben, ein Lehrer zu sein.*

Vorwort

Danksagungen

Ich möchte allen bei Manning danken, die bei der Entwicklung dieses Buchs geholfen haben. Besonders danke ich der Entwicklungsredakteurin Jenny Stout für ihre Freundlichkeit – sie war da, als es während der für mich schwierigsten Umstände unserer drei gemeinsamen Bücher darauf ankam –, der technischen Entwicklungsredakteurin Frances Buontempo für ihre Liebe zum Detail, dem Autorenbetreuer Brian Sawyer dafür, dass er an die Reihe »Classic Computer Science Problems« geglaubt hat und immer eine Stimme der Vernunft war, dem Lektor Andy Carroll, der meine Fehler in den letzten Jahren besser aufgespürt hat als ich selbst, Radmila Ercegovac, die mir geholfen hat, die Serie in der ganzen Welt zu bewerben, sowie dem Fachlektor Jean-François Morin, der Wege gefunden hat, den Code sauberer und moderner zu gestalten. Außerdem möchte ich meiner Projektlektorin Deirdre Hiam danken, meiner Korrektorin Katie Tennant sowie meinem Schlusslektor Aleks Dragosavljevic. Es gibt in den Bereichen Management, Grafik, Satz, Finanzen, Marketing, Rezensionen und Produktion noch mindestens ein Dutzend weiterer Leute bei Manning, die in verschiedenen Phasen der Buchentstehung mitgewirkt haben, die ich aber nicht näher kennenlernen konnte. Auch ihnen danke ich für ihren Einsatz.

Danke, Brian Goetz, dass Sie sich so viel Zeit genommen und mir ein Interview gegeben haben, das die Leser sicher begeistern und inspirieren wird. Es war mir eine Ehre, Sie zu interviewen.

Danke an meine Frau Rebecca und meine Mutter Sylvia für ihre unerschütterliche Unterstützung während eines schwierigen Jahres.

Dank gebührt auch allen Testlesern: Andres Sacco, Ezra Simeloff, Jan van Nimwegen, Kelum Prabath Senanayake, Kimberly Winston-Jackson, Raffaella Ventaglio, Raushan Jha, Samantha Berk, Simon Tschöke, Víctor Durán und William Wheeler. Durch Ihre konstruktive Kritik ist das Buch noch besser geworden. Ich schätze die Sorgfalt und Zeit, die Sie dafür aufgewendet haben.

Und vor allem danke ich den Leserinnen und Lesern, die die Reihe »Classic Computer Science Problems« unterstützt haben. Wenn Ihnen dieses Buch gefällt, würde ich mich sehr über eine Rezension freuen.

Materialien zum Buch

Auf der Webseite zu diesem Buch stehen alle Codebeispiele aus dem Buch für Sie zum Download bereit.

Gehen Sie auf *www.rheinwerk-verlag.de/5337*. Klicken Sie auf den Reiter MATERIALIEN ZUM BUCH. Sie sehen die herunterladbaren Dateien samt einer Kurzbeschreibung des Dateiinhalts. Klicken Sie auf den Button HERUNTERLADEN, um den Download zu starten.

Buchforum

Mit dem Kauf von *Algorithmen in Java* erhalten Sie kostenlosen Zugriff auf ein privates Webforum von Manning Publications, in dem Sie das Buch kommentieren, fachliche Fragen stellen und Hilfe vom Autor und von anderen Usern erhalten können. Sie finden das Forum unter *https://livebook.manning.com/#!/book/classic-computerscience-problems-in-java/discussion*. Mehr über die Manning-Foren und ihre Verhaltensregeln erfahren Sie unter *https://livebook.manning.com/#!/discussion*.

Manning möchte den Lesern damit eine Plattform zum konstruktiven Austausch zwischen den Lesern sowie zwischen den Lesern und dem Autor bereitstellen. Der Autor ist nicht verpflichtet, sich in konkretem Umfang an dem Forum zu beteiligen. Seine Beiträge sind freiwillig (und unbezahlt). Wir schlagen vor, dass Sie ihm einige wirklich knifflige Fragen stellen, damit sein Interesse nicht nachlässt! Das Forum und die Archive früherer Diskussionen bleiben auf der Website des Verlags verfügbar, solange das Buch [d. h. das amerikanische Original] erhältlich ist.

Über den Autor

David Kopec ist Assistant Professor für Informatik & Innovation am Champlain College in Burlington, Vermont. Er ist der Autor von *Classic Computer Science Problems in Python* (Manning, 2019), *Classic Computer Science Problems in Swift* (Manning, 2018) und *Dart for Absolute Beginners* (Apress, 2014). David ist außerdem Softwareentwickler und Podcaster.

Einleitung

Danke, dass Sie *Algorithmen in Java* gekauft haben. Java ist seit etwa zwei Jahrzehnten eine der populärsten Programmiersprachen der Welt. Sie ist zweifellos die dominierende Sprache im Unternehmenskontext, im Hochschulsektor und bei der Entwicklung von Android-Apps. Ich hoffe, dass dieses Buch dazu beiträgt, dass Sie Java nicht nur als Mittel zum Zweck verwenden. Stattdessen möchte ich Sie an einen Punkt bringen, an dem Sie Java als Werkzeug zur computergestützten Problemlösung betrachten. Die Aufgaben in diesem Buch haben einen mittleren Schwierigkeitsgrad und helfen erfahrenen Programmierern, Ideen aus ihrer Informatikausbildung aufzufrischen und dabei einige fortgeschrittene Features der Sprache zu erlernen. Schüler, die Java im Unterricht erlernen, und Programmierer im Selbststudium können ihre Fortschritte beschleunigen, indem sie sich allgemein anwendbare Problemlösungsmethoden aneignen. Dieses Buch behandelt eine so große Bandbreite von Aufgaben, dass wirklich für alle etwas dabei ist.

Dieses Buch ist keine Einführung in Java. Es gibt diverse hervorragende Bücher von Manning, dem Rheinwerk Verlag und anderen Verlagen, die diese Aufgabe erfüllen. Wenngleich ich in diesem Buch Funktionen einer neueren Java-Version (Java 11) nutze, wird die Beherrschung jeder Facette der neuesten Version von Java nicht vorausgesetzt. Tatsächlich hat das Buch den Anspruch, als Lernmaterial zu dienen, das Lesern hilft, genau diese Beherrschung zu erreichen. Andererseits ist es nicht für Leser geeignet, denen Java vollkommen neu ist.

Manche sagen, dass sich Computer zur Informatik verhalten wie Teleskope zur Astronomie. Wenn das der Fall ist, dann entspricht eine Programmiersprache vielleicht einer Teleskoplinse. In jedem Fall meint der Begriff »klassische Informatikaufgaben« hier »Programmieraufgaben, die typischerweise im Grundstudium der Informatik gelehrt werden«.

Es gibt bestimmte Programmieraufgaben, die angehenden Programmierern vorgelegt werden und die so verbreitet sind, dass sie als Klassiker bezeichnet werden, ob im Rahmen eines Bachelor-Studiengangs (in Informatik, Software-Engineering und verwandten Fächern) oder in einem Programmierlehrbuch mittlerer Lernstufe (zum Beispiel einem Einführungsbuch über künstliche Intelligenz oder Algorithmen). Eine Auswahl solcher Aufgaben finden Sie in diesem Buch.

Die Aufgaben reichen von trivialen Problemen, die mit ein paar Zeilen Code gelöst werden können, bis hin zu komplexen, die den systematischen Aufbau über mehrere Kapitel hinweg benötigen. Einige Aufgaben berühren die künstliche Intelligenz, während andere bloß etwas Nachdenken erfordern. Einige Aufgaben sind praktisch, andere eher kurios.

Für wen dieses Buch gedacht ist

Java wird in den unterschiedlichsten Bereichen eingesetzt: bei der Entwicklung mobiler Apps, der Webentwicklung für Unternehmen, der Schulung von Informatikern, im Finanzwesen und vielem mehr. Manchmal gilt Java als umständlich, und es fehlen ihm einige moderne Funktionen. Trotzdem hat es seit seiner Einführung wahrscheinlich mehr Personen beeinflusst als jede andere Programmiersprache. Es muss also einen Grund für die Popularität von Java geben. Java wurde ursprünglich von seinem Schöpfer James Gosling als verbessertes C++ konzipiert: eine Sprache, die die Möglichkeiten der objektorientierten Programmierung bietet, dabei aber gleichzeitig Sicherheitsfunktionen mitbringt und ein paar störende Ecken und Kanten von C++ entschärft. In dieser Hinsicht ist Java meiner Meinung nach mit Bravour gelungen.

Java ist eine großartige objektorientierte Allzwecksprache. Allerdings verfallen viele User in einen Trott, egal ob es um die Android- oder um die Web-Entwicklung in Unternehmen geht, und der Umgang mit der Sprache erscheint ihnen meistens wie ein API-Mashup. Sie arbeiten nicht an der Lösung komplexer Probleme, sondern verbringen ihre Zeit damit, jedes Detail eines SDK oder einer Bibliothek zu erlernen. Falls Sie dazu gehören, möchte Ihnen dieses Buch Abwechslung bieten. Und dann gibt es noch Entwickler und Programmierinnen, die nie eine Informatikausbildung genossen und all die effektiven Techniken zur Problemlösung erlernt haben. Wenn Sie also Java beherrschen, aber kein Informatiker sind, ist dieses Buch genau das Richtige für Sie.

Andere Programmierinnen und Programmierer lernen Java als zweite, dritte, vierte oder fünfte Sprache, wenn sie schon lange in der Softwareentwicklung tätig sind. Für sie ist es hilfreich, vertraute Aufgaben zu sehen, die sie bereits in einer anderen Sprache gelöst haben. So können sie sich schneller in Java einarbeiten, dieses Buch kann ihnen zur Wiederauffrischung vor einem Vorstellungsgespräch dienen oder sie mit Problemlösungsstrategien vertraut machen, die sie bei ihrer Arbeit zuvor nicht in Betracht gezogen haben. Wenn Sie zu dieser Lesergruppe gehören, würde ich Ihnen empfehlen, das Inhaltsverzeichnis zu überfliegen, um herauszufinden, ob es in diesem Buch Themen gibt, die Sie interessieren.

Dieses Buch eignet sich sowohl für Sie, wenn Sie in der Programmierung etwas fortgeschritten sind, als auch, wenn Sie bereits viel Erfahrung haben. Erfahrene, die ihre Java-Kenntnisse vertiefen möchten, finden hinreichend bekannte Aufgaben aus ihrer Informatik- oder Programmierausbildung. Fortgeschrittene lernen die klassischen Aufgaben in der Sprache ihrer Wahl kennen: Java. Entwickler, die sich auf Coding-Vorstellungsgespräche vorbereiten, finden in diesem Buch hilfreiches Material.

Neben professionellen Programmierern werden sicherlich auch Studierende im Grundstudium der Informatik und mit Interesse an Java dieses Buch hilfreich finden. Es möchte jedoch keine gründliche Einführung in Datenstrukturen und Algorithmen sein. *Dies ist kein Lehrbuch über Datenstrukturen und Algorithmen.* Sie werden auf den kommenden Seiten keine Beweise oder ausführliche Big-O-Notation finden. Stattdessen handelt es sich um ein zugängliches, praktisches Tutorial für Problemlösungsverfahren, die das Endergebnis von Kursen über Datenstrukturen, Algorithmen und künstliche Intelligenz sein sollten.

Noch einmal: Kenntnisse der Syntax und Semantik von Java werden vorausgesetzt. Leuten mit keinerlei Programmiererfahrung bringt dieses Buch wenig, und wer gar keine Erfahrung mit der Java-Programmierung hat, wird sich fast sicher schwertun. *Algorithmen in Java* ist mit anderen Worten ein Buch für aktive Java-Programmierer und Informatikstudierende.

Ein Wegweiser durch dieses Buch

Kapitel 1 stellt Problemlösungsstrategien vor, die den meisten Leserinnen und Lesern vertraut vorkommen werden. Dinge wie Rekursion, Memoisation und Bit-Manipulation sind grundlegende Bausteine anderer Verfahren, die in späteren Kapiteln betrachtet werden.

Auf diese behutsame Einführung folgt Kapitel 2, das sich mit Suchaufgaben beschäftigt. Die Suche ist ein so umfangreiches Thema, dass man vermutlich die meisten Aufgaben in diesem Buch unter dieser Überschrift zusammenfassen könnte. Kapitel 2 stellt die grundlegenden Suchalgorithmen vor, darunter binäre Suche, Tiefensuche, Breitensuche und A*. Diese Algorithmen werden im Rest des Buchs wiederverwendet.

In Kapitel 3, »Bedingungserfüllungsprobleme«, schreiben Sie ein Framework zur Lösung einer breiten Palette von Aufgaben, die sich abstrakt durch Variablen mit beschränktem Wertebereich und zwischen ihnen geltenden Bedingungen beschreiben lassen. Dazu gehören Klassiker wie das Acht-Damen-Problem, das Einfärben der Landkarte Australiens oder das kryptoarithmetische Rätsel SEND+MORE=MONEY.

Kapitel 4 erforscht die Welt der Graphenalgorithmen, deren Anwendungsgebiete für Uneingeweihte überraschend vielfältig erscheinen. In diesem Kapitel schreiben Sie eine Graphen-Datenstruktur und verwenden sie zur Lösung diverser klassischer Optimierungsaufgaben.

Kapitel 5 beschäftigt sich mit genetischen Algorithmen, einem Verfahren, das weniger deterministisch ist als die meisten in diesem Buch behandelten, aber manchmal Probleme lösen kann, die traditionelle Algorithmen nicht innerhalb einer vernünftigen Zeitspanne knacken können.

Kapitel 6 behandelt k-Means-Cluster-Algorithmen und ist vielleicht das algorithmenspezifischste Kapitel im Buch. Diese Clustertechnik ist einfach zu implementieren, leicht zu verstehen und auf vielen Gebieten anwendbar.

Kapitel 7 versucht zu erklären, was ein neuronales Netzwerk ist, und gibt Ihnen einen Einblick in den Aufbau eines sehr einfachen neuronalen Netzwerks. Das Kapitel möchte dieses faszinierende und sich stetig weiterentwickelnde Wissensgebiet nicht umfassend behandeln. In diesem Kapitel schreiben Sie ein neuronales Netzwerk nach einfachen Prinzipien und ohne externe Bibliotheken, damit Sie genau sehen können, wie ein neuronales Netzwerk arbeitet.

In Kapitel 8 geht es um Adversarial Search in Zwei-Spieler-Spielen mit perfekter Information. Sie lernen einen Suchalgorithmus kennen, der Minimax genannt wird und verwendet werden kann, um einen künstlichen Gegner zu entwickeln, der Spiele wie Schach, Dame und »Vier gewinnt« gut spielen kann.

Kapitel 9 behandelt interessante (und spaßige) Aufgaben, die nirgendwo anders ins Buch passten.

Anhang A schließlich enthält ein Interview mit Brian Goetz, Java Language Architect bei Oracle, der die Entwicklung der Sprache betreut. Brian hält wertvolle Ratschläge zum Thema Programmierung und Informatik bereit.

Über den Code

Der Quellcode in diesem Buch wurde in Übereinstimmung mit der Java-Version 11 geschrieben. Er verwendet Features, die erst seit Java 11 verfügbar sind, sodass ein Teil des Codes nicht mit älteren Versionen von Java funktionieren wird. Anstatt sich abzumühen, die Beispiele in einer älteren Version zum Laufen zu bringen, laden Sie bitte einfach die neueste Version von Java herunter, bevor Sie mit dem Buch beginnen. Ich habe mich für Version 11 entschieden, weil es sich dabei um die zum Zeitpunkt der Buchentstehung aktuelle LTS-Version (Long Term Support) von Java handelt. Der gesamte Code sollte mit neueren (und zukünftigen) Versionen von Java funktionieren. Tatsächlich dürfte ein großer Teil des Codes mit Java bis hinunter zu Version 8 funktionieren. Ich weiß, dass oftmals aus verschiedenen Gründen immer noch an Java 8 festgehalten wird (ich sage nur: Android), aber es war mir daran gelegen, eine neuere Version zu verwenden. So kann ich einen Zusatznutzen bieten, indem ich einige der neueren Funktionen der Sprache erläutere.

Dieses Buch verwendet ausschließlich die Java-Standardbibliothek, sodass sämtlicher Code in diesem Buch auf jeder Plattform laufen sollte, auf der Java unterstützt wird (macOS, Windows, GNU/Linux und so weiter). Der Code in diesem Buch wurde ausschließlich mit OpenJDK getestet (der Haupt-Implementation von Java, die Sie auf *http://openjdk.java.net* finden), wird aber wahrscheinlich auch in einer alternativen Java-Implementation laufen.

Dieses Buch erklärt nicht, wie Sie Java-Tools wie Editoren, IDEs und Debugger verwenden. Der Quellcode des Buchs ist online im GitHub-Repository verfügbar: *https://github.com/davecom/ClassicComputerScienceProblemsInJava*.[1] Der Quellcode ist in Ordnern nach Kapiteln organisiert. Wenn Sie eines der Kapitel lesen, finden Sie den Namen der jeweiligen Quelldatei in der Unterschrift der Codelistings. Diese Quelldatei finden Sie in ihrem jeweiligen Ordner im Repository.

Beachten Sie, dass das Repository als Eclipse-Arbeitsbereich organisiert ist. Eclipse ist eine beliebte kostenlose Java-IDE, die für alle drei gängigen Betriebssysteme verfügbar ist und von *eclipse.org* bezogen werden kann. Um das Quellcode-Repository auf ganz einfache Weise zu verwenden, öffnen Sie es nach dem Herunterladen als Eclipse-Arbeitsbereich.

Anschließend können Sie das *src*-Verzeichnis und dann das Paket für das jeweilige Kapitel erweitern, mit der rechten Maustaste auf eine Datei mit einer `main()`-Methode klicken und im Kontextmenü RUN AS • JAVA APPLICATION wählen, um die Lösung einer Beispielaufgabe auszuführen.

Ich verzichte auf ein Tutorial zu Eclipse, weil ich der Meinung bin, dass es für die meisten fortgeschrittenen Entwickler*innen reine Platzverschwendung wäre. Der Einstieg in Eclipse dürfte Ihnen sehr leicht fallen. Außerdem gehe ich davon aus, dass viele Leserinnen und Leser dieses Buch alternative Java-Umgebungen verwenden werden. Da es sich um Standard-Java handelt, können Sie den Quellcode aus diesem Buch auch in der IDE Ihrer Wahl ausführen, sei es NetBeans, IntelliJ oder eine andere Umgebung, mit der Sie vertraut sind. Beachten Sie dabei, dass ich keine Unterstützung für den Import der Projekte in die von Ihnen gewählte Umgebung anbieten kann, wobei dies relativ unproblematisch sein sollte. Die meisten IDEs können aus Eclipse importieren.

Zusammenfassend sei gesagt, dass Sie Ihren Computer mit dem Quellcode aus diesem Buch am einfachsten folgendermaßen einrichten, wenn Sie bei null anfangen:

---

[1] Der Rheinwerk Verlag stellt den Quellcode auf der Webseite zum Buch unter »Materialien zum Buch« zum Download bereit: *https://www.rheinwerk-verlag.de/8452*.

1. Laden Sie Java 11 oder höher von *openjdk.java.net* herunter, und installieren Sie es.
2. Laden Sie Eclipse von *eclipse.org* herunter, und installieren Sie es.
3. Laden Sie den Quellcode des Buchs aus dem Repository unter *https://github.com/davecom/ClassicComputerScienceProblemsInJava*.
4. Öffnen Sie das gesamte Repository als Arbeitsbereich in Eclipse.
5. Klicken Sie mit der rechten Maustaste auf die gewünschte Quellcodedatei, und wählen Sie RUN AS • JAVA APPLICATION.

Es gibt in diesem Buch keine Beispiele, die grafische Ausgaben erzeugen oder Gebrauch von einer grafischen Benutzeroberfläche (GUI) machen. Warum? Das Ziel ist es, die gestellten Aufgaben durch Code zu lösen, der so kompakt und lesbar wie möglich ist. Oft stehen grafische Darstellungen diesem Ziel im Weg oder machen Lösungen deutlich komplexer, als sie zur Veranschaulichung des jeweiligen Verfahrens oder Algorithmus sein müssten.

Außerdem macht die Entscheidung, keinen Gebrauch von einem GUI-Framework zu machen, jeglichen Code in diesem Buch äußerst gut portierbar. Er kann ebenso gut auf einer Embedded Distribution von Java auf der Kommandozeile unter Linux laufen wie auf einem Desktop unter Windows. Zudem wurde die bewusste Entscheidung getroffen, nur Pakete aus der Java-Standardbibliothek zu verwenden statt externer Bibliotheken, anders als in vielen Java-Büchern für Fortgeschrittene. Warum? Das Ziel ist es nicht, eine Lösung zu installieren. Vielmehr sollen die Grundprinzipien von Problemlösungsverfahren vermittelt werden. Wenn Sie jede Aufgabe von Grund auf durcharbeiten müssen, gewinnen Sie hoffentlich ein Verständnis dafür, wie populäre Bibliotheken hinter den Kulissen arbeiten. In jedem Fall macht die ausschließliche Verwendung der Standardbibliothek den Code in diesem Buch portierbarer und einfacher ausführbar.

Das soll nicht heißen, dass grafische Lösungen einen Algorithmus nicht manchmal besser veranschaulichen können als textbasierte Lösungen. Das ist nur einfach nicht der Fokus dieses Buchs. Es würde dadurch nur unnötig komplex.

Weitere Online-Ressourcen

Dies ist das dritte Buch einer Serie namens *Classic Computer Science Problems*, die bei Manning erscheint. Das erste Buch, *Classic Computer Science Problems in Swift*, erschien 2018, das nächste war *Classic Computer Science Problems in Python* (2019), das bereits vom Rheinwerk Verlag übersetzt wurde. In jedem Buch der Serie versuchen wir, sprachspezifische Besonderheiten herauszustellen, während wir (ungefähr) dieselben Informatikaufgaben erläutern.

Wenn Ihnen dieses Buch gefällt und Sie beschließen, eine andere in dieser Serie behandelte Sprache zu erlernen, bieten die anderen Bücher möglicherweise einen einfachen Weg, Ihre Kenntnisse in dieser Sprache zu vertiefen. Im Moment umfasst die Serie Swift, Python und Java. Ich habe die ersten drei Bücher selbst geschrieben, weil ich über große Erfahrung mit diesen Sprachen verfüge, aber wir diskutieren bereits Pläne für weitere Bücher in der Reihe mit Experten für andere Sprachen, die als Co-Autoren infrage kommen. Wenn Ihnen dieses Buch gefällt, bleiben Sie dran. Weitere Informationen über die Serie finden Sie unter *https://classicproblems.com/*.[2]

---

2 Im Rheinwerk Verlag erschienen ist neben diesem Buch der Reihe »Algorithmen in Python«, Rheinwerk 2020 (*https://www.rheinwerk-verlag.de/5143*)

Kapitel 1
Kleine Aufgaben

Zu Beginn betrachten wir einige einfache Aufgaben, die sich mit relativ kurzen Funktionen lösen lassen. Auch wenn diese Aufgaben einfach sind, erlauben sie uns doch, einige interessante Problemlösungstechniken zu erarbeiten. Betrachten Sie sie als gutes Aufwärmtraining.

1.1 Die Fibonacci-Folge

Die Fibonacci-Folge ist eine Folge von Zahlen, in der jede Zahl außer der ersten und der zweiten die Summe ihrer beiden Vorgänger ist:

```
0, 1, 1, 2, 3, 5, 8, 13, 21...
```

Der Wert der ersten Fibonacci-Zahl in der Folge ist 0. Der Wert der vierten Fibonacci-Zahl ist 2. Daraus folgt, dass man folgende Formel verwenden kann, um den Wert jeder beliebigen Fibonacci-Zahl n in der Reihe zu erhalten:

```
fib(n) = fib(n - 1) + fib(n - 2)
```

1.1.1 Ein erster rekursiver Ansatz

Die obige Formel zur Berechnung einer Zahl in der Fibonacci-Folge (grafisch dargestellt in Abbildung 1.1) ist eine Form von Pseudocode, die sich trivial in eine rekursive Java-Methode übertragen lässt. (Eine rekursive Methode ist eine Methode, die sich selbst aufruft.) Diese mechanische Übertragung dient als unser erster Ansatz, eine Methode zu schreiben, die den angegebenen Wert der Fibonacci-Folge zurückliefert.

```java
package chapter1;

public class Fib1 {

    // Diese Methode erzeugt einen java.lang.StackOverflowError
```

1 Kleine Aufgaben

```java
private static int fib1(int n) {
    return fib1(n - 1) + fib1(n - 2);
}
```

Listing 1.1 Fib1.java

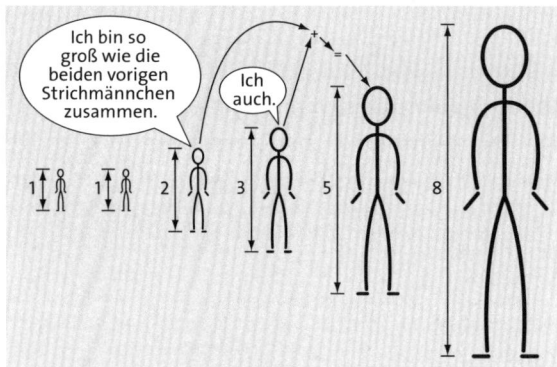

Abbildung 1.1 Die Höhe jedes Strichmenschleins ist die Summe der Höhe der beiden vorherigen Strichmenschlein.

Versuchen wir, diese Methode auszuführen, indem wir sie mit einem Wert aufrufen.

```java
    public static void main(String[] args) {
        // Dies nicht ausführen!
        System.out.println(fib1(5));
    }
}
```

Listing 1.2 Fib1.java (Fortsetzung)

Oje! Wenn wir versuchen, *Fib1.java* auszuführen, erzeugen wir eine Ausnahme:

```
Exception in thread "main" java.lang.StackOverflowError
```

Das Problem ist, dass fib1() immer weiterlaufen wird, ohne je ein Ergebnis zurückzuliefern. Jeder Aufruf von fib1() erzeugt zwei weitere Aufrufe von fib1(), ohne dass ein Ende in Sicht wäre. Einen solchen Umstand nennt man *Endlosrekursion* (siehe Abbildung 1.2), das rekursive Gegenstück zu einer *Endlosschleife*.

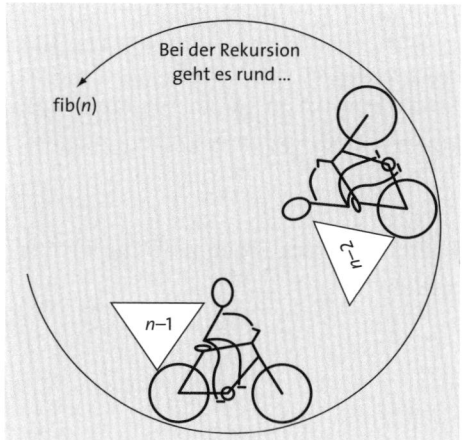

Abbildung 1.2 Die rekursive Funktion »fib(n)« ruft sich selbst mit den Argumenten »n−1« und »n−2« auf.

1.1.2 Abbruchbedingungen verwenden

Wie Sie merken, gibt es keine Anzeichen in Ihrer Java-Umgebung, dass irgendetwas mit fib1() nicht stimmt, solange Sie die Funktion nicht ausführen. Es ist Ihre Aufgabe beim Programmieren, Endlosrekursionen zu vermeiden, und nicht die Aufgabe des Compilers. Der Grund für die Endlosrekursion ist, dass wir nie eine Abbruchbedingung festgelegt haben. In einer rekursiven Funktion dient eine Abbruchbedingung als Haltepunkt.

Im Fall der Fibonacci-Sequenz haben wir natürliche Abbruchbedingungen in Form der ersten beiden Folgewerte 0 und 1. Weder 0 noch 1 ist die Summe der vorigen beiden Zahlen in der Folge. Stattdessen handelt es sich um die speziellen ersten beiden Werte. Versuchen wir, sie für die Abbruchbedingungen zu verwenden.

```
package chapter1;

public class Fib2 {
    private static int fib2(int n) {
        if (n < 2) { return n; }
        return fib2(n - 1) + fib2(n - 2);
    }
}
```

Listing 1.3 Fib2.java

> **Hinweis**
>
> Die fib2()-Version der Fibonacci-Methode gibt 0 als nullte Zahl (fib2(0)) zurück – und nicht etwa als erste, wie in unserem ursprünglichen Entwurf. In einem Programmierkontext ergibt das durchaus Sinn, weil wir es gewohnt sind, Folgen mit einem nullten Element zu beginnen.

fib2() kann erfolgreich aufgerufen werden und liefert korrekte Ergebnisse zurück. Versuchen Sie, sie mit einigen kleinen Werten aufzurufen.

```java
    public static void main(String[] args) {
        System.out.println(fib2(5));
        System.out.println(fib2(10));
    }
}
```

Listing 1.4 Fib2.java (Fortsetzung)

Versuchen Sie nicht, fib2(40) aufzurufen. Die Ausführung wird sehr viel Zeit in Anspruch nehmen! Warum? Jeder Aufruf von fib2() erzeugt zwei weitere Aufrufe von fib2() durch die rekursiven Aufrufe fib2(n - 1) und fib2(n - 2) (siehe Abbildung 1.3). Der Aufrufbaum wächst mit anderen Worten exponentiell. Ein Aufruf von fib2(4) erzeugt beispielsweise diese Gesamtmenge von Aufrufen:

```
fib2(4) -> fib2(3), fib2(2)
fib2(3) -> fib2(2), fib2(1)
fib2(2) -> fib2(1), fib2(0)
fib2(2) -> fib2(1), fib2(0)
fib2(1) -> 1
fib2(1) -> 1
fib2(1) -> 1
fib2(0) -> 0
fib2(0) -> 0
```

Wenn Sie sie zählen (und wie Sie sehen werden, wenn Sie ein paar Ausgabebefehle hinzufügen), entstehen 9 Aufrufe von fib2(), um lediglich das vierte Element zu berechnen! Es wird noch schlimmer. 15 Aufrufe werden benötigt, um Element 5 zu berechnen, 177 Aufrufe, um Element 10 zu berechnen, und 21.891 Aufrufe für Element 20. Das können wir besser machen!

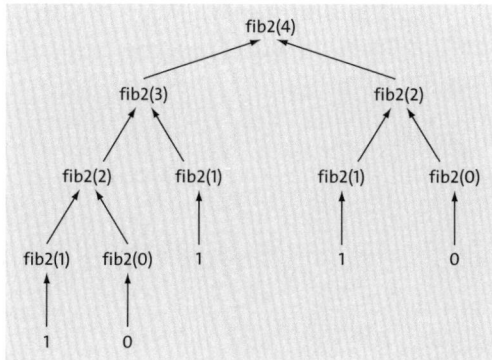

Abbildung 1.3 Jeder nicht in die Abbruchbedingung fallende Aufruf von »fib2()« erzeugt zwei weitere Aufrufe von »fib2()«.

1.1.3 Memoisation eilt zu Hilfe

Memoisation ist ein Verfahren, bei dem Sie die Ergebnisse von Berechnungen speichern, sobald sie abgeschlossen sind. Dann können Sie sie nachschlagen, wenn Sie sie erneut brauchen, statt sie ein zweites (oder millionstes) Mal berechnen zu müssen (siehe Abbildung 1.4).[1]

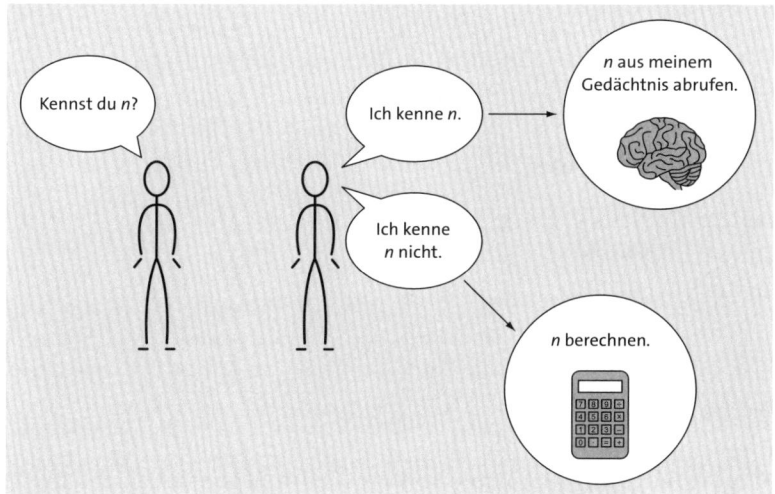

Abbildung 1.4 Die menschliche Memoisations-Maschine

---

[1] Donald Michie, ein berühmter britischer Informatiker, prägte den Begriff *Memoisation*. Donald Michie, *Memo functions: a language feature with »rote-learning« properties* (Edinburgh University, Department of Machine Intelligence and Perception, 1967).

Schreiben wir eine neue Version der Fibonacci-Methode, die eine Java-Map zum Zweck der Memoisation verwendet.

```java
package chapter1;

import java.util.HashMap;
import java.util.Map;

public class Fib3 {

    // Map.of() wurde in Java 9 eingeführt,
    // gibt aber eine nicht veränderbare Map zurück
    // Dies erzeugt eine Map mit 0->0 und 1->1 -
    // unsere Abbruchbedingungen
    static Map<Integer, Integer> memo = new HashMap<>(Map.of(0, 0, 1, 1));

    private static int fib3(int n) {
        if (!memo.containsKey(n)) {
            // Memoisationsschritt
            memo.put(n, fib3(n - 1) + fib3(n - 2));
        }
        return memo.get(n);
    }
```

Listing 1.5 Fib3.java

Sie können fib3(40) jetzt sicher aufrufen.

```java
    public static void main(String[] args) {
        System.out.println(fib3(5));
        System.out.println(fib3(40));
    }
}
```

Listing 1.6 Fib3.java (Fortsetzung)

Ein Aufruf von fib3(20) erzeugt nur 39 Aufrufe von fib3(), im Gegensatz zu den 21.891 Aufrufen von fib2(), die aus dem Aufruf von fib2(20) entstehen. memo wird mit den früheren Abbruchbedingungen 0 und 1 vorausgefüllt, wodurch bei fib3() die Komplexität einer weiteren if-Anweisung überflüssig wird.

1.1.4 Fibonacci leicht gemacht

Es gibt sogar eine noch performantere Option. Wir können Fibonacci mit einem altmodischen iterativen Ansatz lösen.

```java
package chapter1;

public class Fib4 {

    private static int fib4(int n) {
        int last = 0, next = 1; // fib(0), fib(1)
        for (int i = 0; i < n; i++) {
            int oldLast = last;
            last = next;
            next = oldLast + next;
        }
        return last;
    }

    public static void main(String[] args) {
        System.out.println(fib4(20));
        System.out.println(fib4(40));
    }
}
```

Listing 1.7 Fib4.java

Im Wesentlichen wird `last` der vorherige Wert von `next` zugewiesen, und `next` wird die Summe aus dem vorigen Wert von `last` und dem vorigen Wert von `next` zugewiesen. Die temporäre Variable `oldLast` ermöglicht diesen Werteaustausch.

Mit diesem Ansatz wird der Rumpf der `for`-Schleife n - 1 Mal ausgeführt. Es handelt sich mit anderen Worten um die bisher effizienteste Version. Vergleichen Sie 19 Durchläufe der `for`-Schleife mit 21.891 rekursiven Aufrufen von `fib2()` für die 20. Fibonacci-Zahl. Das könnte in einer realen Anwendung einen ernsthaften Unterschied machen!

In den rekursiven Lösungen haben wir rückwärts gearbeitet, in dieser iterativen Lösung arbeiten wir vorwärts. Manchmal ist Rekursion der intuitivste Weg, eine Aufgabe zu lösen. Beispielsweise ist die Substanz der Funktionen `fib1()` und `fib2()` praktisch eine mechanische Umsetzung der ursprünglichen Fibonacci-Formel. Jedoch können naive rekursive Lösungen mit signifikanten Performance-Einbußen einhergehen. Denken Sie daran, dass sich jede rekursiv lösbare Aufgabe auch iterativ lösen lässt.

1.1.5 Fibonacci-Zahlen mit einem Stream erzeugen

Bisher haben wir Methoden geschrieben, die einen einzelnen Wert der Fibonacci-Folge ausgeben. Aber was ist, wenn wir stattdessen die gesamte Folge bis zu einem bestimmten Wert ausgeben wollen? Es ist einfach, fib4() mithilfe eines Generators in einen Java-Stream zu konvertieren. Jede Iteration des Generators wirft durch einen Lambdaausdruck, der die nächste Zahl zurückliefert, einen Wert der Fibonacci-Folge aus.

```java
package chapter1;

import java.util.stream.IntStream;

public class Fib5 {
    private int last = 0, next = 1; // fib(0), fib(1)

    public IntStream stream() {
        return IntStream.generate(() -> {
            int oldLast = last;
            last = next;
            next = oldLast + next;
            return oldLast;
        });
    }

    public static void main(String[] args) {
        Fib5 fib5 = new Fib5();
        fib5.stream().limit(41).forEachOrdered(System.out::println);
    }
}
```

Listing 1.8 Fib5.java

Wenn Sie *fib5.java* ausführen, sehen Sie die Ausgabe von 41 Zahlen der Fibonacci-Folge. Bei jedem Durchlauf der Sequenz ruft Fib5 den Lambda-Ausdruck generate() einmal auf. Dieser verändert die Instanzvariablen last und next, die den Objektzustand beschreiben. Durch den Aufruf von limit() wird sichergestellt, dass der potenzielle Endlos-Stream beim 41. Element abbricht und keine weiteren Zahlen ausspuckt.

1.2 Triviale Komprimierung

Oft ist es wichtig, (virtuellen oder reellen) Platz zu sparen. Es ist effizienter und kann Geld sparen, weniger Platz zu benötigen. Wenn Sie eine Wohnung mieten, die größer ist als die für Ihr Hab und Gut und für Ihre Familie benötigte Fläche, könnten Sie »Downsizing« betreiben, indem Sie eine kleinere, günstigere Wohnung anmieten. Wenn Sie byteweise dafür zahlen, Ihre Daten auf einem Server zu speichern, möchten Sie diese Daten womöglich komprimieren, damit der Speicher Sie weniger kostet. *Komprimierung* ist ein Vorgang, bei dem Daten so codiert (in ihrer Form verändert) werden, dass sie weniger Speicherplatz benötigen. *Dekomprimierung* ist die Umkehrung dieses Vorgangs, bei dem die Daten in ihre ursprüngliche Form zurückverwandelt werden.

Wenn es speichereffizienter ist, Daten zu komprimieren, warum werden dann nicht alle Daten komprimiert? Es muss ein Kompromiss zwischen Zeit und Speicherplatz gefunden werden. Es erfordert Zeit, eine Datenmenge zu komprimieren und sie wieder zurück in ihre ursprüngliche Form zu dekomprimieren. Deshalb ist Datenkomprimierung nur in Situationen sinnvoll, in denen ein geringer Speicherverbrauch gegenüber einer schnellen Ausführung Priorität hat. Denken Sie an große Dateien, die über das Internet übertragen werden. Es ist sinnvoll, sie zu komprimieren, weil es länger dauern wird, die Datei zu übertragen, als sie nach dem Empfang zu dekomprimieren. Außerdem ist die Dauer der Komprimierung auf dem ursprünglichen Server nur einmal relevant.

Die einfachsten Datenkompressionsgewinne entstehen, wenn Sie merken, dass Datenspeichertypen mehr Bits verwenden, als eigentlich für ihren Inhalt benötigt werden. Ein einfaches Beispiel: Wenn ein vorzeichenbehafteter Integer-Wert, der niemals größer als 32.767 werden kann, als 64-Bit-`long` im Speicher abgelegt wird, dann wird er ineffizient gespeichert. Er könnte stattdessen als 16-Bit-`short` gespeichert werden. Dies würde den Speicherbedarf für den tatsächlichen Wert um 75 % reduzieren (16 Bit statt 64 Bit). Wenn Millionen solcher Zahlen ineffizient gespeichert werden, kann die Platzverschwendung schnell mehrere Megabytes erreichen.

In Java werden Sie manchmal aus Gründen der Einfachheit (die natürlich ein legitimes Ziel ist) vor dem Denken in Bits abgeschirmt. Der Großteil des Java-Codes in der freien Wildbahn speichert Ganzzahlen als 32-Bit-`int`. Daran ist in den allermeisten Fällen auch wirklich nichts auszusetzen. Wenn Sie aber Millionen von Ganzzahlen speichern oder Integer-Werte mit einer bestimmten Genauigkeit benötigen, kann es sich lohnen, über den geeigneten Datentyp nachzudenken.

> **Tipp**
>
> Wenn Ihr Verständnis für Binärdaten etwas eingerostet ist, erinnern Sie sich daran, dass ein Bit einen Einzelwert darstellt, der entweder eine 1 oder eine 0 ist. Eine Folge von Einsen und Nullen wird als Zahl mit der Basis 2 repräsentiert. Für die Aufgaben in diesem Abschnitt brauchen Sie keine Mathematik in der Basis 2 zu betreiben, aber Sie müssen verstehen, dass die Anzahl der von einem Typ gespeicherten Bits bestimmt, wie viele verschiedene Werte er speichern kann. Beispielsweise kann 1 Bit 2 Werte darstellen (0 und 1), 2 Bit können 4 Werte darstellen (00, 01, 10, 11), 3 Bit können 8 Werte darstellen und so weiter.

Wenn die Anzahl möglicher Werte, die ein Typ darstellen kann, kleiner ist als die Anzahl der Werte, die mithilfe der zur Speicherung verwendeten Bits dargestellt werden kann, ist es wahrscheinlich möglich, diesen Typ effizienter zu speichern. Betrachten Sie die Nukleotide, die in der DNA ein Gen bilden. Jedes Nukleotid kann nur einer von vier Werten sein: A, C, G oder T. Wenn das Gen jedoch als Java-String gespeichert wird, was man sich als Sammlung von Unicode-Zeichen vorstellen kann, wird jedes Nukleotid durch ein Zeichen dargestellt, das in Java grundsätzlich 16 Bit Speicherplatz benötigt (Java nutzt standardmäßig UTF-16 als Kodierungsart).

Im Binärcode werden nur 2 Bit benötigt, um einen Typ mit vier möglichen Werten zu speichern: 00, 01, 10 und 11 sind die vier verschiedenen Werte, die durch 2 Bit dargestellt werden können. Wenn A als 00, C als 01, G als 10 und T als 11 gespeichert wird, kann der für eine Folge von Nukleotiden benötigte Speicherplatz um 87,5 % reduziert werden (von 16 Bit auf 2 Bit pro Nukleotid).

Anstatt unsere Nukleotide als String zu speichern, können wir sie als *Bit-String* speichern (siehe Abbildung 1.5). Ein Bit-String ist genau das, wonach es klingt: eine Folge von Einsen und Nullen beliebiger Länge. Glücklicherweise enthält die Java-Standardbibliothek ein vorgefertigtes Konstrukt zum Arbeiten mit Bit-Strings beliebiger Länge: BitSet. Der folgende Code konvertiert einen String, der aus As, Cs, Gs und Ts besteht, in einen String aus Bits und zurück. Der String aus Bits wird über die Methode compress() in einem BitSet gespeichert. Da der int-Typ in Java eine beliebige Länge haben kann, kann er als Bit-String jeder Länge verwendet werden. Um ihn wieder in einen String umzuwandeln, implementieren wir außerdem die Methode decompress().

```
package chapter1;

import java.util.BitSet;
```

```
public class CompressedGene {
    private BitSet bitSet;
    private int length;

    public CompressedGene(String gene) {
        compress(gene);
    }
}
```

Listing 1.9 CompressedGene.java

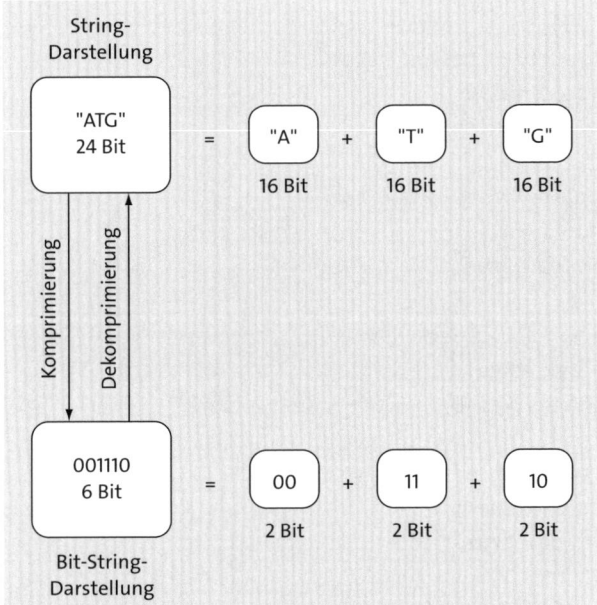

Abbildung 1.5 Ein String, der ein Gen darstellt, wird in einen Bit-String mit 2 Bit pro Nukleotid umgewandelt.

Einem CompressedGene wird ein String mit Zeichen übergeben, die die Nukleotide in einem Gen darstellen, und es speichert die Abfolge der Nukleotide intern als BitSet. Die Hauptaufgabe des Konstruktors besteht darin, das BitSet-Konstrukt mit den entsprechenden Daten zu initialisieren. Der Konstruktor ruft compress() auf, wo die eigentliche Drecksarbeit der Konvertierung des übergebenen String mit Nukleotiden in ein BitSet erledigt wird.

Schauen wir uns als Nächstes an, wie wir die eigentliche Komprimierung durchführen können.

```java
    private void compress(String gene) {
        length = gene.length();
        // Genügend Kapazität für alle Bits vorhalten
        bitSet = new BitSet(length * 2);
        // Der Konsistenz halber in Großbuchstaben konvertieren
        final String upperGene = gene.toUpperCase();
        // String in Bit-Entsprechung konvertieren
        for (int i = 0; i < length; i++) {
            final int firstLocation = 2 * i;
            final int secondLocation = 2 * i + 1;
            switch (upperGene.charAt(i)) {
            case 'A': // 00 sind die nächsten beiden Bits
                bitSet.set(firstLocation, false);
                bitSet.set(secondLocation, false);
                break;
            case 'C': // 01 sind die nächsten beiden Bits
                bitSet.set(firstLocation, false);
                bitSet.set(secondLocation, true);
                break;
            case 'G': // 10 sind die nächsten beiden Bits
                bitSet.set(firstLocation, true);
                bitSet.set(secondLocation, false);
                break;
            case 'T': // 11 sind die nächsten beiden Bits
                bitSet.set(firstLocation, true);
                bitSet.set(secondLocation, true);
                break;
            default:
                throw new IllegalArgumentException(
    "Der angegebene Gen-String enthält andere Zeichen als ACGT.");
            }
        }
    }
```

Listing 1.10 CompressedGene.java (Fortsetzung)

Die Methode compress() betrachtet nacheinander jedes Zeichen im String aus Nukleotiden. Wenn sie ein A findet, fügt sie 00 zum Bit-String hinzu. Findet sie ein C, fügt sie 01 hinzu, und so weiter. Die Boolean-Werte true und false stehen in der Klasse BitSet entsprechend für 1 und 0.

Jedes Nukleotid wird mithilfe zweier Aufrufe der Methode set() hinzugefügt. Wir fügen mit anderen Worten immer weiter zwei neue Bits auf der rechten Seite des Bit-Strings hinzu. Welche zwei Bits hinzugefügt werden, hängt vom Typ des Nukleotids ab.

Zum Schluss implementieren wir die Dekomprimierung.

```java
public String decompress() {
    if (bitSet == null) {
        return "";
    }
    // Einen veränderbaren Raum für Zeichen mit der passenden Kapazität schaffen
    StringBuilder builder = new StringBuilder(length);
    for (int i = 0; i < (length * 2); i += 2) {
        final int firstBit = (bitSet.get(i) ? 1 : 0);
        final int secondBit = (bitSet.get(i + 1) ? 1 : 0);
        final int lastBits = firstBit << 1 | secondBit;
        switch (lastBits) {
        case 0b00: // 00 ist 'A'
            builder.append('A');
            break;
        case 0b01: // 01 ist 'C'
            builder.append('C');
            break;
        case 0b10: // 10 ist 'G'
            builder.append('G');
            break;
        case 0b11: // 11 ist 'T'
            builder.append('T');
            break;
        }
    }
    return builder.toString();
}
```

Listing 1.11 CompressedGene.java (Fortsetzung)

decompress() liest jeweils zwei Bits aus dem Bit-String und verwendet diese beiden Bits, um zu bestimmen, welches Zeichen am Ende der String-Darstellung des Gens eingefügt werden soll, die mit einem StringBuilder erstellt wird. Die beiden Bits werden in der Variablen lastBits zusammengestellt, und zwar durch Zurückversetzen des ersten Bits um eine Position und eine nachfolgende ODER-Verknüpfung (|-Operator) des Ergebnisses mit dem zweiten Bit. Wenn ein Wert mit dem Operator << verschoben wird, wird der dabei frei werdende Platz mit Nullen gefüllt. Ein ODER besagt hier also: »Wenn eines dieser beiden Bits 1 ist, füge eine 1 ein.« Eine ODER-Verknüpfung von secondBit mit einer 0 ergibt demnach stets immer nur den Wert von secondBit. Probieren wir es aus.

```java
public static void main(String[] args) {
    final String original = "TAGGGATTAACCGTTATATATATATAGCCATGGATCGATTATATA↩
 GGGATTAACCGTTATATATATATAGCCATGGATCGATTATA";
    CompressedGene compressed = new CompressedGene(original);
    final String decompressed = compressed.decompress();
    System.out.println(decompressed);
    System.out.println("Original ist gleich dekomprimiert: "
      + original.equalsIgnoreCase(decompressed));
  }

}
```

Listing 1.12 CompressedGene.java (Fortsetzung)

Die Methode main() führt eine Kompression und eine Dekompression durch. Sie prüft mithilfe von, ob das Endergebnis mit dem ursprünglichen übereinstimmt.

```
TAGGGATTAACCGTTATATATATATAGCCATGGATCGATTATAGGGATTAACCGTTATATATATATAGCCATGGATCG
ATTATA
Original ist gleich wie dekomprimiert: true
```

Listing 1.13 CompressedGene.java (Ausgabe)

1.3 Unknackbare Verschlüsselung

Ein *One-Time-Pad* ist eine Methode, eine Datenmenge zu verschlüsseln, indem sie so mit bedeutungslosen, zufälligen Pseudodaten kombiniert wird, dass das Original nicht rekonstruiert werden kann, ohne sowohl die Zufallsdaten als auch das Produkt zur Hand zu haben. Im Prinzip erhält der Verschlüsselnde ein Schlüsselpaar. Der eine Schlüssel ist das Produkt, der andere sind die Pseudodaten. Ein Schlüssel allein ist nutzlos; nur die Kombination beider Schlüssel kann die ursprünglichen Daten entschlüsseln. Bei korrekter Implementierung ist ein One-Time-Pad eine unknackbare Form der Verschlüsselung Abbildung 1.6 zeigt den Prozess.

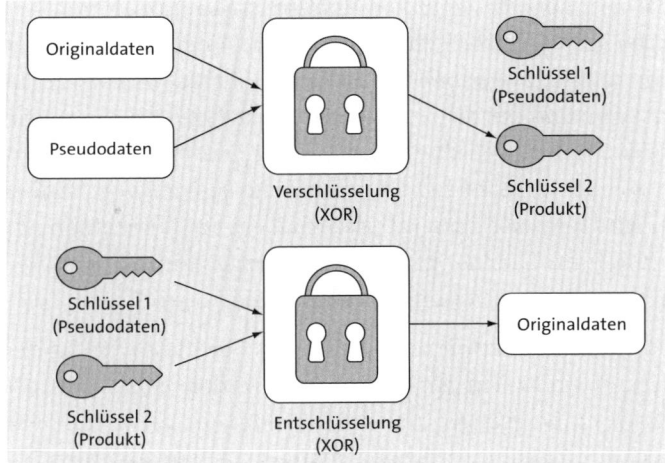

Abbildung 1.6 Ein One-Time-Pad erzeugt zwei Schlüssel, die getrennt versendet und dann wieder verknüpft werden können, um die ursprünglichen Daten zu rekonstruieren.

1.3.1 Die Daten bereitstellen

In diesem Beispiel verschlüsseln wir einen String mithilfe eines One-Time-Pads. Man kann sich einen Java-String als Folge von UTF-16-Zeichen vorstellen (wobei UTF-16 eine Unicode-Zeichencodierung ist). In UTF-16 wird jedes Zeichen durch 16 Bits repräsentiert (daher die 16). Dies lässt sich nochmals in zwei Bytes zu je acht Bit aufschlüsseln. Ein String kann durch die Methode getBytes() in ein Array aus Bytes (dargestellt durch ein Array vom Typ byte) umgewandelt werden. Entsprechend kann ein solches Byte-Array mithilfe eines der im Typ String eingebauten Konstruktoren wieder in einen String umgewandelt werden. Wir benötigen eine Zwischenform zur Speicherung des Schlüsselpaars, die aus zwei Arrays des byte-Datentyps bestehen. Das ist der Zweck der Klasse KeyPair.

```java
package chapter1;

public final class KeyPair {
    public final byte[] key1;
    public final byte[] key2;
    KeyPair(byte[] key1, byte[] key2) {
        this.key1 = key1;
        this.key2 = key2;
    }
}
```

Listing 1.14 KeyPair.java

Es gibt drei Kriterien, denen die bei einer One-Time-Pad-Verschlüsselungsoperation verwendeten Pseudodaten genügen müssen, damit das resultierende Produkt unknackbar ist. Die Pseudodaten müssen dieselbe Länge haben wie die Originaldaten, wirklich zufällig und völlig geheim sein. Das erste und das dritte Kriterium verstehen sich von selbst. Wenn sich die Pseudodaten wiederholen, weil sie zu kurz sind, könnte es ein erkennbares Muster geben. Wenn einer der Schlüssel nicht wirklich zufällig ist (vielleicht wird er irgendwo anders benutzt oder wird teilweise bekannt), dann hat ein Angreifer einen Anhaltspunkt. Das zweite Kriterium führt zu einer ganz anderen Frage: Können wir wirklich zufällige Daten erzeugen? Für die meisten Computer lautet die Antwort Nein.

In diesem Beispiel verwenden wir die Funktion nextBytes() aus der Klasse Random der Standardbibliothek. Unsere Daten sind nicht wirklich zufällig in dem Sinn, dass die Klasse Random hinter den Kulissen einen Pseudozufallszahlengenerator verwendet. Für unsere Zwecke kommen wir echtem Zufall jedoch nahe genug. Erzeugen wir einen Zufallsschlüssel, den wir als Pseudodaten verwenden können.

```java
package chapter1;

import java.util.Random;

public class UnbreakableEncryption {
    // Generate *length* random bytes
    private static byte[] randomKey(int length) {
        byte[] dummy = new byte[length];
        Random random = new Random();
        random.nextBytes(dummy);
        return dummy;
    }
}
```

Listing 1.15 UnbreakableEncryption.java

Diese Methode erzeugt ein byte-Array, das mit length zufälligen Bytes gefüllt ist. Letztendlich dienen diese Bytes in unserem Schlüsselpaar als »Dummy«-Daten.

1.3.2 Entschlüsseln und verschlüsseln

Wie werden die Pseudodaten mit den Originaldaten kombiniert, die wir verschlüsseln wollen? Die Operation XOR dient diesem Zweck. XOR ist eine bitweise logische Operation (arbeitet also auf Bit-Ebene), die true zurückgibt, wenn einer ihrer Operanden true ist, aber false, wenn beide true sind oder keiner true ist. Wie Sie vielleicht erraten haben, steht XOR für exclusive or (Exklusiv-Oder).

In Java ist der XOR-Operator ^. Im Kontext der Bits von Binärzahlen liefert XOR 1 für 0 ^ 1 und 1 ^ 0 zurück, aber 0 für 0 ^ 0 und 1 ^ 1. Wenn die Bits zweier Zahlen mittels XOR kombiniert werden, ist es hilfreich, dass das Produkt wieder mit jedem der beiden Operanden kombiniert werden kann, um den jeweils anderen zu erhalten:

```
C = A ^ B
A = C ^ B
B = C ^ A
```

Dies bildet die Grundlage der One-Time-Pad-Verschlüsselung. Um unser Produkt zu bilden, berechnen wir einfach die XOR-Kombination der Bytes aus unserem Original-String mit der zufällig per randomKey() erzeugten Bytefolge derselben Länge. Das zurückgelieferte Schlüsselpaar ist der Dummy- und der Produktschlüssel, so wie in Abbildung 1.6 dargestellt.

```java
public static KeyPair encrypt(String original) {
    byte[] originalBytes = original.getBytes();
    byte[] dummyKey = randomKey(originalBytes.length);
    byte[] encryptedKey = new byte[originalBytes.length];
    for (int i = 0; i < originalBytes.length; i++) {
        // XOR jedes Byte
        encryptedKey[i] = (byte) (originalBytes[i] ^ dummyKey[i]);
    }
    return new KeyPair(dummyKey, encryptedKey);
}
```

Listing 1.16 UnbreakableEncryption.java (Fortsetzung)

Zur Entschlüsselung wird das Schlüsselpaar, das wir mit encrypt() generiert haben, einfach wieder kombiniert. Dies erfolgt wieder mithilfe einer XOR-Operation zwischen den einzelnen Bits beider Schlüssel. Die letztendliche Ausgabe muss erneut in einen String konvertiert werden. Hierzu dient ein Konstruktor der String-Klasse, der als einziges Argument ein byte-Array erwartet.

```java
public static String decrypt(KeyPair kp) {
    byte[] decrypted = new byte[kp.key1.length];
    for (int i = 0; i < kp.key1.length; i++) {
        // XOR jedes Byte
        decrypted[i] = (byte) (kp.key1[i] ^ kp.key2[i]);
```

```
        }
        return new String(decrypted);
}
```

Listing 1.17 UnbreakableEncryption.java (Fortsetzung)

Wenn unsere One-Time-Pad-Verschlüsselung richtig funktioniert, sollten wir ohne Schwierigkeiten denselben Unicode-String verschlüsseln und entschlüsseln können.

```
    public static void main(String[] args) {
        KeyPair kp = encrypt("One-Time-Pad!");
        String result = decrypt(kp);
        System.out.println(result);
    }
}
```

Listing 1.18 UnbreakableEncryption.java (Fortsetzung)

Wenn Ihre Konsole One-Time-Pad! ausgibt, dann hat alles funktioniert. Probieren Sie es mit Ihren eigenen Sätzen aus.

1.4 Pi berechnen

Die in der Mathematik wichtige Zahl Pi (π oder 3.14159...) kann mithilfe vieler Formeln berechnet werden. Eine der einfachsten ist die Leibniz-Formel. Sie postuliert, dass die Konvergenz der folgenden unendlichen Reihe gleich Pi ist:

$\pi = 4/1 - 4/3 + 4/5 - 4/7 + 4/9 - 4/11...$

Wie Sie sehen, bleibt der Zähler der unendlichen Reihe 4, während sich der Nenner um 2 erhöht und die Operation auf den Termen zwischen Addition und Subtraktion alterniert.

Wir können die Reihe auf einfache Weise modellieren, indem wir die Teile der Formel als Variablen in einer Funktion darstellen. Der Zähler (numerator) kann konstant 4 sein. Der Nenner (denominator) kann eine Variable sein, die bei 1 beginnt und jeweils um 2 erhöht wird. Die Operation kann entweder durch –1 oder durch 1 dargestellt werden, je nachdem, ob wir addieren oder subtrahieren. Schließlich wird die Variable pi in Listing 1.18 verwendet, um die Summe der Reihe zu bilden, während die for-Schleife fortschreitet.

1.4 Pi berechnen

```java
package chapter1;

public class PiCalculator {

    public static double calculatePi(int nTerms) {
        final double numerator = 4.0;
        double denominator = 1.0;
        double operation = 1.0;
        double pi = 0.0;
        for (int i = 0; i < nTerms; i++) {
            pi += operation * (numerator / denominator);
            denominator += 2.0;
            operation *= -1.0;
        }
        return pi;
    }

    public static void main(String[] args) {
        System.out.println(calculatePi(1000000));
    }
}
```

Listing 1.19 PiCalculator.java

> **Tipp**
> Der Java-Datentyp double steht für 64-Bit-Fließkommazahlen und bietet damit eine höhere Genauigkeit als der 32-Bit-Typ float.

Diese Funktion ist ein Beispiel dafür, wie man durch die mechanische Übertragung von Formeln in Programmcode ganz einfach und effektiv ein interessantes Konzept modellieren oder simulieren kann. Diese Art der Übertragung ist ein nützliches Werkzeug, aber wir müssen uns merken, dass sie nicht immer zur effizientesten Lösung führt. Sicherlich kann die Leibniz-Formel für Pi mit effizienterem oder kompakterem Code implementiert werden.

> **Hinweis**
> Je mehr Terme in der unendlichen Reihe sind (also je höher der Wert von nTerms beim Aufruf von calculatePi() ist), desto akkurater wird die Berechnung von Pi am Ende ausfallen.

1.5 Die Türme von Hanoi

Drei vertikale Stäbe (künftig »Türme«) stehen nebeneinander. Wir nennen sie A, B und C. Turm A ist von ringförmigen Scheiben umringt. Die Scheibe mit dem größten Durchmesser ist ganz unten, und wir nennen sie Scheibe 1. Der Rest der Scheiben über Scheibe 1 wird aufsteigend durchnummeriert, während ihr Durchmesser abnimmt. Wenn wir beispielsweise mit drei Scheiben arbeiten, heißt die mit dem größten Durchmesser ganz unten 1. Die Scheibe mit dem nächstkleineren Durchmesser, Scheibe 2, läge auf Scheibe 1. Und schließlich läge die Scheibe mit dem kleinsten Durchmesser, Scheibe 3, auf Scheibe 2. Unser Ziel ist es, alle Scheiben von Turm A nach Turm C zu bewegen, wobei folgende Einschränkungen gelten:

- Pro Zug darf nur eine Scheibe bewegt werden.
- Nur die oberste Scheibe auf jedem Turm ist für Bewegungen verfügbar.
- Eine Scheibe mit größerem Durchmesser darf nie auf einer mit kleinerem Durchmesser liegen.

Abbildung 1.7 fasst die Aufgabe zusammen.

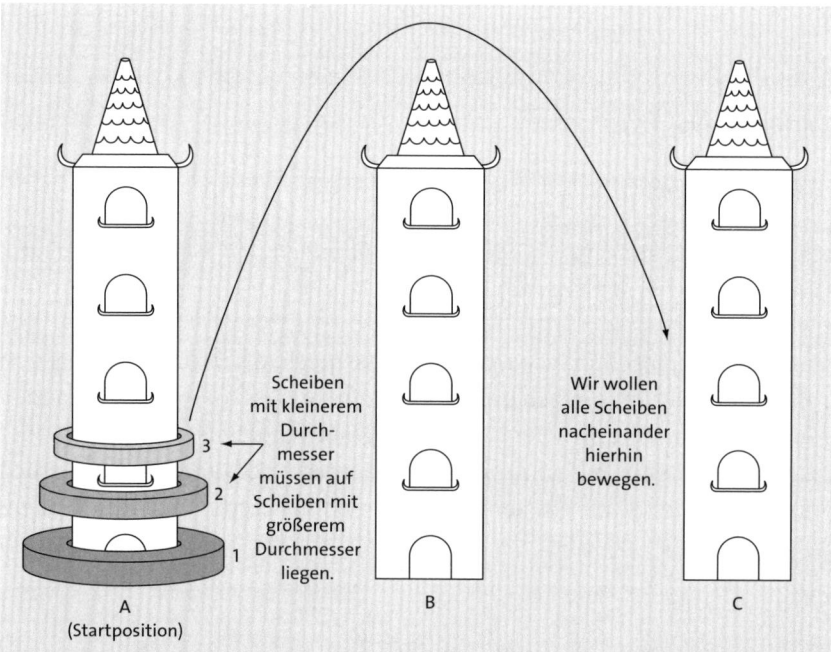

Abbildung 1.7 Die Herausforderung besteht darin, die drei Scheiben nacheinander von Turm A nach Turm C zu bewegen. Eine Scheibe mit höherem Durchmesser darf nie auf einer mit niedrigerem Durchmesser liegen.

1.5.1 Die Türme modellieren

Ein Stapel (*Stack*) ist eine Datenstruktur, die nach dem Last-In-First-Out-Prinzip (LIFO) modelliert ist. Das zuletzt hinzugefügte Element kommt als erstes wieder heraus. Stellen Sie sich einen Lehrer vor, der einen Stapel von Arbeiten benotet. Die letzte Arbeit, die ganz oben auf dem Stapel abgelegt wurde, ist auch die erste, die der Lehrer wieder vom Stapel nimmt, um sie zu benoten. Die beiden grundlegenden Operationen für Stapel heißen Push und Pop. Ein *Push* fügt ein neues Element zum Stapel hinzu, während ein *Pop* das zuletzt hinzugefügte Element entfernt und zurückgibt. Die Java-Standardbibliothek enthält bereits die Klasse Stack mit den Methoden push() und pop().

Stapel sind die perfekte Darstellung für die Türme von Hanoi. Wenn wir eine Scheibe auf einen Turm legen möchten, führen wir einfach ein Push aus. Wenn wir eine Scheibe von einem Turm auf einen anderen verschieben möchten, nehmen wir sie mit Pop vom ersten herunter und legen sie mit Push auf den zweiten.

Lassen Sie uns unsere Türme als Stacks definieren und den ersten Turm mit Scheiben füllen.

```java
package chapter1;

import java.util.Stack;

public class Hanoi {
    private final int numDiscs;
    public final Stack<Integer> towerA = new Stack<>();
    public final Stack<Integer> towerB = new Stack<>();
    public final Stack<Integer> towerC = new Stack<>();

    public Hanoi(int discs) {
        numDiscs = discs;
        for (int i = 1; i <= discs; i++) {
            towerA.push(i);
        }
    }
}
```

Listing 1.20 Hanoi.java

1.5.2 Türme von Hanoi lösen

Wie können die Türme von Hanoi gelöst werden? Stellen Sie sich vor, wir versuchen nur, eine Scheibe zu bewegen. Wie das funktioniert, wissen Sie, oder? Eine Scheibe zu bewegen, ist im Prinzip die Basisaktion einer rekursiven Lösung für die Türme von Hanoi. Deshalb ist die Schlüsselerkenntnis, dass wir praktisch zwei Szenarien in Code umsetzen müssen: eine Scheibe bewegen (Basisaktion, Rekursionstiefe erreicht) und mehr als eine Scheibe bewegen (Rekursion).

Schauen wir uns ein spezifisches Beispiel an, um die Rekursion zu verstehen. Angenommen, wir haben drei Scheiben (obere, mittlere und untere) auf Turm A, die wir auf Turm C bewegen wollen. (Es kann helfen, Skizzen der Aufgabe anzufertigen, während Sie sie nachvollziehen.) Wir würden zuerst die obere Scheibe auf Turm C bewegen. Dann könnten wie die mittlere Scheibe auf Turm B bewegen. Anschließend könnten wir die obere Scheibe von Turm C auf Turm B bewegen. Nun befindet sich die untere Scheibe noch immer auf Turm A, und die beiden oberen Scheiben sind auf Turm B. Wir haben nun im Prinzip erfolgreich zwei Scheiben von einem Turm (A) auf einen anderen (B) bewegt. Es ist unsere Basisaktion, die untere Scheibe von Turm A nach C zu bewegen (nur eine Scheibe bewegen). Nun können wir die beiden oberen Scheiben genauso von B nach C bewegen, wie wir sie von A nach B verschoben haben. Wir bewegen die obere Scheibe nach A, die mittlere nach C und schließlich die obere von A nach C.

> **Tipp**
>
> In so manchem Informatik-Seminarraum steht ein kleines Modell der Türme aus Holzzylindern und Plastikscheiben. Mithilfe von drei Bleistiften und drei Papierstücken können Sie sich Ihr eigenes Modell basteln. Es kann Ihnen helfen, die Lösung bildlich zu begreifen.

In unserem Beispiel mit drei Scheiben hatten wir den Fall der Basisaktion – eine einzelne Scheibe zu bewegen – und den Fall eines weiteren Rekursionsschritts – alle anderen Scheiben (in diesem Beispiel zwei) zu bewegen –, wofür temporär der dritte Turm verwendet wird. Wir könnten die Aktion im Fall des weiteren Rekursionsschritts in drei Aktionen unterteilen:

1. Bewege die oberen n–1 Scheiben von Turm A nach B (der temporäre Turm) mit C als Zwischenschritt.
2. Bewege die unterste Scheibe von A nach C.
3. Bewege die n–1 Scheiben von Turm B nach C mit A als Zwischenschritt.

Das Faszinierende ist, dass dieser rekursive Algorithmus nicht nur mit drei Scheiben, sondern mit beliebig vielen funktioniert. Wir schreiben ihn als Methode `move()`, deren Aufgabe es ist, Scheiben von einem Turm mithilfe eines dritten temporären Turms auf einen anderen zu bewegen.

```java
private void move(Stack<Integer> begin, Stack<Integer> end, Stack<Integer> temp,
 int n) {
    if (n == 1) {
        end.push(begin.pop());
    } else {
        move(begin, temp, end, n - 1);
        move(begin, end, temp, 1);
        move(temp, end, begin, n - 1);
    }
}
```

Listing 1.21 Hanoi.java (Fortsetzung)

Die Hilfsmethode `solve()` ruft schließlich `move()` für alle Scheiben von Turm A nach Turm C auf. Nach dem Aufruf von `solve()` sollten Sie die Türme A, B und C betrachten, um zu verifizieren, dass die Scheiben erfolgreich bewegt wurden.

```java
    public void solve() {
        move(towerA, towerC, towerB, numDiscs);
    }

    public static void main(String[] args) {
        Hanoi hanoi = new Hanoi(3);
        hanoi.solve();
        System.out.println(hanoi.towerA);
        System.out.println(hanoi.towerB);
        System.out.println(hanoi.towerC);
    }
}
```

Listing 1.22 Hanoi.java (Fortsetzung)

Sie werden feststellen, dass es geklappt hat. Beim Programmieren der Lösung für die Türme von Hanoi brauchten wir nicht unbedingt jeden Schritt zu verstehen, der für das Verschieben mehrerer Scheiben von Turm A nach Turm C benötigt wird. Aber wir haben den allgemeinen rekursiven Algorithmus zum Verschieben einer beliebigen Anzahl von Scheiben verstanden, in Code umgesetzt und den Computer den Rest erledigen lassen. Darin besteht die Macht rekursiver Problemlösungen: Oft können wir Lösungen auf abstrakte Weise betrachten – ohne den geistigen Aufwand, jeden einzelnen Schritt nachvollziehen zu müssen.

Übrigens wird die Anzahl der Durchläufe der Methode move() durch eine Exponentialfunktion über die Anzahl der Scheiben bestimmt, was eine Lösung der Aufgabe selbst für 64 Scheiben unerreichbar macht. Sie können es mit einer unterschiedlichen Scheibenanzahl ausprobieren, indem Sie dem Konstruktor für Hanoi verschiedene Zahlenwerte übergeben. Die mit zunehmender Scheibenanzahl exponentiell ansteigende Anzahl benötigter Schritte ist der Ursprung der Legende der Türme von Hanoi; in vielen Quellen können Sie mehr darüber lesen. Vielleicht interessiert Sie auch die Mathematik hinter der rekursiven Lösung; siehe Carl Burchs Erklärung in »About the Towers of Hanoi«, *http://mng.bz/c1i2*.

1.6 Anwendungen im Alltag

Die verschiedenen in diesem Kapitel präsentierten Verfahren (Rekursion, Memoisation, Komprimierung und Manipulation auf Bit-Ebene) sind in der modernen Softwareentwicklung so weit verbreitet, dass es unmöglich ist, sich die Computerwelt ohne sie vorzustellen. Wenngleich Aufgaben auch ohne sie gelöst werden können, ist ihre Verwendung oft logischer oder performanter.

Besonders Rekursion bildet nicht nur das Herzstück vieler Algorithmen, sondern sogar ganzer Programmiersprachen. In einigen funktionalen Programmiersprachen, zum Beispiel Scheme oder Haskell, übernimmt Rekursion die Aufgabe der in imperativen Sprachen verwendeten Schleifen. Denken Sie jedoch daran, dass sich alles, was Sie mit einem rekursiven Verfahren erreichen können, auch mit einem iterativen Verfahren erledigen lässt.

Memoisation wird erfolgreich angewendet, um die Arbeit von Parsern (Programmen, die Sprachen interpretieren) zu beschleunigen. Sie ist bei all jenen Aufgaben sinnvoll, bei denen das Ergebnis einer kürzlich abgeschlossenen Berechnung wahrscheinlich erneut benötigt wird. Ein anderes Anwendungsgebiet der Memoisation sind die Laufzeitumgebungen von Programmiersprachen. Einige von ihnen (etwa manche Versionen von Prolog) speichern die Ergebnisse von Funktionsaufrufen automatisch (*Auto-Memoisation*), sodass die Funktion nicht erneut ausgeführt zu werden braucht, wenn derselbe Aufruf getätigt wird.

Komprimierung hat die über das Internet verbundene, aber bandbreitenbeschränkte Welt erträglicher gemacht. Das in Abschnitt 1.2 gezeigte Bit-String-Verfahren ist für einfache Alltagsdatentypen mit einer begrenzten Anzahl möglicher Werte geeignet, für die selbst ein Byte zu viel ist. Die meisten Komprimierungsalgorithmen finden allerdings in einer Datenmenge Muster oder Strukturen, die das Weglassen wiederholter Informationen ermöglichen. Sie sind erheblich komplizierter als das in Abschnitt 1.2 behandelte Verfahren.

One-Time-Pads sind für allgemeine Verschlüsselungsaufgaben unpraktisch. Bei ihnen müssen sowohl der Verschlüsseler als auch der Entschlüsseler einen der Schlüssel (in unserem Beispiel die Pseudodaten) besitzen, um die ursprünglichen Daten zu rekonstruieren. Das ist umständlich und kommt zudem dem Ziel der meisten Verschlüsselungsverfahren (Schlüssel geheim zu halten) in die Quere. Aber vielleicht interessiert es Sie, dass der Name »One-Time-Pad« daher stammt, dass Spione im Kalten Krieg echte Papierblöcke mit Pseudodaten verwendeten, um verschlüsselte Kommunikation zu betreiben.

Diese Verfahren sind für die Programmierung Bausteine, auf die andere Algorithmen aufbauen. In späteren Kapiteln werden Sie sehen, wie sie in Form von Bibliotheken verwendet werden.

1.7 Übungsaufgaben

1. Schreiben Sie eine weitere Funktion, die Element n der Fibonacci-Folge berechnet und ein Verfahren Ihrer eigenen Wahl verwendet. Schreiben Sie Unit-Tests, die seine Korrektheit und seine Performance im Vergleich zu den anderen Versionen in diesem Kapitel überprüfen.
2. Die Klasse `BitSet` in der Java-Standardbibliothek hat einen Nachteil: Sie merkt sich zwar, wie viele Bits insgesamt auf `true` gesetzt wurden, aber nicht, wie viele Bits insgesamt gesetzt wurden, einschließlich der Bits, die auf `false` gesetzt wurden (deshalb brauchen wir die Instanzvariable `length`). Schreiben Sie eine ergonomische Unterklasse von `BitSet`, die genau festhält, wie viele Bits entweder `true` oder `false` gesetzt wurden. Implementieren Sie `CompressedGene` unter Verwendung dieser Unterklasse neu.
3. Schreiben Sie eine Lösungsfunktion für die Türme von Hanoi, die mit einer beliebigen Anzahl von Türmen funktioniert.
4. Verwenden Sie ein One-Time-Pad, um Bilder zu verschlüsseln und zu entschlüsseln.

Kapitel 2
Suchaufgaben

»Suche« ist ein so breit gefächerter Begriff, dass dieses ganze Buch *Klassische Suchaufgaben in Java* heißen könnte. In diesem Kapitel geht es um Kernalgorithmen für die Suche, die für das Programmieren wichtig sind. Trotz seiner deklaratorischen Überschrift erhebt es keinen Anspruch auf Vollständigkeit.

2.1 DNA-Suche

Gene werden in Computerprogrammen üblicherweise als Abfolgen der Zeichen *A*, *C*, *G* und *T* dargestellt. Jeder Buchstabe steht für ein *Nukleotid*, und die Kombination aus drei Nukleotiden wird *Codon* genannt. Dies wird in Abbildung 2.1 dargestellt. Ein Codon codiert für eine bestimmte Aminosäure, die zusammen mit anderen Aminosäuren ein *Protein* bilden kann. Eine klassische Aufgabe in der Bioinformatik besteht darin, ein bestimmtes Codon innerhalb eines Gens zu finden.

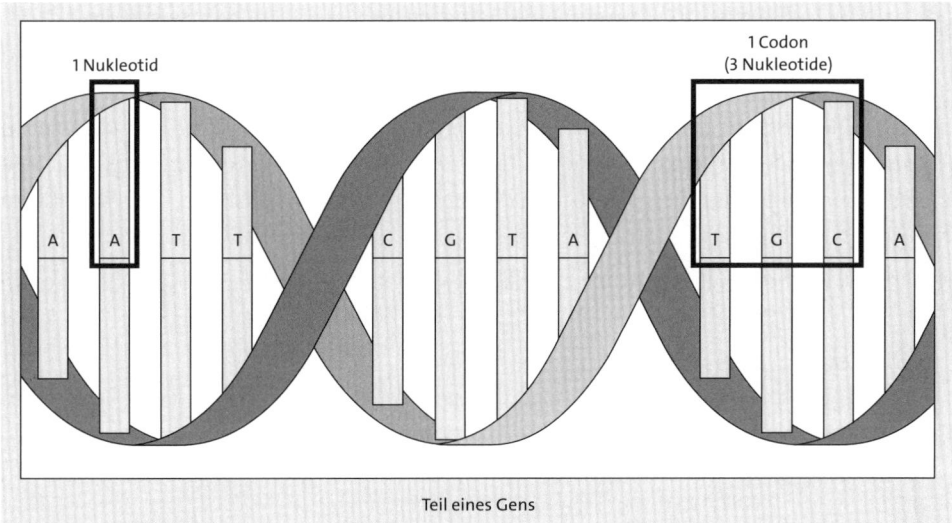

Abbildung 2.1 Ein Nukleotid wird durch einen der Buchstaben A, C, G oder T dargestellt. Ein Codon besteht aus drei Nukleotiden und ein Gen aus mehreren Codons.

2.1.1 DNA speichern

Wir können ein Nukleotid als einfaches enum mit vier Fällen darstellen.

```java
package chapter2;

import java.util.ArrayList;
import java.util.Collections;
import java.util.Comparator;

public class Gene {

    public enum Nucleotide {
        A, C, G, T
    }
```
Listing 2.1 Gene.java

Codons lassen sich als Kombination von drei Nucleotide-Objekten definieren. Der Konstruktor der Codon-Klasse wandelt einen String aus drei Buchstaben in ein Codon um. Zur Implementierung von Suchmethoden müssen wir in der Lage sein, zwei verschiedene Codons miteinander zu vergleichen. Java verfügt hierfür bereits über die Schnittstelle Comparable.

Die Implementierung der Schnittstelle Comparable erfordert die Konstruktion einer Methode compareTo(). compareTo() sollte eine negative Zahl zurückgeben, wenn das betreffende Element kleiner ist als das zu vergleichende Element, eine Null, wenn die beiden Elemente gleich sind, und eine positive Zahl, wenn das Element größer ist als das zu vergleichende Element. In der Praxis brauchen Sie dies oft nicht selbst zu implementieren und können stattdessen auf das eingebaute Java-Interface Comparator zurückgreifen, wie auch wir es im folgenden Beispiel tun. In diesem Beispiel wird das Codon zuerst anhand seines ersten Nucleotids mit einem anderen Codon verglichen und danach, falls die ersten beiden gleich sind, anhand seines zweiten und schließlich anhand seines dritten, falls auch die zweiten gleich sind. Die Verkettung erfolgt mit thenComparing().

```java
    public static class Codon implements Comparable<Codon> {
        public final Nucleotide first, second, third;
        private final Comparator<Codon> comparator =
    Comparator.comparing((Codon c) -> c.first)
                .thenComparing((Codon c) -> c.second)
                .thenComparing((Codon c) -> c.third);
```

```java
    public Codon(String codonStr) {
        first = Nucleotide.valueOf(codonStr.substring(0, 1));
        second = Nucleotide.valueOf(codonStr.substring(1, 2));
        third = Nucleotide.valueOf(codonStr.substring(2, 3));
    }

    @Override
    public int compareTo(Codon other) {
        // first wird zuerst verglichen, dann second usw.
        // D. h., first hat Vorrang vor second
        // und second vor third
        return comparator.compare(this, other);
    }
}
```

Listing 2.2 Gene.java (Fortsetzung)

> **Hinweis**
>
> Codon ist eine statische Klasse. static gekennzeichnete verschachtelte Klassen können ohne Rücksicht auf ihre umschließende Klasse instanziiert werden (Sie benötigen keine Instanz der umschließenden Klasse, um eine Instanz einer statischen geschachtelten Klasse zu erzeugen), aber sie können auf keine der Instanzvariablen ihrer umschließenden Klasse verweisen. Dies ist sinnvoll für Klassen, die vor allem aus organisatorischen und nicht aus logistischen Gründen als verschachtelte Klassen definiert werden.

Gene werden im Internet typischerweise ein Dateiformat haben, das einen riesigen String mit sämtlichen Nukleotiden in der Sequenz des Gens enthält. Das nächste Listing zeigt ein Beispiel, wie ein Gen-String aussehen kann.

```
String geneStr = "ACGTGGCTCTCTAACGTACGTACGTACGGGGTTTATATATACCCTAGGACTCCCTTT"
```

Listing 2.3 Gen-String-Beispiel

Der einzige Zustand eines Gene ist ein ArrayList aus Codons. Außerdem brauchen wir einen Konstruktor, der einen Gen-String in ein Gen umwandelt (einen String in ein ArrayList aus Codons).

```java
private ArrayList<Codon> codons = new ArrayList<>();

public Gene(String geneStr) {
    for (int i = 0; i < geneStr.length() - 3; i += 3) {
```

```
            // Alle 3 Zeichen im String nehmen und ein Codon formen
            codons.add(new Codon(geneStr.substring(i, i + 3)));
        }
    }
```

Listing 2.4 Gene.java (Fortsetzung)

Dieser Konstruktor durchwandert kontinuierlich den übergebenen String und konvertiert seine jeweils nächsten drei Zeichen in Codons, die am Ende eines neuen Gene-Objekts hinzugefügt werden. Er setzt auf den Konstruktor von Codon auf, der die Umwandlung eines String aus drei Buchstaben in ein Codon beherrscht.

2.1.2 Lineare Suche

Eine grundlegende Operation, die wir auf einem Gen ausführen wollen, besteht darin, nach einem bestimmten Codon zu suchen. Ein Wissenschaftler würde auf diese Weise vielleicht sehen wollen, ob es für eine bestimmte Aminosäure kodiert. Das Ziel ist, einfach herauszufinden, ob das Codon innerhalb des Gens existiert oder nicht.

Eine lineare Suche durchwandert jedes Element in einem Suchraum in der Reihenfolge der ursprünglichen Datenstruktur, bis das Gesuchte gefunden oder das Ende der Datenstruktur erreicht wird. Im Grunde ist eine lineare Suche die einfachste, natürlichste und offensichtlichste Art, nach etwas zu suchen. Im ungünstigsten Fall muss eine lineare Suche jedes Element einer Datenstruktur betrachten, sodass es von der Komplexität $O(n)$ ist, wobei n die Anzahl der Elemente in der Struktur ist. Dies wird in Abbildung 2.2 veranschaulicht.

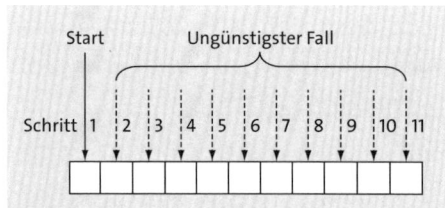

Abbildung 2.2 Im ungünstigsten Fall einer linearen Suche müssen Sie nacheinander jedes Element des Arrays betrachten.

Es ist trivial, eine Funktion zu definieren, die eine lineare Suche durchführt. Sie muss einfach jedes Element in einer Datenstruktur durchgehen und auf Gleichheit mit dem gesuchten Element überprüfen. Sie können es mit dem folgenden Code in main() ausprobieren.

```java
    public boolean linearContains(Codon key) {
        for (Codon codon : codons) {
            if (codon.compareTo(key) == 0) {
                return true; // Übereinstimmung gefunden
            }
        }
        return false;
    }

    public static void main(String[] args) {
        String geneStr =
    "ACGTGGCTCTCTAACGTACGTACGTACGGGGTTTATATATACCCTAGGACTCCCTTT";
        Gene myGene = new Gene(geneStr);
        Codon acg = new Codon("ACG");
        Codon gat = new Codon("GAT");
        System.out.println(myGene.linearContains(acg)); // true
        System.out.println(myGene.linearContains(gat)); // false
    }
```

Listing 2.5 Gene.java (Fortsetzung)

> **Hinweis**
>
> Diese Funktion dient lediglich illustrativen Zwecken. Alle Klassen in der Java-Standardbibliothek, die die Schnittstelle `Collection` implementieren (wie etwa `ArrayList` und `LinkedList`) verfügen über eine `contains()`-Methode, die wahrscheinlich besser optimiert ist, als alles, was wir selbst schreiben würden.

2.1.3 Binärsuche

Es gibt eine schnellere Methode, als jedes Element zu betrachten, aber für diese müssen wir vorab über die Sortierreihenfolge der Datenstruktur Bescheid wissen. Wenn wir wissen, dass die Struktur sortiert ist, und auf jedes Element darin unmittelbar über seinen Index zugreifen können, können wir eine Binärsuche durchführen.

Eine Binärsuche funktioniert so: Sie betrachtet das mittlere Element einer sortierten Abfolge von Elementen, vergleicht es mit dem gesuchten Element, verkleinert den Suchbereich aufgrund dieses Vergleichs und startet den Prozess erneut. Schauen wir uns ein konkretes Beispiel an.

2 Suchaufgaben

Angenommen, wir haben eine Liste alphabetisch sortierter Wörter wie `["Hund"`, `"Känguru"`, `"Katze"`, `"Lama"`, `"Marder"`, `"Ratte"`, `"Zebra"]` und suchen nach dem Wort »Ratte«:

1. Wir könnten feststellen, dass das mittlere Element in dieser Liste aus sieben Wörtern »Lama« ist.
2. Wir könnten feststellen, dass »Ratte« im Alphabet nach »Lama« kommt, also muss es sich (näherungsweise) in der Hälfte der Liste befinden, die nach »Lama« kommt. (Hätten wir »Ratte« in diesem Schritt gefunden, könnten wir den Fundort zurückgeben; hätte es sich herausgestellt, dass unser Wort vor dem überprüften mittleren Wort kommt, könnten wir sicher sein, dass es sich in der Hälfte der Liste vor »Lama« befindet.)
3. Wir könnten die Schritte 1 und 2 für die Hälfte der Liste wiederholen, von der wir wissen, dass »Ratte« sich immer noch darin befinden kann. Im Prinzip wird diese Hälfte unsere neue Basisliste. Diese Schritte werden wiederholt ausgeführt, bis »Ratte« gefunden wird oder bis der Suchbereich keine zu durchsuchenden Elemente mehr enthält, was bedeutet, dass »Ratte« nicht in der Wortliste vorkommt.

Abbildung 2.3 veranschaulicht eine Binärsuche. Beachten Sie, dass anders als bei der linearen Suche nicht jedes Element durchsucht wird.

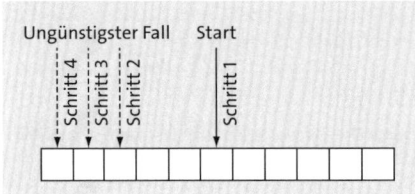

Abbildung 2.3 Im ungünstigsten Fall einer Binärsuche durchsuchen Sie nur lg(n) Elemente der Liste.

Eine Binärsuche halbiert den Suchraum immer wieder, sodass seine Laufzeit im ungünstigsten Fall O(lg n) beträgt. Die Sache hat jedoch einen Haken. Im Gegensatz zur linearen Suche benötigt eine binäre Suche eine sortierte Datenstruktur zum Durchsuchen, und das Sortieren benötigt Zeit. Tatsächlich braucht Sortieren mit den besten Sortieralgorithmen eine Zeit von O(n lg n). Wenn wir unsere Suche also nur einmal durchführen und unsere ursprüngliche Datenstruktur unsortiert ist, ist es wahrscheinlich sinnvoller, einfach eine lineare Suche durchzuführen. Aber wenn die Suche viele Male durchgeführt wird, lohnt sich der Zeitaufwand für das Sortieren, da der Nutzen der stark reduzierten Dauer jeder einzelnen Suche überwiegt.

Eine Binärsuchfunktion für ein Gen und ein Codon unterscheidet sich nicht von einer für jede andere Art von Daten, weil der Typ Codon anderen Typen ähnelt und der Typ Gene lediglich eine ArrayList aus Codons enthält.

Beachten Sie, dass wir die Codons im folgenden Beispiel zunächst sortieren – dies hebt alle Vorteile einer binären Suche auf, da die Sortierung mehr Zeit in Anspruch nimmt als die Suche, so wie im vorherigen Abschnitt beschrieben. Zur Veranschaulichung ist die Sortierung jedoch notwendig, da wir beim Ausführen dieses Beispiels nicht wissen können, dass die ArrayList aus codons sortiert ist.

```java
public boolean binaryContains(Codon key) {
    // Binäre Suche funktioniert nur mit sortierten Collections
    ArrayList<Codon> sortedCodons = new ArrayList<>(codons);
    Collections.sort(sortedCodons);
    int low = 0;
    int high = sortedCodons.size() - 1;
    while (low <= high) { // Solange es noch einen Suchraum gibt
        int middle = (low + high) / 2;
        int comparison = codons.get(middle).compareTo(key);
        if (comparison < 0) { // Mittleres Codon < key
            low = middle + 1;
        } else if (comparison > 0) { // Mittleres Codon > key
            high = middle - 1;
        } else { // Mittleres Codon gleich key
            return true;
        }
    }
    return false;
}
```

Listing 2.6 Gene.java (Fortsetzung)

Schauen wir uns diese Funktion Zeile für Zeile an.

```java
int low = 0;
int high = sortedCodons.size() - 1;
```

Wir beginnen mit einem Suchbereich, der die gesamte Liste (das Gen) umfasst.

```java
while (low <= high) {
```

Wir suchen weiter, solange es noch einen Bereich gibt, in dem gesucht werden kann. Wenn low größer als high ist, bedeutet dies, dass es in der Liste keine Einträge mehr gibt, die wir uns anschauen könnten.

```java
int middle = (low + high) / 2;
```

Wir berechnen die Mitte middle, indem wir Integer-Division und die einfache Mittelwert-Formel verwenden, die Sie in der Schule gelernt haben.

```java
int comparison = codons.get(middle).compareTo(key);
if (comparison < 0) { // Mittleres Codon < key
    low = middle + 1;
```

Wenn das Element, das wir suchen, nach dem mittleren Element des betrachteten Bereichs kommt, modifizieren wir den Bereich, den wir uns im nächsten Durchlauf der Schleife anschauen, indem wir low auf die Position gleich hinter dem aktuellen mittleren Element verschieben. Auf diese Weise haben wir den Bereich für die nächste Iteration halbiert.

```java
} else if (comparison > 0) { // Mittleres Codon > key
    high = middle - 1;
```

Entsprechend halbieren wir in die andere Richtung, wenn das gesuchte Element kleiner als das mittlere Element ist.

```java
} else { // Mittleres Codon gleich key
    return true;
}
```

Wenn das gesuchte Element weder kleiner noch größer als das mittlere Element ist, heißt das, dass wir es gefunden haben! Und natürlich geben wir false zurück (hier nicht nochmals abgedruckt), wenn es keine weiteren Schleifendurchläufe gibt, um anzuzeigen, dass es nicht gefunden wurde.

Wir können nun versuchen, unsere binäre Suchmethode mit demselben Gen und demselben Codon auszuführen. Wir können main() probehalber verändern.

```java
public static void main(String[] args) {
    String geneStr =
        "ACGTGGCTCTCTAACGTACGTACGTACGGGGTTTATATATACCCTAGGACTCCCTTT";
    Gene myGene = new Gene(geneStr);
    Codon acg = new Codon("ACG");
```

```
        Codon gat = new Codon("GAT");
        System.out.println(myGene.linearContains(acg)); // true
        System.out.println(myGene.linearContains(gat)); // false
        System.out.println(myGene.binaryContains(acg)); // true
        System.out.println(myGene.binaryContains(gat)); // false
}
```

Listing 2.7 Gene.java (Fortsetzung)

> **Tipp**
> Genau wie bei der linearen Suche müssen Sie auch die binäre Suche nicht selbst implementieren, da es eine Implementierung in der Java-Standardbibliothek gibt. Die Methode `Collections.binarySearch()` kann jede sortierte `Collection` (wie etwa eine sortierte `ArrayList`) durchsuchen.

2.1.4 Ein generisches Beispiel

Die Methoden `linearContains()` und `binaryContains()` lassen sich so verallgemeinern, dass sie mit so gut wie jeder Java-`List` arbeiten können. Die folgenden verallgemeinerten Versionen sind beinahe identisch mit denjenigen, die Sie bereits gesehen haben, nur einige Namen und Typen wurden ausgetauscht.

> **Hinweis**
> Das nachfolgende Codelisting enthält viele importierte Typen. Wir werden die Datei *GenericSearch.java* für viele weitere generische Suchalgorithmen in diesem Kapitel verwenden und haben die dafür notwendigen Importe so bereits abgehandelt.

> **Hinweis**
> Das Keyword `extends` in `T extends Comparable<T>` bedeutet, dass T einen Typ haben muss, der das Interface `Comparable` implementiert.

```
package chapter2;

import java.util.ArrayList;
import java.util.HashMap;
import java.util.HashSet;
import java.util.LinkedList;
import java.util.List;
```

```java
import java.util.Map;
import java.util.PriorityQueue;
import java.util.Queue;
import java.util.Set;
import java.util.Stack;
import java.util.function.Function;
import java.util.function.Predicate;
import java.util.function.ToDoubleFunction;

public class GenericSearch {

    public static <T extends Comparable<T>> boolean linearContains(
      List<T> list, T key) {
        for (T item : list) {
            if (item.compareTo(key) == 0) {
                return true; // Übereinstimmung gefunden
            }
        }
        return false;
    }

    // *list* bereits sortiert
    public static <T extends Comparable<T>> boolean binaryContains(
      List<T> list, T key) {
        int low = 0;
        int high = list.size() - 1;
        while (low <= high) {
            int middle = (low + high) / 2;
            int comparison = list.get(middle).compareTo(key);
            if (comparison < 0) { // Mittleres Codon < key
                low = middle + 1;
            } else if (comparison > 0) { // Mittleres Codon > key
                high = middle - 1;
            } else { // Mittleres Codon gleich key
                return true;
            }
        }
        return false;
    }
```

```java
    public static void main(String[] args) {
        System.out.println(linearContains(
            List.of(1, 5, 15, 15, 15, 15, 20), 5)); // true
        System.out.println(binaryContains(
            List.of("a", "d", "e", "f", "z"), "f")); // true
        System.out.println(binaryContains(
            List.of("john", "mark", "ronald", "sarah"), "sheila")); // false
    }

}
```

Listing 2.8 GenericSearch.java

Nun können Sie versuchen, nach anderen Datentypen zu suchen. Diese Methoden funktionieren mit jeder Liste aus Vergleichswerten. Darin liegt die Macht generisch geschriebenen Codes.

2.2 Labyrinthe lösen

Einen Pfad durch ein Labyrinth zu finden, ist eine Analogie für viele gängige Suchaufgaben in der Informatik. Warum dann also nicht wortwörtlich einen Pfad durch ein Labyrinth finden, um Breitensuche-, Tiefensuche- und A*-Algorithmen zu veranschaulichen?

Unser Labyrinth sei ein zweidimensionales Gitter aus Cell-Objekten. Eine Cell ist ein enum, das weiß, wie es sich selbst in einen String verwandeln kann. Zum Beispiel stellt " " einen leeren Platz und "X" einen besetzten Platz dar. Es gibt noch weitere Fälle, die bei der Ausgabe eines Labyrinths zu Darstellungszwecken verwendet werden.

```java
package chapter2;

import java.util.ArrayList;
import java.util.Arrays;
import java.util.List;

import chapter2.GenericSearch.Node;

public class Maze {

    public enum Cell {
        EMPTY(" "),
        BLOCKED("X"),
```

```java
    START("S"),
    GOAL("G"),
    PATH("*");

    private final String code;

    private Cell(String c) {
        code = c;
    }

    @Override
    public String toString() {
        return code;
    }
}
```

Listing 2.9 Maze.java

Wieder erledigen wir zunächst ein paar Importe. Beachten Sie, dass der letzte Import (aus `GenericSearch`) eine Klasse betrifft, die wir noch nicht definiert haben. Er wurde hier aus Bequemlichkeitsgründen mitgeliefert, aber Sie sollten ihn auskommentieren, bis Sie ihn brauchen.

Wir brauchen eine Möglichkeit, eine einzelne Stelle im Labyrinth anzugeben. Es handelt sich um eine einfache Klasse namens `MazeLocation` mit Eigenschaften, die Zeile und Spalte der entsprechenden Position darstellen. Die Klasse muss ihren Instanzen jedoch auch eine Möglichkeit bereitstellen, sich mit anderen Instanzen desselben Typs auf Gleichheit zu vergleichen. In Java ist dies erforderlich, um mehrere Klassen wie etwa `HashSet` und `HashMap` im Collections-Framework richtig einzusetzen. Sie verwenden die Methoden `equals()` und `hashCode()`, um das Einfügen von Duplikaten zu vermeiden, da sie nur eindeutige Instanzen zulassen.

Glücklicherweise können uns IDEs die harte Arbeit abnehmen. Die beiden Methoden, die im nächsten Listing auf den Konstruktor folgen, wurden automatisch von Eclipse generiert. Sie sorgen dafür, dass zwei Instanzen von `MazeLocation` mit der gleichen Zeile und Spalte als gleichwertig angesehen werden. In Eclipse können Sie mit der rechten Maustaste klicken und SOURCE • GENERATE HASHCODE() AND EQUALS() auswählen, um diese Methoden automatisch zu erstellen. Sie müssen in einem Dialog angeben, welche Instanzvariablen auf Gleichheit geprüft werden sollen.

```java
public static class MazeLocation {
    public final int row;
    public final int column;

    public MazeLocation(int row, int column) {
        this.row = row;
        this.column = column;
    }

    // auto-generated by Eclipse
    @Override
    public int hashCode() {
        final int prime = 31;
        int result = 1;
        result = prime * result + column;
        result = prime * result + row;
        return result;
    }

    // auto-generated by Eclipse
    @Override
    public boolean equals(Object obj) {
        if (this == obj) {
            return true;
        }
        if (obj == null) {
            return false;
        }
        if (getClass() != obj.getClass()) {
            return false;
        }
        MazeLocation other = (MazeLocation) obj;
        if (column != other.column) {
            return false;
        }
        if (row != other.row) {
            return false;
        }
        return true;
    }
}
```

Listing 2.10 Maze.java (Fortsetzung)

2.2.1 Ein Zufallslabyrinth erzeugen

Unsere Klasse Maze speichert intern ein Gitter (ein zweidimensionales Array), das den Zustand des Labyrinths darstellt. Sie enthält außerdem Instanzvariablen für die Anzahl der Zeilen, die Anzahl der Spalten, den Startort und den Zielort. Ihr Gitter wird zufällig mit besetzten Zellen gefüllt.

Das generierte Labyrinth sollte einigermaßen spärlich besetzt sein, damit es fast immer einen Pfad von einer gegebenen Startposition zu einer gegebenen Zielposition gibt. (Schließlich geht es darum, unseren Algorithmus zu testen.) Wir lassen Aufrufer eines neuen Labyrinths selbst entscheiden, wie spärlich, geben aber einen Standardwert von 20 % besetzten Zellen vor. Wenn eine Zufallszahl die Schwelle des angegebenen sparseness-Parameters überschreitet, ersetzen wir einfach einen freien Platz durch eine Wand. Wenn wir dies für jede mögliche Stelle im Labyrinth tun, nähert sich der Grad der spärlichen Besetzung dem übergebenen sparseness-Parameter an.

```java
private final int rows, columns;
private final MazeLocation start, goal;
private Cell[][] grid;

public Maze(int rows, int columns, MazeLocation start, MazeLocation goal,
    double sparseness) {
    // Basis-Instanzvariablen initialisieren
    this.rows = rows;
    this.columns = columns;
    this.start = start;
    this.goal = goal;
    // Das Raster mit leeren Zellen füllen
    grid = new Cell[rows][columns];
    for (Cell[] row : grid) {
        Arrays.fill(row, Cell.EMPTY);
    }
    // Das Raster mit besetzten Zellen füllen
    randomlyFill(sparseness);
    // Start- und Zielorte füllen
    grid[start.row][start.column] = Cell.START;
    grid[goal.row][goal.column] = Cell.GOAL;
}

public Maze() {
    this(10, 10, new MazeLocation(0, 0), new MazeLocation(9, 9), 0.2);
```

```java
    }
    private void randomlyFill(double sparseness) {
        for (int row = 0; row < rows; row++) {
            for (int column = 0; column < columns; column++) {
                if (Math.random() < sparseness) {
                    grid[row][column] = Cell.BLOCKED;
                }
            }
        }
    }
}
```

Listing 2.11 Maze.java (Fortsetzung)

Nachdem wir ein Labyrinth haben, wollen wir auch eine Möglichkeit, es übersichtlich auf der Konsole auszugeben. Die Zeichen sollen nahe beieinanderstehen, damit es wie ein richtiges Labyrinth aussieht.

```java
// Schön formatierte Version des Labyrinths für die Ausgabe zurückgeben
@Override
public String toString() {
    StringBuilder sb = new StringBuilder();
    for (Cell[] row : grid) {
        for (Cell cell : row) {
            sb.append(cell.toString());
        }
        sb.append(System.lineSeparator());
    }
    return sb.toString();
}
```

Listing 2.12 Maze.java (Fortsetzung)

Probieren Sie diese Labyrinthfunktionen in main() aus.

```java
    public static void main(String[] args) {
        Maze m = new Maze();
        System.out.println(m);
    }

}
```

Listing 2.13 Maze.java (Fortsetzung)

2.2.2 Weitere Labyrinth-Hilfsfunktionen

Es wird später nützlich sein, eine Funktion zur Hand zu haben, die überprüft, ob wir während der Suche unser Ziel erreicht haben. Wir wollen mit anderen Worten überprüfen, ob eine bestimmte MazeLocation, die die Suche erreicht hat, das Ziel ist. Wir können eine solche Methode zu Maze hinzufügen.

```java
public boolean goalTest(MazeLocation ml) {
    return goal.equals(ml);
}
```

Listing 2.14 Maze.java (Fortsetzung)

Wie können wir uns durch unsere Labyrinthe bewegen? Sagen wir, wir können uns von jeder Stelle im Labyrinth aus horizontal oder vertikal um je eine Position pro Durchgang bewegen. Mithilfe dieser Kriterien kann eine successors()-Funktion die möglichen Nachfolgepositionen von einer gegebenen MazeLocation aus finden. Jedoch wird die Funktion successors() für jedes Maze unterschiedlich sein, weil jedes Maze eine andere Größe und andere Wände hat. Deshalb definieren wir die Funktion als Methode von Maze.

```java
public List<MazeLocation> successors(MazeLocation ml) {
    List<MazeLocation> locations = new ArrayList<>();
    if (ml.row + 1 < rows && grid[ml.row + 1][ml.column] != Cell.BLOCKED) {
        locations.add(new MazeLocation(ml.row + 1, ml.column));
    }
    if (ml.row - 1 >= 0 && grid[ml.row - 1][ml.column] != Cell.BLOCKED) {
        locations.add(new MazeLocation(ml.row - 1, ml.column));
    }
    if (ml.column + 1 < columns && grid[ml.row][ml.column + 1] != Cell.BLOCKED) {
        locations.add(new MazeLocation(ml.row, ml.column + 1));
    }
    if (ml.column - 1 >= 0 && grid[ml.row][ml.column - 1] != Cell.BLOCKED) {
        locations.add(new MazeLocation(ml.row, ml.column - 1));
    }
    return locations;
}
```

Listing 2.15 Maze.java (Fortsetzung)

successors() prüft einfach die Zellen über, unter, links und rechts von einer MazeLocation in einem Maze, um zu überprüfen, ob es leere Positionen gibt, zu denen von der aktuellen aus gewechselt werden kann. Die Funktion vermeidet es auch, Positionen jenseits der Grenzen des Maze zu prüfen. Sie fügt jede mögliche gefundene MazeLocation zu einer Liste hinzu, die schließlich an die aufrufende Stelle zurückgibt. Wir werden die beiden vorherigen Methoden in unseren Suchalgorithmen verwenden.

2.2.3 Tiefensuche

Eine *Tiefensuche* (englisch *depth-first search*, DFS) tut, was ihr Name vermuten lässt: eine Suche, die so tief wie möglich geht, bevor sie zum letzten Entscheidungspunkt zurückkehrt, wenn sie eine Sackgasse erreicht. Wir implementieren eine generische Tiefensuche, die unser Labyrinthproblem lösen kann. Sie ist auch für andere Aufgaben wiederverwendbar. Abbildung 2.4 veranschaulicht eine laufende Tiefensuche in einem Labyrinth.

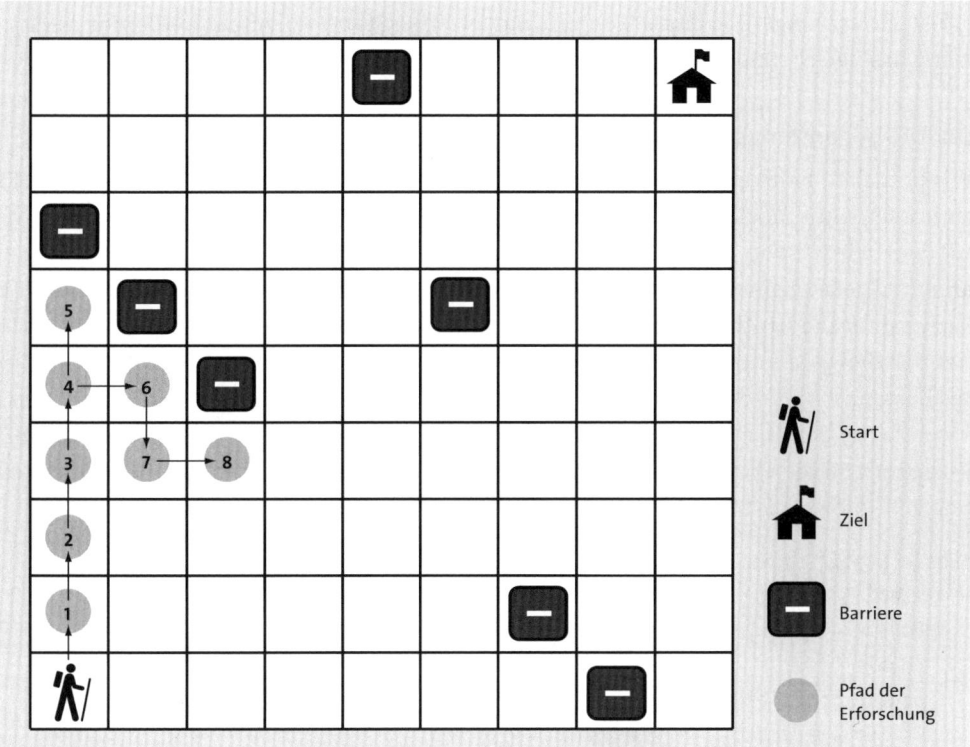

Abbildung 2.4 Bei der Tiefensuche folgt die Suche einem fortlaufend tieferen Pfad, bis sie auf ein Hindernis trifft und bis zum letzten Entscheidungspunkt zurückkehren muss.

Stapel

Die Tiefensuche basiert auf einer Datenstruktur, die als *Stapel* (englisch *stack*) bekannt ist. (In Kapitel 1 haben wir uns bereits mit Stapeln beschäftigt.) Ein Stapel ist eine Datenstruktur, die nach dem Last-In-First-Out-Prinzip (LIFO) arbeitet. Stellen Sie sich einen Papierstapel vor. Das letzte Blatt Papier, das oben auf den Stapel gelegt wird, ist das erste, das wieder heruntergenommen wird. Üblicherweise baut ein Stapel auf eine primitivere Datenstruktur wie etwa eine verkettete Liste auf, indem man Elemente an einem Ende hinzufügt und sie am gleichen Ende wieder entfernt. Wir könnten einen Stapel leicht selbst implementieren, aber die Java-Standardbibliothek enthält praktischerweise bereits die Klasse Stack.

Stapel besitzen im Allgemeinen mindestens zwei Operationen:

- push() – platziert ein Element als oberstes auf den Stapel.
- pop() – entfernt das oberste Element vom Stapel und gibt es zurück.

Mit anderen Worten: Ein Stapel ist eine Metastruktur, die eine Entnahmereihenfolge für eine Liste erzwingt. Das letzte Element, das in einen Stapel eingefügt wird, muss gleichzeitig das nächste Element sein, das daraus entfernt wird.

Der DFS-Algorithmus

Wir brauchen noch eine weitere Kleinigkeit, bevor wir uns daran machen können, DFS zu implementieren. Wir brauchen eine Node-Klasse, mit der wir uns während der Suche merken, wie wir von einem Zustand in den nächsten (oder von einer Position zu einer anderen) gelangt sind. Sie können sich Node als Wrapper um einen Zustand vorstellen. Im Fall unserer Labyrinth-Lösungs-Aufgabe sind diese Zustände vom Typ MazeLocation. Wir nennen den Node, von dem aus wir in den aktuellen Zustand gelangt sind, den parent dieses Zustands. Außerdem definieren wir die Eigenschaften cost und heuristic für unsere Node-Klasse, damit wir all dies später im A*-Algorithmus wiederverwenden können. Kümmern Sie sich vorerst nicht um sie. Ein Node ist Comparable durch den Vergleich seiner cost und heuristic.

```java
public static class Node<T> implements Comparable<Node<T>> {
    final T state;
    Node<T> parent;
    double cost;
    double heuristic;
    // Für dfs and bfs verwenden wir cost und heuristic nicht
    Node(T state, Node<T> parent) {
        this.state = state;
```

```
        this.parent = parent;
    }

    // Für astar verwenden wir cost und heuristic
    Node(T state, Node<T> parent, double cost, double heuristic) {
        this.state = state;
        this.parent = parent;
        this.cost = cost;
        this.heuristic = heuristic;
    }

    @Override
    public int compareTo(Node<T> other) {
        Double mine = cost + heuristic;
        Double theirs = other.cost + other.heuristic;
        return mine.compareTo(theirs);
    }
}
```

Listing 2.16 GenericSearch.java (Fortsetzung)

> **Tipp**
> compareTo() wird hier durch den Aufruf von compareTo() auf einem anderen Typ ausgeführt. Dies ist ein gängiges Muster.

> **Hinweis**
> Wenn ein Node über kein parent verfügt, verwenden wir null als Wächter, um dies anzuzeigen.

Eine laufende Tiefensuche muss sich zwei Datenstrukturen merken: Den Stapel der Zustände (oder »Positionen«), die wir für die Suche in Betracht ziehen, nennen wir frontier (Grenzland) und die Menge der Zustände, die wir bereits durchsucht haben, explored (erforscht). Solange es im Grenzland noch weitere Zustände zu besuchen gibt, prüft DFS weiterhin, ob es sich bei ihnen um das Ziel handelt (wenn ein Zustand das Ziel ist, hält DFS an und gibt es zurück), und fügt ihre Nachfolger zum Grenzland hinzu. Zudem wird jeder Zustand, der bereits durchsucht wurde, als erforscht gekennzeichnet, sodass die Suche nicht im Kreis läuft, indem sie zuvor besuchte Zustände als Nachfolger erreicht. Wenn das Grenzland leer ist, bedeutet dies, dass nirgendwo mehr gesucht werden kann.

```java
public static <T> Node<T> dfs(T initial, Predicate<T> goalTest,
        Function<T, List<T>> successors) {
    // frontier bezeichnet, wohin wir noch gehen müssen
    Stack<Node<T>> frontier = new Stack<>();
    frontier.push(new Node<>(initial, null));
    // explored bezeichnet, wo wir schon waren
    Set<T> explored = new HashSet<>();
    explored.add(initial);

    // Weitersuchen, solange es noch etwas zu entdecken gibt
    while (!frontier.isEmpty()) {
        Node<T> currentNode = frontier.pop();
        T currentState = currentNode.state;
        // Wenn wir das Ziel gefunden haben, sind wir fertig
        if (goalTest.test(currentState)) {
            return currentNode;
        }
        // Prüfen, wohin wir gehen können und wo wir noch nicht waren
        for (T child : successors.apply(currentState)) {
            if (explored.contains(child)) {
                continue; // Bereits untersuchte Kinder auslassen
            }
            explored.add(child);
            frontier.push(new Node<>(child, currentNode));
        }
    }
    return null; // Alles durchsucht, aber nie das Ziel gefunden
}
```

Listing 2.17 GenericSearch.java (Fortsetzung)

Beachten Sie die Verweise auf die Funktionen goalTest und successors. Diese ermöglichen es, verschiedene Funktionen für unterschiedliche Anwendungen in dfs () einzubauen. Dadurch lässt sich dfs() für weitere Szenarien als nur Labyrinthe nutzen. Dies ist ein weiteres Beispiel für eine generische Problemlösung. Ein goalTest ist als Predicate<T> eine beliebige Funktion, die ein T entgegennimmt (in unserem Fall eine MazeLocation) und ein boolean zurückliefert. successors ist eine beliebige Funktion, die ein T entgegennimmt und eine List von T zurückgibt.

Wenn `dfs()` erfolgreich ist, gibt sie den Node zurück, der den Zielzustand enthält. Der Pfad vom Start bis zum Ziel kann rekonstruiert werden, indem wir von diesem Node mithilfe der Eigenschaft parent schrittweise zu dessen Vorgängern zurückgehen.

```java
public static <T> List<T> nodeToPath(Node<T> node) {
    List<T> path = new ArrayList<>();
    path.add(node.state);
    // Von hinten nach vorne vorarbeiten
    while (node.parent != null) {
        node = node.parent;
        path.add(0, node.state);
    }
    return path;
}
```

Listing 2.18 GenericSearch.java (Fortsetzung)

Zu Anzeigezwecken ist es hilfreich, das Labyrinth mit dem erfolgreichen Pfad, dem Anfangs- und dem Zielzustand zu markieren. Es ist auch von Nutzen, einen Pfad entfernen zu können, damit wir unterschiedliche Suchalgorithmen auf dasselbe Labyrinth anwenden können. Die folgenden beiden Methoden sollten zur Klasse Maze in *Maze.java* hinzugefügt werden.

```java
public void mark(List<MazeLocation> path) {
    for (MazeLocation ml : path) {
        grid[ml.row][ml.column] = Cell.PATH;
    }
    grid[start.row][start.column] = Cell.START;
    grid[goal.row][goal.column] = Cell.GOAL;
}

public void clear(List<MazeLocation> path) {
    for (MazeLocation ml : path) {
        grid[ml.row][ml.column] = Cell.EMPTY;
    }
    grid[start.row][start.column] = Cell.START;
    grid[goal.row][goal.column] = Cell.GOAL;
}
```

Listing 2.19 Maze.java (Fortsetzung)

Das war eine lange Reise, aber nun sind wir endlich in der Lage, das Labyrinth zu lösen.

```java
public static void main(String[] args) {
    Maze m = new Maze();
    System.out.println(m);

    Node<MazeLocation> solution1 = GenericSearch.dfs(m.start, m::goalTest,
 m::successors);
    if (solution1 == null) {
        System.out.println("Keine Lösung mit Tiefensuche gefunden!");
    } else {
        List<MazeLocation> path1 = GenericSearch.nodeToPath(solution1);
        m.mark(path1);
        System.out.println(m);
        m.clear(path1);
    }
}
}
```

Listing 2.20 Maze.java (Fortsetzung)

Eine erfolgreiche Lösung wird etwa so aussehen:

```
S****X X
 X  *****
       X*
XX******X
  X*
  X**X
 X  *****
       *
    X *X
       *G
```

Die Sternchen repräsentieren den Pfad vom Start zum Ziel, den unsere Tiefensuche-Funktion gefunden hat. S ist die Startposition, G ist die Zielposition. Denken Sie daran, dass nicht jedes Labyrinth eine Lösung hat, da jedes Labyrinth per Zufall generiert wird.

2.2.4 Breitensuche

Wie Sie vielleicht merken, erscheinen die von der Tiefensuche gefundenen Lösungspfade für die Labyrinthe unnatürlich. Es handelt sich üblicherweise nicht um die kürzesten Pfade. Die *Breitensuche* (englisch *breadth-first search*, BFS) findet stets den kürzesten

Pfad, indem sie in jeder Iteration der Suche systematisch eine Ebene von Knotenpunkten weiter vom Startzustand entfernt durchsucht. Es gibt spezifische Aufgaben, für die die Tiefensuche wahrscheinlich schneller eine Lösung findet als die Breitensuche und umgekehrt. Deshalb ist die Entscheidung zwischen den beiden immer ein Kompromiss zwischen der Möglichkeit, schnell eine Lösung zu finden, und der Gewissheit, den kürzesten Weg zum Ziel zu finden (falls einer existiert). Abbildung 2.5 veranschaulicht die laufende Breitensuche in einem Labyrinth.

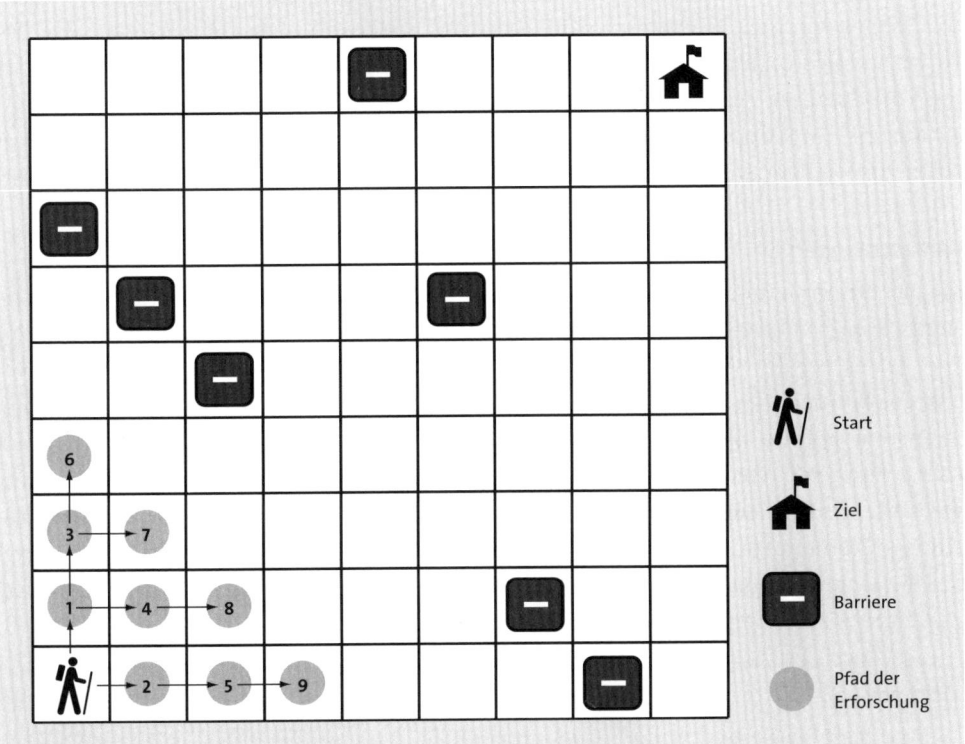

Abbildung 2.5 Bei einer Breitensuche werden die am nächsten an der Startposition befindlichen Elemente zuerst durchsucht.

Um zu verstehen, warum eine Tiefensuche manchmal schneller ein Ergebnis zurückliefert als eine Breitensuche, stellen Sie sich vor, Sie suchen eine Markierung auf einer bestimmten Schicht einer Zwiebel. Wer die Tiefensuche verwendet, stößt praktisch ein Messer ins Herz der Zwiebel und untersucht willkürlich die herausgeschnittenen Stücke. Sollte sich die markierte Schicht in der Nähe des herausgeschnittenen Stücks befinden, besteht eine Chance, dass er sie schneller findet als jemand, der eine Breitensuche-Strategie verwendet, bei der er die Zwiebel fein säuberlich Schicht für Schicht schält.

Um sich ein besseres Bild darüber machen zu können, warum die Breitensuche immer den kürzesten Lösungspfad findet, sofern einer existiert, stellen Sie sich vor, Sie versuchen, die Strecke einer Zugfahrt von Boston nach New York mit der geringsten Anzahl von Haltestellen zu finden. Wenn Sie immer weiter in dieselbe Richtung gehen und umkehren, sobald Sie in eine Sackgasse geraten (wie bei der Tiefensuche), kann es sein, dass Sie zuerst eine Route finden, die einen gewaltigen Umweg über Seattle macht, bevor sie zurück nach New York führt. Bei einer Breitensuche überprüfen Sie dagegen zuerst alle Stationen, die einen Stopp von Boston entfernt sind. Dann prüfen Sie alle Stationen, die zwei Stopps von Boston entfernt sind. Anschließend prüfen Sie alle Stationen, die drei Stopps von Boston entfernt sind. Das geht so weiter, bis Sie New York finden. Wenn Sie New York auf diese Weise gefunden haben, wissen Sie, dass Sie die Route mit der geringsten Anzahl von Stopps gefunden haben, weil Sie bereits sämtliche Stationen überprüft haben, die weniger Stopps von Boston entfernt liegen, und keine davon New York war.

Warteschlangen

Um BFS zu implementieren, wird eine Datenstruktur benötigt, die als *Warteschlange* (englisch *queue*) bezeichnet wird. Während ein Stapel nach dem LIFO-Prinzip funktioniert, ist es bei der Warteschlange das FIFO-Prinzip (First In, First Out). Eine Warteschlange können Sie sich vorstellen wie die vor öffentlichen Toiletten. Die erste Person, die ansteht, kommt als erste an die Reihe. Eine Warteschlange hat mindestens dieselben push()- und pop()-Methoden wie ein Stapel. Auf der Implementierungsebene ist der einzige Unterschied zwischen einem Stapel und einer Warteschlange, dass die Warteschlange Elemente aus der Liste am anderen Ende entfernt, als sie sie einfügt. Dadurch wird sichergestellt, dass die ältesten Elemente (also jene, die bereits am längsten »warten«) immer zuerst entfernt werden.

Hinweis
Verwirrenderweise besitzt die Java-Standardbibliothek keine Queue-Klasse, wohl aber eine Stack-Klasse. Stattdessen gibt es ein Queue-Interface, das mehrere Klassen der Java-Standardbibliothek implementieren (einschließlich LinkedList). Noch verwirrender ist, dass im Queue-Interface der Java-Standardbibliothek push() als offer() und pop() als poll() bezeichnet wird.

Der BFS-Algorithmus

Faszinierenderweise ist der Algorithmus für eine Breitensuche identisch mit demjenigen für eine Tiefensuche, außer dass frontier von einem Stapel in eine Warteschlange umgewandelt wird. Dies ändert wiederum die Reihenfolge, in der Zustände durchsucht werden, und stellt sicher, dass diejenigen, die am nächsten am Startpunkt liegen, zuerst durchsucht werden.

In der folgenden Implementierung müssen wir auch einige Aufrufe von push() und pop() in offer() bzw. poll() ändern, weil die Stack-Klasse und das Queue-Interface der Java-Standardbibliothek unterschiedliche Namensschemata haben (siehe den vorherigen Hinweis). Aber nehmen Sie sich einen Moment Zeit, um sich dfs() (in Listing 2.17) anzusehen und zu erkennen, wie ähnlich sich dfs() und bfs() sind, bei denen sich nur die Datenstruktur von frontier ändert.

```java
public static <T> Node<T> bfs(T initial, Predicate<T> goalTest,
        Function<T, List<T>> successors) {
    // frontier bezeichnet, wohin wir noch gehen müssen
    Queue<Node<T>> frontier = new LinkedList<>();
    frontier.offer(new Node<>(initial, null));
    // explored bezeichnet, wo wir schon waren
    Set<T> explored = new HashSet<>();
    explored.add(initial);

    // Weitersuchen, solange es noch etwas zu entdecken gibt
    while (!frontier.isEmpty()) {
        Node<T> currentNode = frontier.poll();
        T currentState = currentNode.state;
        // Wenn wir das Ziel gefunden haben, sind wir fertig
        if (goalTest.test(currentState)) {
            return currentNode;
        }
        // Prüfen, wohin wir gehen können und wo wir noch nicht waren
        for (T child : successors.apply(currentState)) {
            if (explored.contains(child)) {
                continue; // Bereits durchsuchte Kindknoten auslassen
            }
            explored.add(child);
            frontier.offer(new Node<>(child, currentNode));
        }
    }
    return null; // Alles durchsucht, aber nie das Ziel gefunden
}
```

Listing 2.21 GenericSearch.java (Fortsetzung)

Wenn Sie versuchen, bfs() auszuführen, werden Sie sehen, dass die Methode immer den kürzesten Lösungsweg für das jeweilige Labyrinth findet. Die main()-Methode in *Maze.java* kann nun umgeschrieben werden, um zwei verschiedene Lösungsmethoden für dasselbe Labyrinth auszuprobieren, sodass die Ergebnisse verglichen werden können.

```java
public static void main(String[] args) {
    Maze m = new Maze();
    System.out.println(m);

    Node<MazeLocation> solution1 = GenericSearch.dfs(m.start, m::goalTest, m::successors);
    if (solution1 == null) {
        System.out.println("Keine Lösung mit Tiefensuche gefunden!");
    } else {
        List<MazeLocation> path1 = GenericSearch.nodeToPath(solution1);
        m.mark(path1);
        System.out.println(m);
        m.clear(path1);
    }

    Node<MazeLocation> solution2 = GenericSearch.bfs(m.start, m::goalTest, m::successors);
    if (solution2 == null) {
        System.out.println("Keine Lösung mit Breitensuche gefunden!");
    } else {
        List<MazeLocation> path2 = GenericSearch.nodeToPath(solution2);
        m.mark(path2);
        System.out.println(m);
        m.clear(path2);
    }
}
```

Listing 2.22 Maze.java (Fortsetzung)

Es ist faszinierend, dass Sie einen Algorithmus unverändert lassen und nur die Datenstruktur austauschen können, auf die er zugreift, und radikal unterschiedliche Ergebnisse erhalten. Im Folgenden sehen Sie das Ergebnis des Aufrufs von bfs() für dasselbe Labyrinth, für das wir zuvor dfs() aufgerufen haben. Beachten Sie, dass der durch die Sternchen markierte Pfad vom Start zum Ziel viel direkter ist als im vorigen Beispiel.

```
S    X X
*X
*        X
*XX      X
* X
* X X
*X
*
*    X X
*********G
```

2.2.5 A*-Suche

Es kann sehr zeitaufwendig sein, eine Zwiebel Schicht für Schicht zu schälen, wie es die Breitensuche tut. Genau wie die BFS hat auch eine A*-Suche das Ziel, den kürzesten Pfad von einem Start- zu einem Zielzustand zu finden. Anders als die zuvor beschriebene BFS-Implementierung verwendet eine A*-Suche jedoch eine Kombination aus einer Kosten- und einer Heuristik-Funktion, um die Suche auf Pfade zu konzentrieren, die am wahrscheinlichsten schnell zum Ziel führen.

Die Kostenfunktion g(n) bestimmt die Kosten (also den Aufwand), um zu einem bestimmten Zustand zu gelangen. Im Fall unseres Labyrinths würden diese Kosten angeben, wie viele Zellen wir bereits benötigt haben, um zu einer bestimmten Zelle zu gelangen. Die Heuristikfunktion h(n) liefert eine Schätzung der Kosten, um vom aktuellen Zustand zum Zielzustand zu gelangen. Für den Fall, dass h(n) eine *zulässige Heuristik* ist, kann bewiesen werden, dass der am Ende gefundene Pfad optimal ist. Eine zulässige Heuristik ist eine, die die Kosten zum Erreichen des Ziels niemals überschätzt. Ein Beispiel wäre eine geradlinige Entfernungs-Heuristik auf einer zweidimensionalen Ebene, weil eine gerade Linie immer der kürzeste Pfad ist.[1]

Die Gesamtkosten für jeden in Betracht gezogenen Zustand sind f(n), was einfach der Kombination aus g(n) und h(n) entspricht, genauer gesagt: f(n) = g(n) + h(n). Bei der Auswahl des nächsten noch unerforschten Pfades wählt eine A*-Suche denjenigen mit dem niedrigsten f(n)-Wert. Dadurch unterscheidet sie sich von BFS und DFS.

---

[1] Weitere Informationen über Heuristik finden Sie in Stuart Russell and Peter Norvig, *Artificial Intelligence: A Modern Approach*, 3. Auflage (Pearson, 2010), Seite 94.

Prioritätswarteschlangen

Um aus den unerforschten Pfaden den Zustand mit dem niedrigsten f(n) auszuwählen, verwendet eine A*-Suche eine *Prioritätswarteschlange* (englisch *priority queue*) als Datenstruktur für die unerforschten Pfade. Eine Prioritätswarteschlange erlegt ihren Elementen eine innere Ordnung auf, sodass das zuerst entnommene Element immer dasjenige mit der höchsten Priorität ist. (In unserem Fall ist das Element mit der höchsten Priorität das mit dem niedrigsten f(n).) Normalerweise wird dafür intern ein binärer Heap verwendet, was zu O(lg n)-Push- and O(lg n)-Pop-Operationen führt.

Javas Standardbibliothek enthält die Klasse `PriorityQueue`, die dieselben `offer()`- und `poll()`-Methoden enthält wie das `Queue`-Interface. Alles, was sich in einer `PriorityQueue` befindet, muss `Comparable` sein. Um die Priorität eines bestimmten Elements gegenüber einem anderen Element seiner Art zu bestimmen, vergleicht `PriorityQueue` sie mithilfe der Methode `compareTo()`. Das ist der Grund, warum wir diese zuvor implementieren mussten. Ein `Node` wird mit einem anderen verglichen, indem sein jeweiliger f(n)-Wert verglichen wird, der einfach die Summe der Eigenschaften `cost` und `heuristic` ist.

Heuristiken

Eine *Heuristik* ist eine intuitive Annahme darüber, wie eine Aufgabe zu lösen ist.[2] Im Fall der Labyrinthlösung versucht eine Heuristik auszuwählen, welche Position im Labyrinth am besten als nächste durchsucht werden sollte, um schließlich das Ziel zu erreichen. Es handelt sich mit anderen Worten um eine wohlbegründete Vermutung, welche Knoten unter den unerforschten Pfaden dem Ziel am nächsten liegen. Wie bereits erwähnt: Wenn eine für die A*-Suche verwendete Heuristik ein akkurates relatives Ergebnis erzeugt und zulässig ist (also niemals die Entfernung überschätzt), dann liefert A* den kürzesten Pfad. Heuristiken, die kleinere Werte berechnen, führen zum Durchsuchen von mehr Zuständen, während Heuristiken, die dem genauen tatsächlichen Abstand näher kommen (diesen aber nicht überschreiten, was sie unzulässig machen würde), das Durchsuchen von weniger Zuständen zur Folge haben. Deshalb kommen ideale Heuristiken dem wahren Abstand so nahe wie möglich, ohne ihn je zu überschreiten.

Euklidischer Abstand

Wie wir in Geometrie gelernt haben, ist der kürzeste Abstand zwischen zwei Punkten eine gerade Linie. Daher ergibt es Sinn, dass eine geradlinige Heuristik für die Labyrinth-Lösungsaufgabe immer zulässig bleibt. Der euklidische Abstand, hergeleitet aus dem

---

2 Mehr über Heuristiken für die A*-Pfadsuche finden Sie im Kapitel »Heuristics« in Amit Patels *Amit's Thoughts on Pathfinding*, http://mng.bz/z7O4.

Satz des Pythagoras, besagt: Abstand = √((x-Abstand)2 + (y-Abstand)2). Bei unseren Labyrinthen entspricht der *x*-Abstand dem Spaltenabstand zwischen zwei Labyrinthpositionen, und der *y*-Abstand entspricht dem Zeilenabstand. Beachten Sie, dass wir dies in *Maze.java* implementieren.

```
public double euclideanDistance(MazeLocation ml) {
    int xdist = ml.column - goal.column;
    int ydist = ml.row - goal.row;
    return Math.sqrt((xdist * xdist) + (ydist * ydist));
```

Listing 2.23 Maze.java (Fortsetzung)

euclideanDistance() ist eine Funktion, die eine bestimmte Position im Labyrinth entgegennimmt und von dort aus die Luftliniendistanz zum Ziel zurückgibt. Diese Funktion »kennt« das Ziel, weil sie zugleich eine Methode von Maze ist und Maze über die Instanzvariable goal verfügt. Abbildung 2.6 veranschaulicht den euklidischen Abstand im Rahmen eines Gitters wie den Straßen von Manhattan.

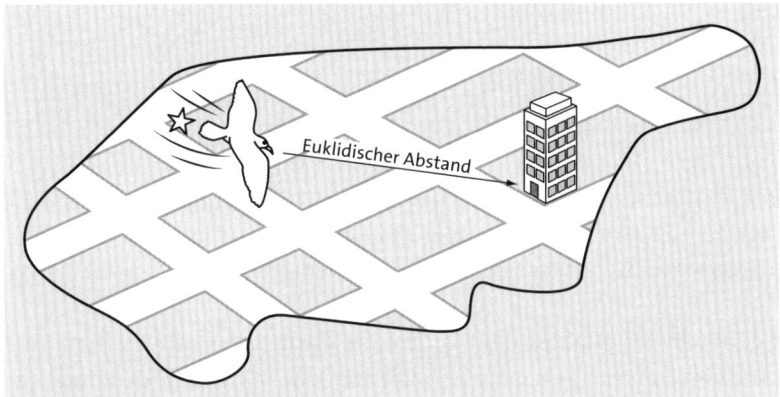

Abbildung 2.6 Der euklidische Abstand ist die Länge einer geraden Linie vom Startpunkt zum Ziel.

Manhattan-Abstand

Der euklidische Abstand ist nicht schlecht, aber für unsere spezifische Aufgabe (ein Labyrinth, in dem Sie sich nur in eine von vier Richtungen bewegen können) geht es sogar noch besser. Der Manhattan-Abstand ist von der Navigation durch die Straßen von Manhattan abgeleitet. Dieser berühmteste Stadtteil von New York weist eine Gitterform auf. Um in Manhattan von einem Ort zu irgendeinem anderen zu gelangen, muss man eine bestimmte Anzahl horizontaler Blöcke und eine bestimmte Anzahl vertikaler Blöcke gehen. (In Manhattan gibt es so gut wie keine diagonalen Straßen.) Der Manhattan-Abstand wird einfach berechnet, indem der Zeilenabstand zwischen zwei Labyrinthpositionen zum Spaltenabstand addiert wird. Abbildung 2.7 veranschaulicht den Manhattan-Abstand.

```java
public double manhattanDistance(MazeLocation ml) {
    int xdist = Math.abs(ml.column - goal.column);
    int ydist = Math.abs(ml.row - goal.row);
    return (xdist + ydist);
}
```

Listing 2.24 Maze.java (Fortsetzung)

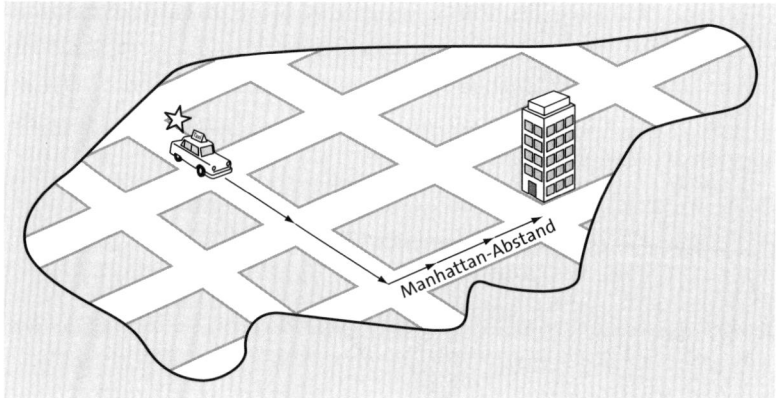

Abbildung 2.7 Beim Manhattan-Abstand gibt es keine Diagonalen. Der Pfad muss entlang waagerechter oder senkrechter Linien verlaufen.

Da diese Heuristik genauer der Realität der Navigation in unseren Labyrinthen entspricht (horizontal und vertikal statt gerader diagonaler Linien), kommt sie dem tatsächlichen Abstand zwischen einer beliebigen Labyrinthposition und dem Ziel näher als der euklidische Abstand. Wenn A* also mit dem Manhattan-Abstand kombiniert wird, ergibt sich für unsere Labyrinthe das Durchsuchen von weniger Zuständen als bei einer A*-Suche, die mit dem euklidischen Abstand kombiniert wird. Die Lösungspfade bleiben optimal, da der Manhattan-Abstand für Labyrinthe, in denen nur vier Bewegungsrichtungen erlaubt sind, zulässig ist (niemals Entfernungen überschätzt).

Der A*-Algorithmus

Um von BFS zu einer A*-Suche zu gelangen, müssen wir mehrere kleine Änderungen vornehmen. Die erste besteht darin, die unerforschten Pfade in einer Prioritätswarteschlange statt in einer Warteschlange zu speichern. Dadurch werden zuerst Knoten mit dem niedrigsten f(n)-Wert entnommen. Die zweite besteht darin, aus der Menge der erforschten Pfade eine `HashMap` zu machen. Eine `HashMap` ermöglicht es, uns die niedrigsten Kosten (g(n)) für jeden Knoten, den wir besuchen können, zu merken. Mit der Heuristikfunktion kann es vorkommen, dass einige Knoten zweimal besucht werden, wenn die Heuristik inkonsistent ist. Wenn der Knoten durch die neue Richtung mit geringeren Kosten zu erreichen ist als beim vorigen Mal, bevorzugen wir die neue Route.

Der Einfachheit halber nimmt die Methode `astar()` keine Kostenberechnungsfunktion als Parameter entgegen. Stattdessen bewerten wir jeden Schritt in unserem Labyrinth mit dem Kostenfaktor 1. Jedem neuen `Node` werden aufgrund dieser einfachen Formel Kosten zugewiesen, außerdem eine heuristische Punktzahl gemäß einer neuen Funktion namens `heuristic`, die der Suchfunktion als Parameter übergeben wird. Von diesen Änderungen abgesehen sieht `astar()` der Funktion `bfs()` bemerkenswert ähnlich. Betrachten Sie sie nebeneinander, um sie zu vergleichen.

```java
public static <T> Node<T> astar(T initial, Predicate<T> goalTest,
        Function<T, List<T>> successors, ToDoubleFunction<T> heuristic) {
    // frontier bezeichnet, wohin wir noch gehen müssen
    PriorityQueue<Node<T>> frontier = new PriorityQueue<>();
    frontier.offer(new Node<>(initial, null, 0.0,
 heuristic.applyAsDouble(initial)));
    // explored bezeichnet, wo wir schon waren
    Map<T, Double> explored = new HashMap<>();
    explored.put(initial, 0.0);
    // Weitersuchen, solange es noch etwas zu entdecken gibt
    while (!frontier.isEmpty()) {
        Node<T> currentNode = frontier.poll();
        T currentState = currentNode.state;
        // Wenn wir das Ziel gefunden haben, sind wir fertig
        if (goalTest.test(currentState)) {
            return currentNode;
        }
        // Prüfen, wohin wir gehen können und wo wir noch nicht waren
        for (T child : successors.apply(currentState)) {
            // 1 für Gitter; für komplexere Anwendungen
            // Kostenfunktion erforderlich
            double newCost = currentNode.cost + 1;
            if (!explored.containsKey(child) || explored.get(child) > newCost) {
                explored.put(child, newCost);
                frontier.offer(new Node<>(child, currentNode, newCost,
 heuristic.applyAsDouble(child)));
```

```
                        }
                    }
                }

                return null; // Alles durchsucht, aber nie das Ziel gefunden
            }
```

Listing 2.25 GenericSearch.java (Fortsetzung)

Herzlichen Glückwunsch. Wenn Sie bis hier dabeigeblieben sind, haben Sie nicht nur gelernt, wie man ein Labyrinth löst, sondern Sie haben auch einige generische Suchfunktionen kennengelernt, die Sie in vielen verschiedenen Suchanwendungen einsetzen können. DFS und BFS sind für viele kleinere Datenmengen und Zustandsräume geeignet, wo es nicht so sehr auf Performance ankommt. In manchen Situationen wird DFS schneller sein als BFS, aber BFS hat den Vorteil, immer einen optimalen Pfad zu liefern. Interessanterweise ist die Implementierung von BFS und DFS identisch, außer dass für die unerforschten Pfade eine Warteschlange statt eines Stapels verwendet wird. Wenn die etwas kompliziertere A*-Suche mit einer guten, konsistenten, zulässigen Heuristik kombiniert wird, liefert sie nicht nur optimale Pfade, sondern ist auch wesentlich schneller als BFS. Und da alle drei Funktionen generisch implementiert wurden, liegt ihre Verwendung nur einen Import weit entfernt.

Probieren Sie astar() im Labyrinth-Test-Abschnitt von *Maze.java* mit demselben Labyrinth aus.

```java
public static void main(String[] args) {
    Maze m = new Maze();
    System.out.println(m);

    Node<MazeLocation> solution1 = GenericSearch.dfs(m.start, m::goalTest,
 m::successors);
    if (solution1 == null) {
        System.out.println("Keine Lösung mit Tiefensuche gefunden!");
    } else {
        List<MazeLocation> path1 = GenericSearch.nodeToPath(solution1);
        m.mark(path1);
        System.out.println(m);
        m.clear(path1);
    }
    Node<MazeLocation> solution2 = GenericSearch.bfs(m.start, m::goalTest,
 m::successors);
```

```java
        if (solution2 == null) {
            System.out.println("Keine Lösung mit Breitensuche gefunden!");
        } else {
            List<MazeLocation> path2 = GenericSearch.nodeToPath(solution2);
            m.mark(path2);
            System.out.println(m);
            m.clear(path2);
        }

        Node<MazeLocation> solution3 = GenericSearch.astar(m.start,
m::goalTest, m::successors, m::manhattanDistance);
        if (solution3 == null) {
            System.out.println("Keine Lösung mit A* gefunden!");
        } else {
            List<MazeLocation> path3 = GenericSearch.nodeToPath(solution3);
            m.mark(path3);
            System.out.println(m);
            m.clear(path3);
        }
    }
}
```
Listing 2.26 Maze.java (Fortsetzung)

Die Ausgabe unterscheidet sich interessanterweise etwas von bfs(), obwohl bfs() und astar() optimale Pfade (mit identischer Länge) finden. Wenn sie eine Manhattan-Metrik als Heuristik verwendet, strebt die Funktion astar() sofort eine Diagonale in Richtung Ziel an. Sie wird schließlich weniger Zustände durchsuchen als bfs(), was zu einer besseren Performance führt. Fügen Sie einen Zustandszähler hinzu, wenn Sie das selbst überprüfen möchten.

```
S**   X X
 X**
    *   X
 XX*     X
  X*
  X**X
 X  ****
       *
     X * X
       **G
```

2.3 Missionare und Kannibalen

Drei Missionare und drei Kannibalen befinden sich am Westufer eines Flusses. Sie haben ein Kanu, das zwei Personen aufnehmen kann, und alle müssen den Fluss überqueren, um zum Ostufer des Flusses zu gelangen. Es darf nie mehr Kannibalen als Missionare am selben Ufer des Flusses geben, sonst essen die Kannibalen die Missionare. Zudem muss das Kanu mindestens eine Person an Bord haben, um den Fluss zu überqueren. Welche Überquerungsreihenfolge bringt alle erfolgreich ans andere Ufer? Abbildung 2.8 veranschaulicht die Aufgabe.

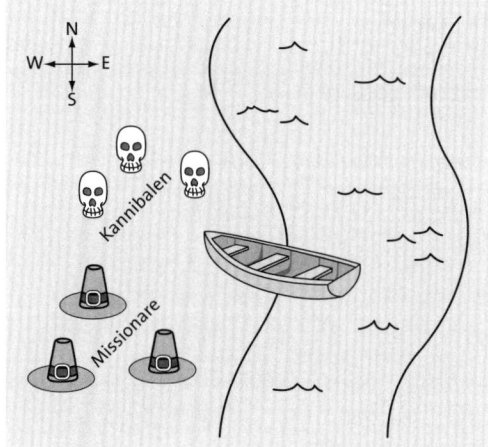

Abbildung 2.8 Die Missionare und die Kannibalen müssen ihr einziges Kanu benutzen, um alle von Westen nach Osten über den Fluss zu bringen. Wenn jemals die Kannibalen in der Überzahl sind, essen sie die Missionare.

2.3.1 Darstellung der Aufgabe

Wir stellen die Aufgabe dar, indem wir eine Struktur speichern, die sich das Geschehen am Westufer merkt. Wie viele Missionare und wie viele Kannibalen befinden sich am Westufer? Befindet sich das Boot am Westufer? Mit diesem Wissen können wir herausfinden, was am Ostufer los ist, denn alles, was sich nicht am Westufer befindet, ist dort.

Zuerst erstellen wir eine kleine Hilfsvariable, um uns die maximale Anzahl von Missionaren oder Kannibalen zu merken. Dann definieren wir die Hauptklasse.

```
package chapter2;

import java.util.ArrayList;
import java.util.List;
```

```java
import java.util.function.Predicate;

import chapter2.GenericSearch.Node;

public class MCState {
    private static final int MAX_NUM = 3;
    private final int wm; // Missionare am Westufer
    private final int wc; // Kannibalen am Westufer
    private final int em; // Missionare am Ostufer
    private final int ec; // Kannibalen am Ostufer
    private final boolean boat; // Boot am Westufer oder nicht?
    public MCState(int missionaries, int cannibals, boolean boat) {
        wm = missionaries;
        wc = cannibals;
        em = MAX_NUM - wm;
        ec = MAX_NUM - wc;
        this.boat = boat;
    }

    @Override
    public String toString() {
        return String.format(
        "Am Westufer sind %d Missionare und %d Kannibalen.%n"
        + "Am Ostufer sind %d Missionare und %d Kannibalen.%n"
        + "Das Boot ist am %sUfer.",
        wm, wc, em, ec,
        boat ? "West" : "Ost");
    }
```

Listing 2.27 Missionaries.java

Die Klasse `MCState` wird mit der Anzahl der Missionare und Kannibalen am Westufer sowie mit der Position des Boots initialisiert. Sie kann auch für ihre eigene lesbare Ausgabe sorgen, was später bei der Ausgabe der Lösung dieser Aufgabe hilfreich sein wird.

Aufgrund der Vorgaben unserer bestehenden Suchfunktionen müssen wir eine Funktion definieren, die testet, ob ein Zustand der Zielzustand ist, sowie eine Funktion, die die Nachfolger jedes Zustands findet. Die Zieltestfunktion ist wie beim Labyrinth-Lösungs-Problem ziemlich einfach. Das Ziel ist erreicht, wenn wir einen erlaubten Zustand erreichen, bei dem sich alle Missionare und Kannibalen am Ostufer befinden. Wir fügen dies als Methode zu `MCState` hinzu.

```java
public boolean goalTest() {
    return isLegal() && em == MAX_NUM && ec == MAX_NUM;
}
```

Listing 2.28 Missionaries.java (Fortsetzung)

Um eine Nachfolgerfunktion zu schreiben, ist es nötig, alle möglichen Züge durchzugehen, die von einem Ufer zum anderen führen, und dann zu prüfen, ob diese Zustände zu einem erlaubten Zustand führen. Denken Sie daran, dass ein erlaubter Zustand bedeutet, dass nicht mehr Kannibalen als Missionare an einem der Ufer sind. Um dies zu ermitteln, können wir eine Hilfsmethode von MCState definieren, die überprüft, ob ein Zustand erlaubt ist.

```java
public boolean isLegal() {
    if (wm < wc && wm > 0) {
        return false;
    }
    if (em < ec && em > 0) {
        return false;
    }
    return true;
}
```

Listing 2.29 Missionaries.java (Fortsetzung)

Die eigentliche Nachfolgerfunktion ist etwas ausführlicher, damit ihre Funktionsweise klarer wird. Sie sammelt jede mögliche Kombination von einer oder zwei Personen, die den Fluss von dem Ufer aus überqueren, an dem sich das Kanu gerade befindet. Nachdem sie alle möglichen Züge hinzugefügt hat, filtert sie über removeIf() auf einer temporären List möglicher Zustände und einem negierten Predicate, das isLegal() überprüft, diejenigen heraus, die tatsächlich erlaubt sind. Predicate.not() wurde in Java 11 hinzugefügt. Auch dies ist eine Methode von MCState.

```java
public static List<MCState> successors(MCState mcs) {
    List<MCState> sucs = new ArrayList<>();
    if (mcs.boat) { // Boot am Westufer
        if (mcs.wm > 1) {
            sucs.add(new MCState(mcs.wm - 2, mcs.wc, !mcs.boat));
        }
        if (mcs.wm > 0) {
            sucs.add(new MCState(mcs.wm - 1, mcs.wc, !mcs.boat));
        }
```

```java
        if (mcs.wc > 1) {
            sucs.add(new MCState(mcs.wm, mcs.wc - 2, !mcs.boat));
        }
        if (mcs.wc > 0) {
            sucs.add(new MCState(mcs.wm, mcs.wc - 1, !mcs.boat));
        }
        if (mcs.wc > 0 && mcs.wm > 0) {
            sucs.add(new MCState(mcs.wm - 1, mcs.wc - 1, !mcs.boat));
        }
    } else { // Boot am Ostufer
        if (mcs.em > 1) {
            sucs.add(new MCState(mcs.wm + 2, mcs.wc, !mcs.boat));
        }
        if (mcs.em > 0) {
            sucs.add(new MCState(mcs.wm + 1, mcs.wc, !mcs.boat));
        }
        if (mcs.ec > 1) {
            sucs.add(new MCState(mcs.wm, mcs.wc + 2, !mcs.boat));
        }
        if (mcs.ec > 0) {
            sucs.add(new MCState(mcs.wm, mcs.wc + 1, !mcs.boat));
        }
        if (mcs.ec > 0 && mcs.em > 0) {
            sucs.add(new MCState(mcs.wm + 1, mcs.wc + 1, !mcs.boat));
        }
    }
    sucs.removeIf(Predicate.not(MCState::isLegal));
    return sucs;
}
```

2.3.2 Lösung

Wir haben nun alle Zutaten beisammen, um die Aufgabe zu lösen. Wenn wir eine Aufgabe mithilfe der Suchfunktionen `bfs()`, `dfs()` und `astar()` lösen, erhalten wir, wie Sie sicher noch wissen, einen `Node` zurück, den wir schließlich mit `nodeToPath()` in eine Liste von Zuständen umwandeln, die zu einer Lösung führt. Was wir noch brauchen, ist eine Möglichkeit, diese Liste in eine verständlich dargestellte Reihe von Schritten umzuwandeln, die die Aufgabe mit den Missionaren und Kannibalen lösen.

Die Funktion `displaySolution()` konvertiert einen Lösungspfad in eine Textausgabe – eine für Menschen lesbare Lösung der Aufgabe. Sie arbeitet, indem sie über alle Zustände des Lösungspfads iteriert und sich dabei auch den vorigen Zustand merkt. Sie betrachtet den Unterschied zwischen dem vorigen Zustand und demjenigen, der gerade in der Iteration an der Reihe ist, um herauszufinden, wie viele Missionare und Kannibalen den Fluss in welche Richtung überquert haben.

```java
public static void displaySolution(List<MCState> path) {
    if (path.size() == 0) { // Prüfen, ob in Ordnung
        return;
    }
    MCState oldState = path.get(0);
    System.out.println(oldState);
    for (MCState currentState : path.subList(1, path.size())) {
        if (currentState.boat) {
            System.out.printf(
 "%d Missionare und %d Kannibalen vom Ostufer zum Westufer gebracht.%n",
                    oldState.em - currentState.em,
                    oldState.ec - currentState.ec);
        } else {
            System.out.printf(
 "%d Missionare und %d Kannibalen vom Westufer zum Ostufer gebracht.%n",
                    oldState.wm - currentState.wm,
                    oldState.wc - currentState.wc);
        }
        System.out.println(currentState);
        oldState = currentState;
    }
}
```

Listing 2.30 Missionaries.java (Fortsetzung)

Die Methode displaySolution() macht sich die Tatsache zunutze, dass die Klasse MCState mittels toString() eine übersichtlich formatierte Zusammenfassung ihrer selbst liefern kann.

Was wir zuletzt noch tun müssen, ist, die Aufgabe mit den Missionaren und Kannibalen tatsächlich zu lösen. Um dies zu tun, können wir bequemerweise eine der Suchfunktionen wiederverwenden, die wir bereits implementiert haben, da wir sie generisch implementiert haben. Diese Lösung verwendet bfs(). Um die Suchfunktionen richtig einzusetzen, sollten Sie daran denken, dass die untersuchte Datenstruktur es erfordert, Zustände leicht auf Gleichheit zu überprüfen. Also lassen wir Eclipse auch hier wieder automatisch hashCode() und equals() generieren, bevor wir das Problem in main() lösen.

```java
// auto-generated by Eclipse
@Override
public int hashCode() {
    final int prime = 31;
    int result = 1;
    result = prime * result + (boat ? 1231 : 1237);
    result = prime * result + ec;
    result = prime * result + em;
    result = prime * result + wc;
    result = prime * result + wm;
    return result;
}

// auto-generated by Eclipse
@Override
public boolean equals(Object obj) {
    if (this == obj) {
        return true;
    }
    if (obj == null) {
        return false;
    }
    if (getClass() != obj.getClass()) {
        return false;
    }
    MCState other = (MCState) obj;
    if (boat != other.boat) {
        return false;
    }
    if (ec != other.ec) {
        return false;
    }
    if (em != other.em) {
        return false;
    }
    if (wc != other.wc) {
        return false;
    }
    if (wm != other.wm) {
        return false;
```

```java
            }
            return true;
        }

        public static void main(String[] args) {
            MCState start = new MCState(MAX_NUM, MAX_NUM, true);
            Node<MCState> solution = GenericSearch.bfs(start,
        MCState::goalTest, MCState::successors);
            if (solution == null) {
                System.out.println("Keine Lösung gefunden!");
            } else {
                List<MCState> path = GenericSearch.nodeToPath(solution);
                displaySolution(path);
            }
        }
    }
}
```

Listing 2.31 Missionaries.java (Fortsetzung)

Es ist großartig zu sehen, wie flexibel unsere generischen Suchfunktionen sein können. Sie können einfach angepasst werden, um viele unterschiedliche Aufgaben zu lösen. Sie sollten eine Ausgabe wie die folgende (gekürzt) sehen:

```
Am Westufer sind 3 Missionare und 3 Kannibalen.
Am Westufer sind 0 Missionare und 0 Kannibalen.
Das Boot ist am Westufer.
0 Missionare und 2 Kannibalen vom Westufer zum Ostufer gebracht.
Am Westufer sind 3 Missionare und 1 Kannibalen.
Am Ostufer sind 0 Missionare und 2 Kannibalen.
Das Boot ist am Ostufer.
0 Missionare und 1 Kannibalen vom Ostufer zum Westufer gebracht.
…
Am Westufer sind 0 Missionare und 0 Kannibalen.
Am Ostufer sind 3 Missionare und 3 Kannibalen.
Das Boot ist am Ostufer.
```

2.4 Anwendungen im Alltag

In jeder nützlichen Software spielt die Suche eine Rolle. In einigen Fällen ist sie das zentrale Element (Google-Suche, Spotlight, Lucene); bei anderen ist sie die Grundlage der zugrunde liegenden Datenspeicherung. Den korrekten Suchalgorithmus für eine Datenstruktur zu kennen, ist unerlässlich für die Performance. Zum Beispiel wäre es sehr kostspielig, die lineare Suche statt der binären Suche auf eine sortierte Datenstruktur anzuwenden.

A* ist einer der am weitesten verbreiteten Pfad-Suchalgorithmen. Er wird nur von Algorithmen überboten, die Vorausberechnungen im Suchraum durchführen. Für eine blinde Suche wurde A* noch in keinem Szenario nachweislich besiegt, und das hat den Algorithmus zu einer wichtigen Komponente aller erdenklichen Aufgaben gemacht, von der Routenplanung über das Finden des kürzesten Weges bis hin zum Parsen einer Programmiersprache. Fast jede Kartensoftware, die Routenplanung bietet (denken Sie an Google Maps), verwendet den Dijkstra-Algorithmus (von dem A* eine Variante ist) zur Navigation. (Mehr über den Dijkstra-Algorithmus erfahren Sie in Kapitel 4, »Graphenprobleme«.) Wenn ein KI-Charakter in einem Spiel ohne menschlichen Eingriff den kürzesten Pfad von einem Ende der Spielwelt zum anderen findet, verwendet er wahrscheinlich A*.

Breitensuche und Tiefensuche bilden oft die Grundlage komplexerer Suchalgorithmen wie uniforme Kostensuche und Backtracking-Suche (die Sie im nächsten Kapitel sehen werden). Breitensuche ist oft ein ausreichendes Verfahren, um den kürzesten Weg in einem relativ kleinen Graphen zu finden. Aber aufgrund der Ähnlichkeit zu A* ist es einfach, den Algorithmus durch A* zu ersetzen, wenn eine gute Heuristik für einen größeren Graphen existiert.

2.5 Übungsaufgaben

1. Zeigen Sie den Performance-Vorteil der binären gegenüber der linearen Suche, indem Sie eine Liste von einer Million Zahlen erzeugen und die Zeit stoppen, wie lange die in diesem Kapitel definierten generischen `linearContains()` und `binaryContains()` brauchen, um verschiedene Zahlen in der Liste zu finden.

2. Fügen Sie zu `dfs()`, `bfs()` und `astar()` einen Zähler hinzu, um herauszufinden, wie viele Zustände sie jeweils für dasselbe Labyrinth durchsuchen. Vergleichen Sie die Anzahlen für 100 verschiedene Labyrinthe, um statistisch relevante Ergebnisse zu erhalten.

3. Finden Sie eine Lösung der Aufgabe mit den Missionaren und Kannibalen für eine ungleiche Anzahl von Missionaren und Kannibalen.

Kapitel 3
Bedingungserfüllungsprobleme

Viele Aufgaben, für deren Lösung Computer eingesetzt werden, lassen sich im weitesten Sinn als Bedingungserfüllungsprobleme (Constraint-Satisfaction-Probleme, CSPs) kategorisieren. CSPs bestehen aus *Variablen* mit möglichen Werten, deren mögliche Werte in Bereiche fallen, die als *Domänen* (Wertebereiche) bezeichnet werden. *Bedingungen* (Constraints) zwischen den Variablen müssen erfüllt werden, damit Bedingungserfüllungsprobleme gelöst werden. Diese drei Konzepte – Variablen, Domänen und Bedingungen – sind einfach zu verstehen, und auf ihrer Allgemeingültigkeit basiert die große Anzahl von Anwendungsgebieten für die Lösung von Bedingungserfüllungsproblemen.

Betrachten wir eine Beispielaufgabe. Angenommen, Sie möchten ein Freitagsmeeting für Joe, Mary und Sue planen. Sue muss mit mindestens einer weiteren Person an dem Meeting teilnehmen. Für diese Planungsaufgabe seien die drei Personen – Joe, Mary und Sue – die Variablen. Die Domäne für jede Variable seien ihre jeweiligen Verfügbarkeitsstunden.

Beispielsweise hat die Variable Mary die Domäne 14 Uhr, 15 Uhr und 16 Uhr. Dieses Problem hat auch zwei Bedingungen. Die erste ist, dass Sue an dem Meeting teilnehmen muss. Die andere ist, dass mindestens zwei Personen an dem Meeting teilnehmen müssen. Einem Lösungsalgorithmus für Bedingungserfüllungsprobleme werden die drei Variablen, drei Domänen und zwei Bedingungen übergeben, und er wird das Problem lösen, ohne dass der Benutzer genau erklären muss, *wie*. Abbildung 3.1 veranschaulicht das Beispiel.

Programmiersprachen wie Prolog und Picat enthalten eingebaute Elemente zum Lösen von Bedingungserfüllungsproblemen. Das übliche Verfahren in anderen Sprachen besteht in der Erstellung eines Frameworks, das eine Backtracking-Suche und diverse Heuristiken zur Performanceverbesserung dieser Suche enthält. In diesem Kapitel erstellen wir zuerst ein Framework für CSPs, das diese mithilfe einer einfachen rekursiven Backtracking-Suche löst. Dann verwenden wir das Framework, um mehrere unterschiedliche Beispielaufgaben zu lösen.

3 Bedingungserfüllungsprobleme

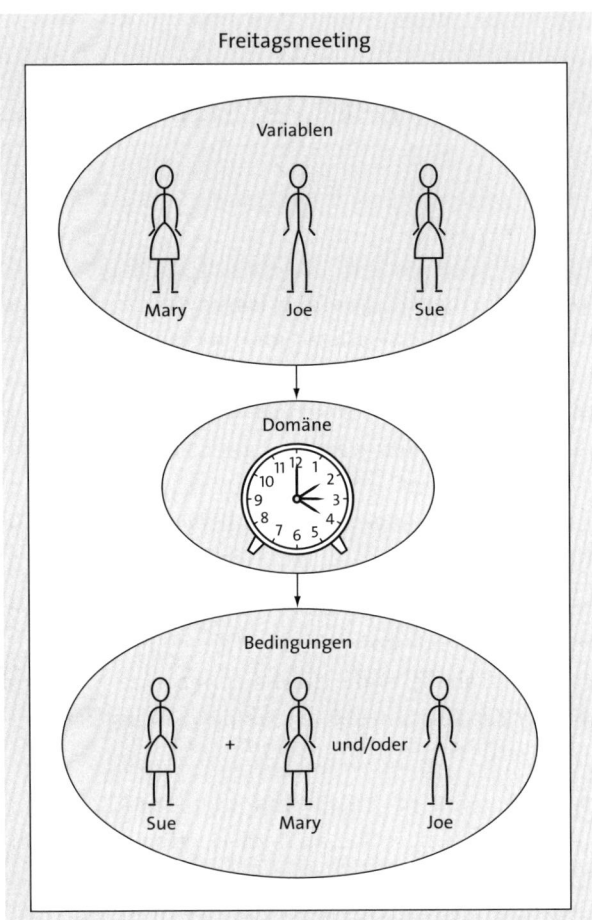

Abbildung 3.1 Terminplanungsaufgaben sind eine klassische Anwendung von Bedingungserfüllung -Frameworks.

3.1 Ein Framework für Bedingungserfüllungsprobleme schreiben

Bedingungen werden als Unterklassen einer `Constraint`-Klasse definiert. Jede `Constraint` besteht aus den `variables`, für die sie Bedingungen setzt, und der Methode `satisfied()`, die überprüft, ob sie erfüllt sind. Zu bestimmen, ob eine Bedingung erfüllt ist, ist die Hauptlogik hinter der Definition eines bestimmten Bedingungserfüllungsproblems.

Die Standardimplementierung sollte überschrieben werden. Das muss sogar geschehen, weil wir unsere `Constraint`-Klasse als abstrakte Basisklasse definieren. Abstrakte Basisklassen sind nicht dafür gedacht, instanziiert zu werden. Stattdessen sind nur ihre Unterklassen, die ihre abstract-Methoden überschreiben und implementieren, von praktischem Nutzen.

```java
package chapter3;

import java.util.List;
import java.util.Map;
// V ist der Variablentyp, D ist der Domänentyp
public abstract class Constraint<V, D> {

    // Die Variablen, zwischen denen die Bedingung besteht
    protected List<V> variables;

    public Constraint(List<V> variables) {
        this.variables = variables;
    }

    // Muss von Unterklassen überschrieben werden
    public abstract boolean satisfied(Map<V, D> assignment);
}
```

Listing 3.1 Constraint.java

> **Tipp**
>
> In Java kann die Entscheidung zwischen einer abstrakten Klasse und einer Schnittstelle schwierig sein. Nur abstrakte Klassen können Instanzvariablen haben. Da wir die Instanzvariable variables verwenden, entscheiden wir uns hier für eine abstrakte Klasse.

Das Kernstück unseres Bedingungserfüllungs-Frameworks bildet eine Klasse namens CSP. CSP ist der Sammelpunkt für Variablen, Domänen und Bedingungen. Sie verwendet Generics, damit sie flexibel genug ist, um mit jeder Art von Variablen- und Domänenwerten zu arbeiten (V Schlüssel und D Domänenwerte). Innerhalb von CSP haben die Collections variables, domains und constraints Typen, die Sie erwarten würden. Die Collection variables ist eine List von Variablen, domains ist eine Map, die Variablen den Listen möglicher Werte zuordnet (die Domänen dieser Variablen), und constraints ist eine Map, die jede Variable einer List der für sie geltenden Bedingungen zuordnet.

```java
package chapter3;

import java.util.ArrayList;
```

```java
import java.util.HashMap;
import java.util.List;
import java.util.Map;

public class CSP<V, D> {
    private List<V> variables;
    private Map<V, List<D>> domains;
    private Map<V, List<Constraint<V, D>>> constraints = new HashMap<>();

    public CSP(List<V> variables, Map<V, List<D>> domains) {
        this.variables = variables;
        this.domains = domains;
        for (V variable : variables) {
            constraints.put(variable, new ArrayList<>());
            if (!domains.containsKey(variable)) {
                throw new IllegalArgumentException(
 "Jeder Variablen sollte eine Domäne zugewiesen sein.");
            }
        }
    }
    public void addConstraint(Constraint<V, D> constraint) {
        for (V variable : constraint.variables) {
            if (!variables.contains(variable)) {
                throw new IllegalArgumentException(
 "Variable in Bedingung nicht in CSP");
            }
            constraints.get(variable).add(constraint);
        }
    }
}
```

Listing 3.2 CSP.java

Der Konstruktor erzeugt die Map constraints. Die Methode Constraint() durchläuft alle Variablen, die von der jeweiligen Bedingung betroffen sind, und fügt sich zur constraints-Zuordnung von jeder von ihnen hinzu. Beide Methoden enthalten einfache Fehlerprüfungen und lösen eine Exception aus, wenn eine variable keine Domäne hat oder wenn eine constraint auf eine nicht existierende Variable gesetzt wird.

Woher wissen wir, ob eine gegebene Konfiguration von Variablen und ausgewählten Domänenwerten die Bedingungen erfüllt? Wir nennen eine solche gegebene Konfiguration eine *Zuordnung*. Mit anderen Worten: Eine Zuordnung ist ein bestimmter Domänenwert, der für jede Variable ausgewählt wird. Wir brauchen eine Funktion, die jede Bedingung für eine gegebene Variable mit einer Zuordnung vergleicht, um zu sehen, ob der Variablenwert in der Zuordnung die Bedingungen erfüllt. Hier implementieren wir die Funktion consistent() als Methode von CSP.

```java
// Herausfinden, ob die Wertzuordnung konsistent ist, indem alle
// Bedingungen für die angegebene Variable darauf geprüft werden
public boolean consistent(V variable, Map<V, D> assignment) {
    for (Constraint<V, D> constraint : constraints.get(variable)) {
        if (!constraint.satisfied(assignment)) {
            return false;
        }
    }
    return true;
}
```

Listing 3.3 CSP.java (Fortsetzung)

consistent() durchläuft jede Bedingung für eine gegebene Variable (immer diejenige Variable, die gerade zur Zuordnung hinzugefügt wurde) und überprüft, ob die Bedingung unter Berücksichtigung der neuen Zuordnung erfüllt ist. Wenn die Zuordnung jede Bedingung erfüllt, wird true zurückgegeben. Wenn eine der Variablen auferlegte Bedingung nicht erfüllt ist, wird false zurückgegeben.

Dieses Bedingungserfüllungs-Framework verwendet eine einfache Backtracking-Suche, um Lösungen für Probleme zu finden. *Backtracking* ist ein Verfahren, bei dem Sie jedes Mal, wenn Ihre Suche auf eine Wand stößt, zum letzten Entscheidungspunkt vor der Wand zurückgehen und einen anderen Pfad wählen. Wenn Sie finden, dass sich das sehr wie die Tiefensuche aus Kapitel 2, »Suchaufgaben«, anhört, haben Sie gut aufgepasst. Die Backtracking-Suche, die in der folgenden Methode backtrackingSearch() implementiert wird, ist eine Art rekursiver Tiefensuche, die Ideen kombiniert, die Sie in Kapitel 1, »Kleine Aufgaben«, und Kapitel 2, »Suchaufgaben«, kennengelernt haben. Wir implementieren außerdem eine Hilfsmethode, die einfach nur backtrackingSearch() mit einer leeren initialen Map aufruft. Die Hilfsmethode ist nützlich, um eine Suche anzustoßen.

```java
public Map<V, D> backtrackingSearch(Map<V, D> assignment) {
// Zuordnung vollständig, wenn jede Variable zugeordnet ist (Abbruchbedingung)
    if (assignment.size() == variables.size()) {
        return assignment;
    }
```

```java
        // Erste Variable im CSP, aber nicht in der Zuordnung
        V unassigned = variables.stream().filter(
         v -> !assignment.containsKey(v)).findFirst().get();
        // Alle Domänenwerte der ersten nicht zugewiesenen Variablen
        // durchgehen
        for (D value : domains.get(unassigned)) {
            // Flache Kopie der Zuordnung, die wir verändern können
            Map<V, D> localAssignment = new HashMap<>(assignment);
            localAssignment.put(unassigned, value);
            // Wenn wir noch konsistent sind, Rekursion (fortfahren)
            if (consistent(unassigned, localAssignment)) {
                Map<V, D> result = backtrackingSearch(localAssignment);
                // Wenn wir das Ergebnis nicht gefunden haben, Backtracking
                if (result != null) {
                    return result;
                }
            }
        }
        return null;
    }

    // Hilfsfunktion für backtrackingSearch, wenn noch nichts bekannt ist
    public Map<V, D> backtrackingSearch() {
        return backtrackingSearch(new HashMap<>());
    }
}
```

Listing 3.4 CSP.java (Fortsetzung)

Schauen wir uns `backtrackingSearch()` Zeile für Zeile an.

```java
if (assignment.size() == variables.size()) {
    return assignment;
}
```

Die Abbruchbedingung für die rekursive Suche besteht darin, eine gültige Zuordnung für jede Variable gefunden zu haben. Wenn dies der Fall ist, geben wir die erste Instanz einer gültigen Lösung zurück. (Wir suchen nicht weiter.)

```java
V unassigned = variables.stream().filter(
 v -> !assignment.containsKey(v)).findFirst().get();
```

Um eine neue Variable auszuwählen, deren Domäne wir untersuchen, gehen wir einfach alle Variablen durch und finden die erste, die noch keine Zuordnung hat. Dafür erstellen wir einen Stream von variables, der danach gefiltert wird, ob sie zugewiesen sind, und wir ziehen uns die erste, die nicht zugewiesen ist, mit findFirst(). filter() erwartet ein Predicate. Ein solches Prädikat ist ein funktionales Interface, das eine Funktion beschreibt, die ein Argument annimmt und ein boolean zurückliefert. Unser Prädikat ist ein Lambdaausdruck (v -> !assignment.contains-Key(v)), der true zurückliefert, wenn assignment das Argument nicht enthält, welches in unserem Fall eine Variable für unser CSP ist.

```
for (D value : domains.get(unassigned)) {
    Map<V, D> localAssignment = new HashMap<>(assignment);
    localAssignment.put(unassigned, value);
```

Wir versuchen, der Variablen nacheinander alle möglichen Domänenwerte zuzuweisen. Die neue Zuordnung für jeden Wert wird in einer lokalen Map namens localAssignment gespeichert.

```
if (consistent(unassigned, localAssignment)) {
    Map<V, D> result = backtrackingSearch(localAssignment);
    if (result != null) {
        return result;
    }
}
```

Wenn die neue Zuordnung in localAssignment mit allen Bedingungen konsistent ist (der Fall, auf den consistent() prüft), fahren wir unter Beibehaltung der neuen Zuordnung mit der rekursiven Suche fort. Wenn die neue Zuordnung sich als vollständig herausstellt (die Abbruchbedingung), geben wir die neue Zuordnung entlang der Rekursionskette zurück.

```
return null;
```

Wenn wir schließlich jeden möglichen Domänenwert für eine bestimmte Variable durchgegangen sind und es keine Lösung unter Verwendung des bestehenden Satzes von Zuordnungen gibt, geben wir null zurück, was bedeutet, dass es keine Lösung gibt. Dies führt zum Backtracking die Rekursionskette hinauf bis zu dem Punkt, wo eine andere Zuordnung hätte gemacht werden können.

3.2 Die Landkarte Australiens einfärben

Stellen Sie sich vor, Sie haben eine Landkarte von Australien, die Sie nach Staat/Territorium (hier der Einfachheit halber »Regionen« genannt) einfärben möchten. Keine zwei aneinandergrenzenden Regionen sollen dieselbe Farbe haben. Können Sie die Regionen mit nur drei unterschiedlichen Farben einfärben?

Die Antwort ist ja. Probieren Sie es selbst aus. (Das geht am einfachsten, wenn Sie eine Karte von Australien mit weißem Hintergrund ausdrucken.) Als Menschen können wir durch Überlegen und etwas Ausprobieren schnell die Lösung herausfinden. Es ist eine wirklich triviale Aufgabe und eine großartige erste Aufgabe für unser Bedingungserfüllungs-Lösungsverfahren mit Backtracking. Eine Lösung der Aufgabe wird in Abbildung 3.2 veranschaulicht.

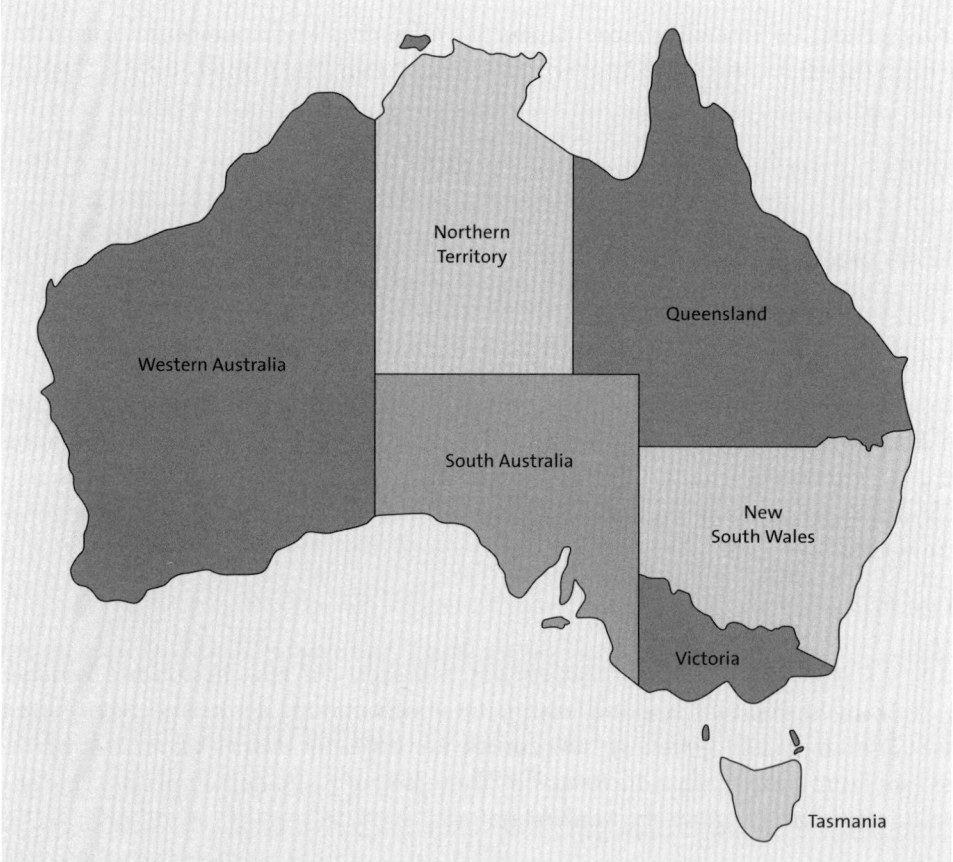

Abbildung 3.2 In einer Lösung zur Aufgabe, die Landkarte Australiens einzufärben, dürfen keine zwei Teile Australiens, die aneinander angrenzen, dieselbe Farbe haben.

Um die Aufgabe als CSP zu modellieren, definieren wir die Variablen, Domänen und Bedingungen. Die Variablen sind die sieben Regionen von Australien (zumindest die sieben, auf die wir uns beschränken): Western Australia, Northern Territory, South Australia, Queensland, New South Wales, Victoria und Tasmania. In unserem CSP können sie durch Strings modelliert werden. Die Domäne jeder Variablen sind die drei Farben, die zugewiesen werden können. (Wir verwenden Rot, Grün und Blau.) Die Bedingungen sind der schwierige Teil. Keine zwei aneinandergrenzenden Regionen dürfen mit derselben Farbe eingefärbt werden, sodass unsere Bedingungen darauf basieren, welche Regionen aneinandergrenzen. Dafür können wir sogenannte *Binärbedingungen* (Bedingungen zwischen zwei Variablen) verwenden. Je zwei Regionen, die eine gemeinsame Grenze haben, haben auch eine gemeinsame Binärbedingung, die anzeigt, dass ihnen nicht dieselbe Farbe zugewiesen werden darf.

Um diese binären Bedingungen in Code zu implementieren, müssen wir eine Unterklasse der Klasse Constraint erstellen. Die Unterklasse MapColoringConstraint nimmt in ihrem Konstruktor zwei Variablen entgegen: die beiden Regionen, die eine gemeinsame Grenze haben. Die überschriebene Methode satisfied() überprüft zunächst, ob den beiden Regionen bereits Domänenwerte (Farben) zugewiesen wurden; wenn eine noch keine hat, ist die Bedingung trivial erfüllt, bis dies der Fall ist. (Es kann keinen Konflikt geben, wenn eine von ihnen noch keine Farbe hat.) Dann prüft die Methode, ob beiden Regionen dieselbe Farbe zugeordnet wurde. Dies ist offensichtlich ein Konflikt, die Bedingung ist also nicht erfüllt, wenn die Farben identisch sind.

Die Klasse wird hier bis auf main() vollständig gezeigt. MapColoring-Constraint selbst ist nicht generisch, sondern leitet eine Version von der generischen Klasse Constraint ab, deren Parameter anzeigen, dass sowohl Variablen als auch Domänen vom Typ String sind.

```java
package chapter3;

import java.util.HashMap;
import java.util.List;
import java.util.Map;

public final class MapColoringConstraint extends Constraint<String, String> {
    private String place1, place2;

    public MapColoringConstraint(String place1, String place2) {
        super(List.of(place1, place2));
        this.place1 = place1;
        this.place2 = place2;
```

```java
    }

    @Override
    public boolean satisfied(Map<String, String> assignment) {
        // Wenn einer der beiden Orte noch nicht in der Zuordnung ist, dann
        // ist es noch nicht möglich, dass ihre Farben in Konflikt geraten
        if (!assignment.containsKey(place1) ||
            !assignment.containsKey(place2)) {
            return true;
        }
        // Prüfen, ob die place1 zugeordnete Farbe nicht dieselbe ist
        // wie die place2 zugeordnete Farbe
        return !assignment.get(place1).equals(assignment.get(place2));
    }
```

Listing 3.5 MapColoringConstraint.java

Da wir nun eine Möglichkeit haben, die Bedingungen zwischen Regionen zu implementieren, ist die Ausarbeitung der Einfärbeaufgabe der Landkarte Australiens mit unserem CSP-Löser nur noch eine Frage des Ausfüllens der Domänen und Variablen und des anschließenden Hinzufügens von Bedingungen.

```java
public static void main(String[] args) {
    List<String> variables =
    List.of("Western Australia", "Northern Territory", "South Australia",
    "Queensland", "New South Wales", "Victoria", "Tasmania");
    Map<String, List<String>> domains = new HashMap<>();
    for (String variable : variables) {
        domains.put(variable, List.of("rot", "grün", "blau"));
    }
    CSP<String, String> csp = new CSP<>(variables, domains);
    csp.addConstraint(new MapColoringConstraint("Western Australia",
    "Northern Territory"));
    csp.addConstraint(new MapColoringConstraint("Western Australia",
    "South Australia"));
    csp.addConstraint(new MapColoringConstraint("South Australia",
    "Northern Territory"));
    csp.addConstraint(new MapColoringConstraint("Queensland",
    "Northern Territory"));
    csp.addConstraint(new MapColoringConstraint("Queensland",
    "South Australia"));
```

```
        csp.addConstraint(new MapColoringConstraint("Queensland",
    "New South Wales"));
        csp.addConstraint(new MapColoringConstraint("New South Wales",
    "South Australia"));
        csp.addConstraint(new MapColoringConstraint("Victoria",
    "South Australia"));
        csp.addConstraint(new MapColoringConstraint("Victoria",
    "New South Wales"));
        csp.addConstraint(new MapColoringConstraint("Victoria", "Tasmania"));
```

Listing 3.6 MapColoringConstraint.java (Fortsetzung)

Schließlich wird backtrackingSearch() aufgerufen, um eine Lösung zu finden.

```
        Map<String, String> solution = csp.backtrackingSearch();
        if (solution == null) {
            System.out.println("Keine Lösung gefunden!");
        } else {
            System.out.println(solution);
        }
    }

}
```

Listing 3.7 MapColoringConstraint.java (Fortsetzung)

Eine korrekte Lösung wird eine Farbzuweisung für jede Region enthalten.

```
{Western Australia=rot, New South Wales=grün, Victoria=rot, Tasmania=
grün, Northern Territory=grün, South Australia=blau, Queensland=rot}
```

3.3 Das Acht-Damen-Problem

Ein Schachbrett ist ein Raster von acht mal acht Quadraten. Eine Dame ist eine Schachfigur, die sich auf dem Schachbrett beliebig viele Felder weit waagerecht, senkrecht oder diagonal bewegen kann. Eine Dame bedroht eine andere Figur, wenn sie das Feld dieser Figur in einem Zug erreichen kann, ohne eine andere Figur zu überspringen. (Mit anderen Worten wird jede Figur, die sich in der Sichtlinie der Dame befindet, von dieser bedroht.) Das Acht-Damen-Problem stellt die Frage, wie acht Damen auf dem Schachbrett platziert werden können, ohne dass irgendeine Dame irgendeine andere bedroht. Eine von vielen möglichen Lösungen der Aufgabe wird in Abbildung 3.3 veranschaulicht.

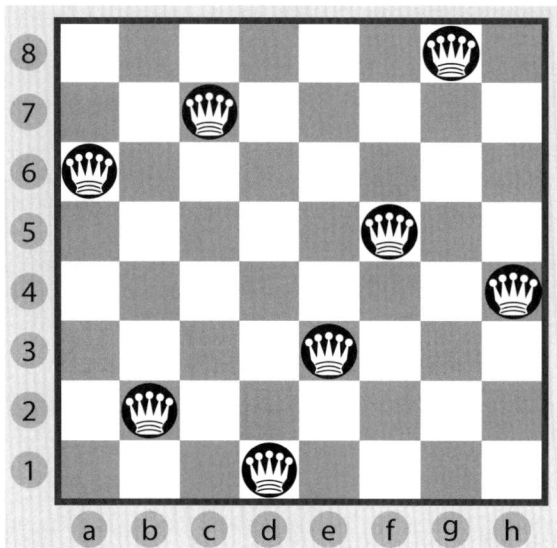

Abbildung 3.3 In einer Lösung des Acht-Damen-Problems (es gibt viele Lösungen) dürfen keine zwei Damen einander bedrohen.

Um die Felder auf dem Schachbrett darzustellen, weisen wir jedem von ihnen eine Integer-Zeile und eine Integer-Spalte zu. Wir können dafür sorgen, dass sich keine der acht Damen in derselben Spalte befindet, indem wir ihnen einfach nacheinander die Spalten 1 bis 8 zuweisen. Die Variablen in unserem Bedingungserfüllungsproblem können einfach die Spalten der jeweiligen Damen sein. Die Domänen können die möglichen Zeilen sein (wieder 1 bis 8). Das folgende Codelisting zeigt das Ende unserer Datei, wo wir diese Variablen und Domänen definieren.

```
public static void main(String[] args) {
    List<Integer> columns = List.of(1, 2, 3, 4, 5, 6, 7, 8);
    Map<Integer, List<Integer>> rows = new HashMap<>();
    for (int column : columns) {
        rows.put(column, List.of(1, 2, 3, 4, 5, 6, 7, 8));
    }
    CSP<Integer, Integer> csp = new CSP<>(columns, rows);
```

Listing 3.8 QueensConstraint.java

Um die Aufgabe zu lösen, brauchen wir eine Bedingung, die prüft, ob sich zwei beliebige Damen in derselben Zeile oder Diagonalen befinden. (Die verschiedenen aufeinanderfolgenden Spalten werden ihnen von Anfang an zugewiesen.) Das Prüfen auf dieselbe

Zeile ist trivial, aber das Prüfen auf dieselbe Diagonale erfordert etwas Mathematik. Wenn sich zwei Damen auf derselben Diagonale befinden, ist die Differenz zwischen ihren Zeilen gleich der Differenz zwischen ihren Spalten. Können Sie sehen, wo diese Prüfungen in QueensConstraint stattfinden? Beachten Sie, dass sich der folgende Code am Anfang unserer Quelldatei befindet.

```java
package chapter3;

import java.util.HashMap;
import java.util.List;
import java.util.Map;
import java.util.Map.Entry;

public class QueensConstraint extends Constraint<Integer, Integer> {
    private List<Integer> columns;
    public QueensConstraint(List<Integer> columns) {
        super(columns);
        this.columns = columns;
    }

    @Override
    public boolean satisfied(Map<Integer, Integer> assignment) {
        for (Entry<Integer, Integer> item : assignment.entrySet()) {
            // q1c = Spalte 1. Dame, q1r = Zeile 1. Dame
            int q1c = item.getKey();
            int q1r = item.getValue();
            // q2c = Spalte 2. Dame
            for (int q2c = q1c + 1; q2c <= columns.size(); q2c++) {
                if (assignment.containsKey(q2c)) {
                    // q2r = Zeile 2. Dame
                    int q2r = assignment.get(q2c);
                    // Dieselbe Zeile?
                    if (q1r == q2r) {
                        return false;
                    }
                    // Dieselbe Diagonale?
                    if (Math.abs(q1r - q2r) == Math.abs(q1c - q2c)) {
                        return false;
                    }
                }
            }
        }
```

```
        }
        return true; // Kein Konflikt
    }
```

Listing 3.9 QueensConstraint.java (Fortsetzung)

Nun brauchen wir nur noch die Bedingung hinzuzufügen und die Suche auszuführen. Wir befinden uns nun wieder am Ende der Datei und im letzten Teil von `main()`.

```
        csp.addConstraint(new QueensConstraint(columns));
        Map<Integer, Integer> solution = csp.backtrackingSearch();
        if (solution == null) {
            System.out.println("Keine Lösung gefunden!");
        } else {
            System.out.println(solution);
        }
    }
}
```

Listing 3.10 QueensConstraint.java (Fortsetzung)

Wie Sie sehen, waren wir in der Lage, das Framework zur Lösung von Bedingungserfüllungsproblemen, das wir für die Einfärbeaufgabe erstellt haben, ziemlich einfach für eine völlig andere Art von Aufgabe wiederzuverwenden. Darin liegt die Leistungsfähigkeit generisch geschriebenen Codes! Algorithmen sollten so breit anwendbar wie möglich implementiert werden, es sei denn, die Performanceoptimierung für eine bestimmte Anwendung erfordert eine Spezialisierung.

Eine korrekte Lösung wird jeder Dame eine Spalte und eine Zeile zuordnen.

{1=1, 2=5, 3=8, 4=6, 5=3, 6=7, 7=2, 8=4}

3.4 Wortsuche

Eine Wortsuche ist ein Gitternetz von Buchstaben, in dem entlang der Zeilen, Spalten und Diagonalen versteckte Wörter platziert wurden. Ein Spieler eines Wortsuche-Puzzles versucht, die versteckten Wörter zu finden, indem er das Gitternetz minutiös durchsucht. Orte zu finden, an denen die Wörter platziert werden können, damit sie alle ins Gitternetz passen, ist eine Art von Bedingungserfüllungsproblem. Die Variablen sind die Wörter, und die Domänen sind die möglichen Orte dieser Wörter. Die Aufgabe wird in

Abbildung 3.4 veranschaulicht. Unser Ziel in diesem Abschnitt ist es, ein Wortsuchrätsel zu erzeugen, nicht, eines zu lösen.

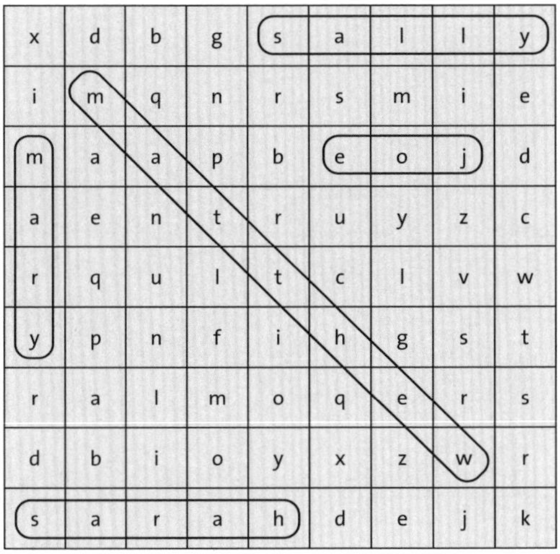

x	d	b	g	s	a	l	l	y
i	m	q	n	r	s	m	i	e
m	a	a	p	b	e	o	j	d
a	e	n	t	r	u	y	z	c
r	q	u	l	t	c	l	v	w
y	p	n	f	i	h	g	s	t
r	a	l	m	o	q	e	r	s
d	b	i	o	y	x	z	w	r
s	a	r	a	h	d	e	j	k

Abbildung 3.4 Eine klassische Wortsuche, wie Sie sie zum Beispiel in Rätselbüchern für Kinder finden

Aus Gründen der Zweckmäßigkeit enthält unsere Wortsuche keine überschneidenden Wörter. Sie können sie als Übung so verbessern, dass sie überschneidende Wörter erlaubt.

Das Gitternetz dieser Wortsuche ist den Labyrinthen aus Kapitel 2, »Suchaufgaben«, nicht ganz unähnlich. Einige der folgenden Datentypen sollten vertraut aussehen. WordGrid entspricht Maze, und GridLocation entspricht MazeLocation.

```
package chapter3;

import java.util.ArrayList;
import java.util.List;
import java.util.Random;

public class WordGrid {

    public static class GridLocation {
        public final int row, column;

        public GridLocation(int row, int column) {
            this.row = row;
```

```java
            this.column = column;
        }

        // auto-generated by Eclipse
        @Override
        public int hashCode() {
            final int prime = 31;
            int result = 1;
            result = prime * result + column;
            result = prime * result + row;
            return result;
        }

        // auto-generated by Eclipse
        @Override
        public boolean equals(Object obj) {
            if (this == obj) {
                return true;
            }
            if (obj == null) {
                return false;
            }
            if (getClass() != obj.getClass()) {
                return false;
            }
            GridLocation other = (GridLocation) obj;
            if (column != other.column) {
                return false;
            }
            if (row != other.row) {
                return false;
            }
            return true;
        }
    }
}
```
Listing 3.11 WordGrid.java

Anfangs füllen wir das Gitternetz mit zufälligen Buchstaben des Alphabets ohne Umlaute (A-Z). Dazu generieren wir zufällige Zeichencodes (um genauer zu sein, Ganzzahlen), die den ASCII-Positionen der Buchstaben entsprechen. Außerdem brauchen wir eine Methode, um ein Wort im Gitternetz anhand einer Positionsliste zu verorten, und eine Methode zum Anzeigen des Gitternetzes.

```java
    private final char ALPHABET_LENGTH = 26;
    private final char FIRST_LETTER = 'A';
    private final int rows, columns;
    private char[][] grid;

    public WordGrid(int rows, int columns) {
        this.rows = rows;
        this.columns = columns;
        grid = new char[rows][columns];
        // Gitternetz mit zufälligen Buchstaben initialisieren
        Random random = new Random();
        for (int row = 0; row < rows; row++) {
            for (int column = 0; column < columns; column++) {
                char randomLetter = (char) (random.nextInt(
   ALPHABET_LENGTH) + FIRST_LETTER);
                grid[row][column] = randomLetter;
            }
        }
    }

    public void mark(String word, List<GridLocation> locations) {
        for (int i = 0; i < word.length(); i++) {
            GridLocation location = locations.get(i);
            grid[location.row][location.column] = word.charAt(i);
        }
    }

    // Eine schöne Bildschirmausgabe des Gitters erzeugen
    @Override
    public String toString() {
        StringBuilder sb = new StringBuilder();
        for (char[] rowArray : grid) {
            sb.append(rowArray);
            sb.append(System.lineSeparator());
        }
        return sb.toString();
    }
```

Listing 3.12 WordGrid.java (Fortsetzung)

3 Bedingungserfüllungsprobleme

Um zu ermitteln, wo die Wörter ins Gitternetz passen, erzeugen wir ihre Domänen. Die Domäne eines Wortes ist eine Liste von Listen aller möglichen Positionen seiner Buchstaben (List<List<GridLocation>>). Wörter passen jedoch nicht überallhin. Sie müssen innerhalb einer Zeile, Spalte oder Diagonalen bleiben, die sich innerhalb der Grenzen des Gitternetzes befindet. Sie dürfen mit anderen Worten nicht über das Ende des Gitternetzes hinausragen. Die Aufgabe von generateDomain() und ihrer »fill«-Hilfsmethoden besteht darin, diese Listen für jedes Wort zu erzeugen.

```java
public List<List<GridLocation>> generateDomain(String word) {
    List<List<GridLocation>> domain = new ArrayList<>();
    int length = word.length();

    for (int row = 0; row < rows; row++) {
        for (int column = 0; column < columns; column++) {
            if (column + length <= columns) {
                // Von links nach rechts
                fillRight(domain, row, column, length);
                // Diagonal nach unten rechts
                if (row + length <= rows) {
                    fillDiagonalRight(domain, row, column, length);
                }
            }
            if (row + length <= rows) {
                // Von oben nach unten
                fillDown(domain, row, column, length);
                // Diagonal nach unten links
                if (column - length >= 0) {
                    fillDiagonalLeft(domain, row, column, length);
                }
            }
        }
    }
    return domain;
}

private void fillRight(List<List<GridLocation>> domain,
  int row, int column, int length) {
    List<GridLocation> locations = new ArrayList<>();
    for (int c = column; c < (column + length); c++) {
        locations.add(new GridLocation(row, c));
```

```java
        }
        domain.add(locations);
    }

    private void fillDiagonalRight(List<List<GridLocation>> domain,
     int row, int column, int length) {
        List<GridLocation> locations = new ArrayList<>();
        int r = row;
        for (int c = column; c < (column + length); c++) {
            locations.add(new GridLocation(r, c));
            r++;
        }
        domain.add(locations);
    }

    private void fillDown(List<List<GridLocation>> domain, int row,
     int column, int length) {
        List<GridLocation> locations = new ArrayList<>();
        for (int r = row; r < (row + length); r++) {
            locations.add(new GridLocation(r, column));
        }
        domain.add(locations);
    }

    private void fillDiagonalLeft(List<List<GridLocation>> domain,
     int row, int column, int length) {
        List<GridLocation> locations = new ArrayList<>();
        int c = column;
        for (int r = row; r < (row + length); r++) {
            locations.add(new GridLocation(r, c));
            c--;
        }
        domain.add(locations);
    }

}
```

Listing 3.13 WordGrid.java (Fortsetzung)

for-Schleifen übersetzen den Bereich möglicher Positionen für ein Wort (entlang einer Zeile, Spalte oder Diagonalen) in eine Liste von GridLocations. Da generateDomain() für jedes Wort jede Gitternetzposition von oben links nach unten rechts in einer Schleife durchläuft, ist viel Rechenarbeit nötig. Können Sie sich eine Möglichkeit vorstellen, das Ganze effizienter zu gestalten? Wie wäre es, wenn wir innerhalb der Schleife alle Wörter derselben Länge gleichzeitig behandeln?

Um zu prüfen, ob eine mögliche Lösung gültig ist, müssen wir eine spezifische Bedingung für die Wortsuche implementieren. Die Methode satisfied() von WordSearchConstraint überprüft einfach, ob irgendeine Position, die für ein Wort vorgeschlagen wird, mit einer Position identisch ist, die für ein anderes Wort vorgeschlagen wird. Dies erledigt sie mithilfe eines Set. Das Konvertieren einer List in ein Set entfernt sämtliche Duplikate. Wenn eine in ein Set konvertierte List weniger Elemente enthält als die ursprüngliche List, dann bedeutet dies, dass letztere Duplikate enthielt. Um die Daten für diese Prüfung vorzubereiten, verwenden wir eine flatMap(), um mehrere Unterlisten von Positionen für jedes Wort in der Zuordnung in eine einzelne, längere Liste von Positionen umzuwandeln.

```java
package chapter3;

import java.util.Collection;
import java.util.Collections;
import java.util.HashMap;
import java.util.HashSet;
import java.util.List;
import java.util.Map;
import java.util.Map.Entry;
import java.util.Random;
import java.util.Set;
import java.util.stream.Collectors;

import chapter3.WordGrid.GridLocation;

public class WordSearchConstraint extends Constraint<String, List<GridLocation>>
{

    public WordSearchConstraint(List<String> words) {
        super(words);
    }

    @Override
    public boolean satisfied(Map<String, List<GridLocation>> assignment) {
        // Alle Gitternetzpositionen zu einer riesigen Liste zusammenfassen
```

```java
        List<GridLocation> allLocations = assignment.values().stream()
            .flatMap(Collection::stream).collect(Collectors.toList());
        // Duplikate mittels equals() entfernt
        Set<GridLocation> allLocationsSet = new HashSet<>(allLocations);
        // Wenn es doppelte Gitternetzpositionen gibt,
        // besteht eine Überschneidung
        return allLocations.size() == allLocationsSet.size();
    }
```

Listing 3.14 WordSearchConstraint.java

Damit sind wir bereit, die Wortsuche auszuführen. Für dieses Beispiel verwenden wir fünf Wörter (genauer gesagt: Namen) in einem Neun-mal-neun-Gitternetz. Die Lösung, die wir zurückerhalten, sollte Zuordnungen zwischen jedem Wort und den Positionen enthalten, an denen seine Buchstaben ins Gitter passen.

```java
    public static void main(String[] args) {
        WordGrid grid = new WordGrid(9, 9);
        List<String> words =
     List.of("MATTHEW", "JOE", "MARY", "SARAH", "SALLY");
        // Domänen für alle Wörter erzeugen
        Map<String, List<List<GridLocation>>> domains = new HashMap<>();
        for (String word : words) {
            domains.put(word, grid.generateDomain(word));
        }
        CSP<String, List<GridLocation>> csp = new CSP<>(words, domains);
        csp.addConstraint(new WordSearchConstraint(words));
        Map<String, List<GridLocation>> solution = csp.backtrackingSearch();
        if (solution == null) {
            System.out.println("Keine Lösung gefunden!");
        } else {
            Random random = new Random();
            for (Entry<String, List<GridLocation>> item : solution.entrySet()) {
                String word = item.getKey();
                List<GridLocation> locations = item.getValue();
                // Etwa die Hälfte der Wörter zufällig umdrehen
                if (random.nextBoolean()) {
                    Collections.reverse(locations);
                }
                grid.mark(word, locations);
            }
```

```
            System.out.println(grid);
        }
    }
}
```

Listing 3.15 WordSearchConstraint.java (Fortsetzung)

Der letzte Schliff im Code besteht darin, das Gitter mit Wörtern zu füllen. Einige Wörter werden per Zufall umgedreht. Das ist zulässig, weil dieses Beispiel keine überschneidenden Wörter erlaubt. Ihre Ausgabe sollte schließlich etwa so aussehen wie die folgende. Können Sie Matthew, Joe, Mary, Sarah und Sally finden?

```
LWEHTTAMJ
MARYLISGO
DKOJYHAYE
IAJYHALAG
GYZJWRLGM
LLOTCAYIX
PEUTUSLKO
AJZYGIKDU
HSLZOFNNR
```

3.5 SEND+MORE=MONEY

SEND+MORE=MONEY ist ein kryptoarithmetisches Rätsel, es geht also darum, die Buchstaben so durch Ziffern zu ersetzen, dass die mathematische Aussage wahr wird. Jeder Buchstabe in der Aufgabe steht für eine Ziffer (0–9). Keine zwei Buchstaben können für dieselbe Ziffer stehen. Wenn sich ein Buchstabe wiederholt, bedeutet dies, dass sich in der Lösung eine Ziffer wiederholt.

Um dieses Rätsel manuell zu lösen, ist es hilfreich, die Wörter untereinanderzuschreiben.

```
  SEND
 +MORE
=MONEY
```

Mit ein bisschen Algebra und Intuition ist es durchaus manuell lösbar. Aber ein recht einfaches Computerprogramm kann es schneller lösen, indem es stumpf viele mögliche Lösungen durchprobiert. Lassen Sie uns SEND+MORE=MONEY als Bedingungserfüllungsproblem formulieren.

```java
package chapter3;

import java.util.HashMap;
import java.util.HashSet;
import java.util.List;
import java.util.Map;

public class SendMoreMoneyConstraint extends Constraint<Character, Integer> {
    private List<Character> letters;

    public SendMoreMoneyConstraint(List<Character> letters) {
        super(letters);
        this.letters = letters;
    }

    @Override
    public boolean satisfied(Map<Character, Integer> assignment) {
        // Wenn es doppelte Werte gibt, gibt es keine Lösung
        if ((new HashSet<>(assignment.values())).size() < assignment.size()) {
            return false;
        }

        // Nach der Zuordnung aller Variablen prüfen, ob die Summe stimmt
        if (assignment.size() == letters.size()) {
            int s = assignment.get('S');
            int e = assignment.get('E');
            int n = assignment.get('N');
            int d = assignment.get('D');
            int m = assignment.get('M');
            int o = assignment.get('O');
            int r = assignment.get('R');
            int y = assignment.get('Y');
            int send = s * 1000 + e * 100 + n * 10 + d;
            int more = m * 1000 + o * 100 + r * 10 + e;
            int money = m * 10000 + o * 1000 + n * 100 + e * 10 + y;
            return send + more == money;
        }
        return true; // Kein Konflikt
    }
}
```

Listing 3.16 SendMoreMoneyConstraint.java

Die Methode `satisfied()` von `SendMoreMoneyConstraint` erledigt mehrere Aufgaben. Zuerst prüft sie, ob mehrere Buchstaben dieselbe Ziffer repräsentieren. In diesem Fall handelt es sich um eine ungültige Lösung, sodass `false` zurückgegeben wird. Als Nächstes überprüft sie, ob alle Buchstaben Zuordnungen haben. Ist das der Fall, berechnet sie, ob die Formel (SEND+MORE=MONEY) mit der aktuellen Zuordnung korrekt ist. Wenn sie es ist, wurde eine Lösung gefunden, und es wird `true` zurückgegeben, andernfalls `false`. Wenn schließlich noch nicht alle Buchstaben eine Zuordnung haben, wird `true` zurückgegeben. Das soll sicherstellen, dass an einer Teillösung weitergearbeitet werden kann.

Führen wir das Ganze aus.

```java
    public static void main(String[] args) {
        List<Character> letters =
      List.of('S', 'E', 'N', 'D', 'M', 'O', 'R', 'Y');
        Map<Character, List<Integer>> possibleDigits = new HashMap<>();
        for (Character letter : letters) {
            possibleDigits.put(letter, List.of(0, 1, 2, 3, 4, 5, 6, 7, 8, 9));
        }
        // Damit wir keine Antworten erhalten, die mit 0 anfangen
        possibleDigits.replace('M', List.of(1));
        CSP<Character, Integer> csp = new CSP<>(letters, possibleDigits);
        csp.addConstraint(new SendMoreMoneyConstraint(letters));
        Map<Character, Integer> solution = csp.backtrackingSearch();
        if (solution == null) {
            System.out.println("Keine Lösung gefunden!");
        } else {
            System.out.println(solution);
        }
    }
}
```

Listing 3.17 SendMoreMoneyConstraint.java (Fortsetzung)

Wie Sie sehen, geben wir die Lösung für den Buchstaben M vor. Das sollte sicherstellen, dass die Lösung keine 0 für M umfasst, denn wie Sie sicher nachvollziehen können, hat unsere Bedingung keine Ahnung von dem Konzept, dass eine Zahl nicht mit null beginnen kann. Probieren Sie das Ganze ruhig ohne diese vorgegebene Lösung aus.

Die Lösung sollte etwa so aussehen:

{R=8, S=9, D=7, E=5, Y=2, M=1, N=6, O=0}

3.6 Leiterplatten-Layout

Ein Hersteller muss verschiedene rechteckige Chips auf einer rechteckigen Leiterplatte unterbringen. Im Prinzip stellt sich bei dieser Aufgabe die Frage: »Wie lassen sich mehrere Rechtecke unterschiedlicher Größe genau innerhalb eines anderen Rechtecks unterbringen?« Ein Lösungsprogramm für Bedingungserfüllungsprobleme kann diese Lösung finden. Die Aufgabe wird in Abbildung 3.5 veranschaulicht.

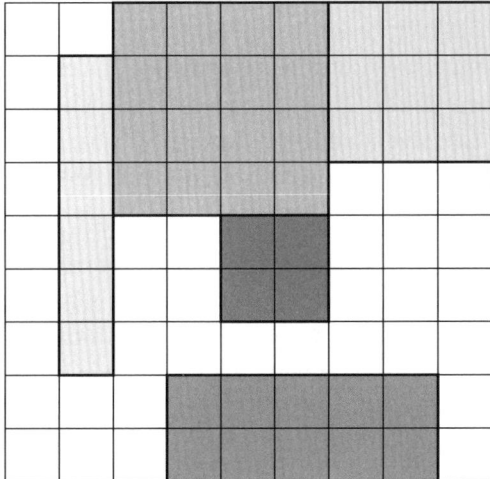

Abbildung 3.5 Das Leiterplatten-Layout-Problem ist dem Wortsuche-Problem sehr ähnlich, aber die Rechtecke sind von unterschiedlicher Breite.

Das Leiterplatten-Layout-Problem ähnelt dem Wortsuche-Problem. Statt mit $1 \times N$-Rechtecken (Wörtern) beschäftigt sich das Problem mit $M \times N$-Rechtecken. Wie beim Wortsuche-Problem können sich die Rechtecke nicht überschneiden. Die Rechtecke können nicht diagonal platziert werden, sodass das Problem in dieser Hinsicht einfacher ist als die Wortsuche.

Versuchen Sie, die Lösung für die Wortsuche selbst umzuschreiben, um sie an das Leiterplatten-Layout anzupassen. Sie können viel Code wiederverwenden, einschließlich dem Code für das Gitternetz.

3.7 Bedingungserfüllungsproblem im Alltag

Wie in der Einleitung dieses Kapitels erwähnt, werden Lösungsalgorithmen für Bedingungserfüllungsprobleme häufig in der Terminplanung eingesetzt. Mehrere Personen müssen an einem Meeting teilnehmen, und sie sind die Variablen. Die Domänen bestehen aus den verfügbaren Zeiten in ihren Kalendern. Zu den Bedingungen kann gehören, welche Kombinationen von Personen unbedingt am Meeting teilnehmen müssen.

Lösungen für Bedingungserfüllungsprobleme werden auch in der Bewegungsplanung verwendet. Stellen Sie sich einen Roboterarm vor, der in eine Röhre passen muss. Es gibt Bedingungen (die Wände der Röhre), Variablen (die Gelenke) und Domänen (mögliche Bewegungen der Gelenke).

Es gibt auch Anwendungsmöglichkeiten in der Bioinformatik. Stellen Sie sich etwa Bedingungen zwischen Molekülen vor, die für eine chemische Reaktion benötigt werden. Und natürlich gibt es, wie bei KI-Algorithmen üblich, Anwendungen in Spielen. Das Schreiben eines Sudoku-Lösers ist eine der nachfolgenden Übungsaufgaben, aber auch viele andere Logikrätsel können als Bedingungserfüllungsprobleme gelöst werden.

In diesem Kapitel haben wir ein einfaches Backtracking-Tiefensuche-Framework zur Problemlösung geschrieben. Aber es kann stark verbessert werden, indem Heuristiken (erinnern Sie sich noch an A*?) hinzugefügt werden – Intuitionen, die den Suchprozess beschleunigen. Ein neueres Verfahren als Backtracking, *Constraint Propagation* genannt, ist ebenfalls eine effiziente Marschroute für Praxisanwendungen. Weitere Informationen dazu finden Sie in Kapitel 6 von Stuart Russell und Peter Norvigs *Artificial Intelligence: A Modern Approach*, dritte Auflage (Pearson, 2010).

Die einfachen Beispiel-Frameworks aus diesem Buch sind nicht für Produktionsumgebungen geeignet. Wenn Sie ein anspruchsvolleres Randbedingungsproblem in Java lösen müssen, können Sie das Choco-Framework in Betracht ziehen, das Sie unter *https://choco-solver.org* finden.

3.8 Übungsaufgaben

1. Erweitern Sie `WordSearchConstraint` so, dass überschneidende Buchstaben erlaubt sind.
2. Schreiben Sie ein Lösungsprogramm für das Leiterplatten-Layout-Problem aus Abschnitt 3.6, falls Sie dies noch nicht getan haben.
3. Schreiben Sie ein Programm, das mithilfe des Lösungs-Frameworks für Bedingungserfüllungsprobleme aus diesem Kapitel Sudoku-Rätsel lösen kann.

Kapitel 4
Graphenprobleme

Ein *Graph* ist ein abstraktes mathematisches Konstrukt, das zur Modellierung eines praktischen Problems verwendet wird, indem das Problem in eine Menge verknüpfter *Knoten* unterteilt wird. Eine Verbindung zwischen einem Knoten (Englisch *vertex*) und dem nächsten wird *Kante* (Englisch *edge*) genannt.

Wofür sind Graphen nützlich? Sie helfen uns nicht nur, abstrakt über ein Problem nachzudenken, sondern sie ermöglichen es uns auch, diverse wohlverstandene und performante Such- und Optimierungsverfahren anzuwenden. Nehmen wir in einem U-Bahn-Beispiel etwa an, wir möchten die kürzeste Route von einer Station zu einer anderen ermitteln. Oder nehmen wir an, wir möchten wissen, wie viel Gleis mindestens benötigt wird, um alle Stationen miteinander zu verbinden. Graphenalgorithmen, die Sie in diesem Kapitel kennenlernen, können beide Aufgaben lösen. Außerdem können Graphenalgorithmen auf alle Arten von Netzwerkaufgaben angewendet werden – nicht nur auf Transportnetzwerke. Denken Sie an Computernetzwerke, Vertriebsnetze oder Versorgungsnetze. Such- und Optimierungsaufgaben auf allen diesen Gebieten können mithilfe von Graphenalgorithmen gelöst werden.

4.1 Eine Landkarte als Graph

In diesem Kapitel arbeiten wir nicht mit einem Graphen aus U-Bahn-Stationen, sondern stattdessen mit Städten in den USA und möglichen Routen zwischen ihnen. Abbildung 4.1 zeigt eine Landkarte der kontinentalen USA und der 15 größten statistischen Metropolregionen (Englisch *metropolitan statistical areas* oder MSAs) im Land gemäß Schätzung des U. S. Census Bureau.[1]

Der berühmte Unternehmer Elon Musk hat vorgeschlagen, ein neues Hochgeschwindigkeits-Transportnetzwerk zu bauen, das aus Kapseln besteht, die durch Hochdruckröhren fahren.

---

[1] Daten aus: United States Census Bureau, *https://census.gov/*.

4 Graphenprobleme

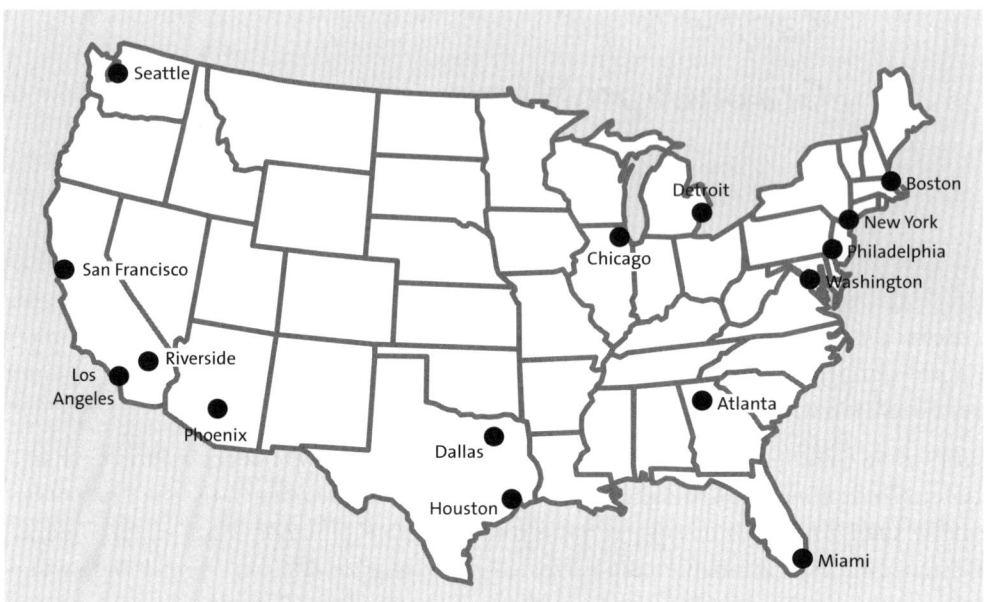

Abbildung 4.1 Eine Landkarte der 15 größten Metropolregionen in den USA

Musk zufolge würden die Kapseln mit 700 Meilen pro Stunde (etwa 1.125 km/h) fahren und wären für kosteneffizienten Transport zwischen Städten geeignet, die weniger als 900 Meilen (knapp 1.450 km) voneinander entfernt sind.[2] Er nennt dieses neue Transportsystem die »Hyperloop«. In diesem Kapitel behandeln wir klassische Graphenaufgaben im Zusammenhang mit dem Bau dieses Transportnetzwerks.

Musk schlug ursprünglich vor, Los Angeles und San Francisco durch die Hyperloop zu verbinden. Wenn man ein nationales Hyperloop-Netz bauen wollte, wäre es sinnvoll, Amerikas größte Metropolregionen durch dieses zu verbinden. In Abbildung 4.2 wurden die Staatsgrenzen aus Abbildung 4.1 entfernt. Zusätzlich ist jede Metropolregion mit einigen ihrer Nachbarn verbunden. Um den Graphen etwas interessanter zu machen, handelt es sich nicht immer um die nächsten Nachbarn der jeweiligen Metropolregion.

Abbildung 4.2 ist ein Graph mit Knoten, die den 15 größten Metropolregionen in den Vereinigten Staaten entsprechen, und Kanten, die potenzielle Hyperloop-Routen zwischen den Städten darstellen. Die Routen wurden zu Veranschaulichungszwecken gewählt. Sicherlich könnten auch andere potenzielle Routen Teile eines neuen Hyperloop-Netzes sein.

---

2 Elon Musk, »Hyperloop Alpha«, *https://www.tesla.com/sites/default/files/blog_images/hyperloop-alpha.pdf*.

4.1 Eine Landkarte als Graph

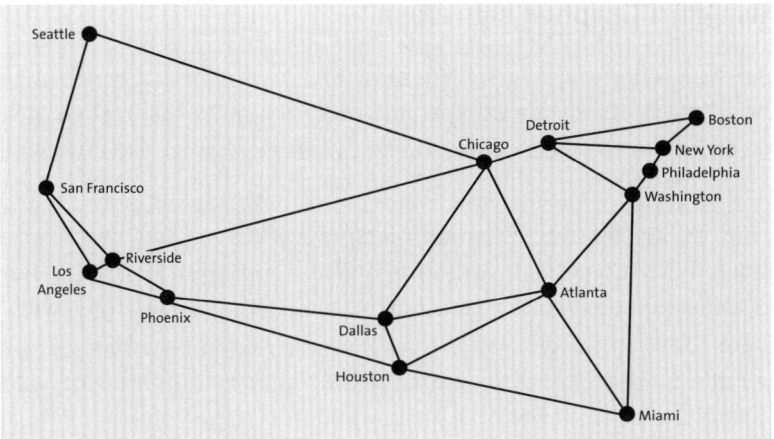

Abbildung 4.2 Ein Graph mit Knoten, die den 15 größten Metropolregionen in den USA entsprechen, und Kanten, die potenzielle Hyperloop-Routen zwischen ihnen darstellen

Diese abstrakte Darstellung einer Aufgabe aus dem Alltag demonstriert die Leistungsfähigkeit von Graphen. Mit dieser Abstraktion können wir die Geografie der Vereinigten Staaten ignorieren und uns einfach darauf konzentrieren, im Hinblick auf das Verbinden von Städten über das potenzielle Hyperloop-Netz nachzudenken. Solange dieselben Kanten bestehen bleiben, können wir tatsächlich auch mit einem anders aussehenden Graphen über die Aufgabe nachdenken. In Abbildung 4.3 wurde beispielsweise die Position von Miami verlegt. Der Graph in Abbildung 4.3 kann als abstrakte Darstellung für dieselben fundamentalen Berechnungsaufgaben eingesetzt werden wie derjenige in Abbildung 4.2, auch wenn sich Miami nicht dort befindet, wo wir es erwarten. Aber aus Sorge um unsere geistige Gesundheit bleiben wir dennoch bei der Darstellung aus Abbildung 4.2.

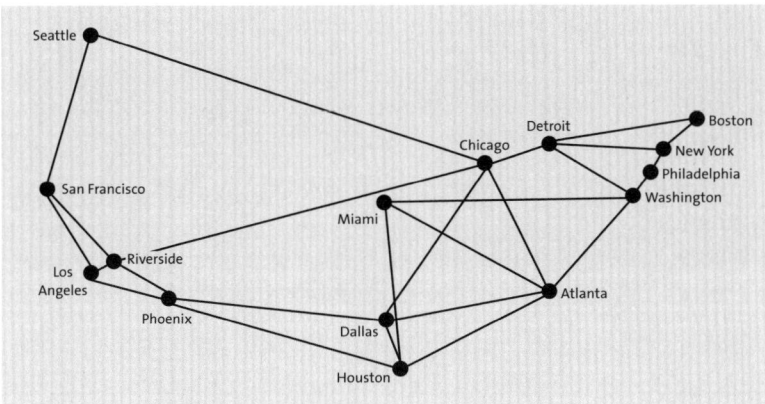

Abbildung 4.3 Ein äquivalenter Graph, aber mit der Position von Miami verlegt

4.2 Ein Framework für Graphen schreiben

In diesem Abschnitt definieren wir zwei verschiedene Arten von Graphen: ungewichtete und gewichtete. Gewichtete Graphen, die wir später in diesem Kapitel besprechen, weisen jeder Kante ein Gewicht zu (das heißt eine Zahl, in unserem Beispiel also etwa eine Länge).

Im Herzen ist Java eine objektorientierte Programmiersprache. Wir machen vom Vererbungsmodell Gebrauch, einer Grundlage von Javas objektorientierten Klassenhierarchien, damit wir uns keine doppelte Mühe zu machen brauchen. Die Klassen für gewichtete und ungewichtete Graphen werden jeweils von der abstrakten Basisklasse Graph abgeleitet. So können sie einen Großteil ihrer Funktionalität erben und Sie brauchen nur kleine Anpassungen vorzunehmen, soweit sich ein gewichteter Graph von einem ungewichteten unterscheidet.

Wir wollen, dass dieses Graphen-Framework so flexibel wie möglich ist, damit es so viele unterschiedliche Aufgaben darstellen kann wie möglich. Um dieses Ziel zu erreichen, verwenden wir Generics, um die Typen der Knoten zu abstrahieren. Jedem Knoten wird zusätzlich ein Integer-Index zugeordnet, aber er wird mit dem benutzerdefinierten Typ gespeichert.

Beginnen wir mit der Arbeit am Framework, indem wir die Klasse Edge definieren, das einfachste Werkzeug in unserem Graphen-Framework.

```java
package chapter4;

public class Edge {
    public final int u; // der "von"-Knoten
    public final int v; // der "nach"-Knoten

    public Edge(int u, int v) {
        this.u = u;
        this.v = v;
    }

    public Edge reversed() {
        return new Edge(v, u);
    }

    @Override
    public String toString() {
        return u + " -> " + v;
```

		}

	}

Listing 4.1 Edge.java

Die Klasse Edge modelliert eine Kante und ist als Verbindung zwischen zwei Knoten definiert, von denen jeder durch einen Integer-Index repräsentiert wird. Gemäß der Konvention bezieht sich u auf den ersten Knoten, und v bezieht sich auf den zweiten Knoten. Sie können sich u auch als »von« und v als »nach« vorstellen. In diesem Kapitel arbeiten wir nur mit ungerichteten Graphen (Graphen, die Bewegungen in beide Richtungen ermöglichen), aber in *gerichteten Graphen*, auch *Digraphen* genannt, können Kanten auch Einbahnstraßen sein. Die Methode reversed() hat die Aufgabe, eine Edge zurückzugeben, die in die entgegengesetzte Richtung der Kante weist, auf die sie angewendet wird.

Die abstrakte Klasse Graph konzentriert sich auf die wesentliche Rolle eines Graphen: Knoten mit Kanten zu verknüpfen. Erneut wollen wir den User des Frameworks die tatsächlichen Typen der Knoten frei wählen lassen. Hierzu verwenden wir einen generischen Knotentyp (V). Dadurch kann das Framework für eine breite Palette von Problemen eingesetzt werden, ohne Zwischendatenstrukturen als Bindeglieder erstellen zu müssen. Beispielsweise könnten wir den Typ der Knoten bei einem Graphen wie demjenigen für Hyperloop als String definieren, weil wir Strings wie »New York« und »Los Angeles« als Knoten verwenden würden. Auch der Kantentyp (E) im Graph ist generisch, sodass er von der Unterklasse als gewichtet oder ungewichtet gesetzt werden kann. Beginnen wir mit der Klasse Graph.

```java
package chapter4;

import java.util.ArrayList;
import java.util.Arrays;
import java.util.List;
import java.util.stream.Collectors;

// V ist der Typ der Knoten im Graphen
// E ist der Typ der Kanten
public abstract class Graph<V, E extends Edge> {

    private ArrayList<V> vertices = new ArrayList<>();
    protected ArrayList<ArrayList<E>> edges = new ArrayList<>();

    public Graph() {
```

```java
    }

    public Graph(List<V> vertices) {
        this.vertices.addAll(vertices);
        for (V vertex : vertices) {
            edges.add(new ArrayList<>());
        }
    }
```
Listing 4.2 Graph.java

Die Liste vertices ist das Herzstück eines Graph-Objekts. Jeder Knoten wird in der Liste gespeichert, aber wir werden sie später anhand ihres Integer-Indexes in der Liste ansprechen. Der Knoten selbst kann einen komplexen Datentyp haben, aber sein Index wird immer int sein, womit es sich einfach arbeiten lässt. Auf einer anderen Ebene ermöglicht es uns das Einfügen dieses Indexes zwischen Graphenalgorithmen und die Liste vertices, in ein und demselben Graphen zwei identische Knoten zu haben. (Denken Sie an einen Graphen mit den Städten eines Landes als Knoten, wobei das Land mehr als eine Stadt namens »Springfield« hat.) Selbst wenn sie identisch sind, haben sie unterschiedliche Integer-Indizes.

Es gibt viele Möglichkeiten, eine Graphen-Datenstruktur zu implementieren, aber die beiden gängigsten sind eine *Knotenmatrix* oder *Adjazenzlisten*. In einer Knotenmatrix stellt jede Zelle der Matrix die Beziehung zwischen zwei Knoten im Graphen dar, und der Wert dieser Zelle gibt die Verbindung (oder das Fehlen derselben) zwischen ihnen an. Unsere Graphen-Datenstruktur verwendet Adjazenzlisten. In dieser Graphendarstellung hat jeder Knoten eine Liste von Knoten, mit denen er verbunden ist. Unsere spezifische Darstellung verwendet eine Liste mit Listen von Knoten, sodass es für jeden Knoten eine Liste von Kanten gibt, über die der Knoten mit anderen Knoten verbunden ist. edges ist diese Liste von Listen.

Der Rest der Klasse Graph wird nun in seiner Gesamtheit abgedruckt. Sie werden die kurzen, meist einzeiligen Methoden mit ausführlichen, klaren Methodennamen bemerken. Diese sollten den Rest der Klasse weitgehend selbsterklärend machen, aber es wurden kurze Kommentare hinzugefügt, sodass es keinen Anlass zu Fehlinterpretationen gibt.

```java
    // Anzahl der Knoten
    public int getVertexCount() {
        return vertices.size();
    }
```

```java
// Anzahl der Kanten
public int getEdgeCount() {
    return edges.stream().mapToInt(ArrayList::size).sum();
}

// Einen Knoten zum Graphen hinzufügen und seinen Index zurückgeben
public int addVertex(V vertex) {
    vertices.add(vertex);
    edges.add(new ArrayList<>());
    return getVertexCount() - 1;
}

// Den Knoten an einem bestimmten Index finden
public V vertexAt(int index) {
    return vertices.get(index);
}

// Den Index eines Knotens im Graphen finden
public int indexOf(V vertex) {
    return vertices.indexOf(vertex);
}

// Die Knoten finden, mit denen ein Knoten
// an einem bestimmten Index verbunden ist
public List<V> neighborsOf(int index) {
    return edges.get(index).stream()
            .map(edge -> vertexAt(edge.v))
            .collect(Collectors.toList());
}

// Den Index eines Knotens nachschlagen und
// seine Nachbarn finden (Hilfsmethode)
public List<V> neighborsOf(V vertex) {
    return neighborsOf(indexOf(vertex));
}

// Alle mit dem Knoten an einem bestimmten
// Index verbundenen Kanten zurückgeben
public List<E> edgesOf(int index) {
    return edges.get(index);
```

```java
    }
    // Den Index eines Knotens nachschlagen und seine
    // Kanten zurückgeben (Hilfsmethode)
    public List<E> edgesOf(V vertex) {
        return edgesOf(indexOf(vertex));
    }

    // Die übersichtliche Ausgabe eines Graphen erleichtern
    @Override
    public String toString() {
        StringBuilder sb = new StringBuilder();
        for (int i = 0; i < getVertexCount(); i++) {
            sb.append(vertexAt(i));
            sb.append(" -> ");
            sb.append(Arrays.toString(neighborsOf(i).toArray()));
            sb.append(System.lineSeparator());
        }
        return sb.toString();
    }
}
```

Listing 4.3 Graph.java (Fortsetzung)

Treten wir einen Schritt zurück, und fragen wir uns, warum diese Klasse zwei Versionen der meisten ihrer Methoden hat. Wir wissen aus der Klassendefinition, dass die Liste vertices eine Liste von Elementen vom Typ V ist, der jede Java-Klasse sein kann. Also haben wir Knoten vom Typ V, die in der Liste vertices gespeichert werden. Aber wenn wir sie später wieder auslesen oder manipulieren wollen, müssen wir wissen, wo sie in dieser Liste gespeichert sind. Dafür ist mit jedem Knoten ein Index in der Liste (ein Integer) verknüpft. Wenn wir den Index eines Knotens nicht kennen, müssen wir ihn nachschlagen, indem wir vertices durchsuchen. Deshalb gibt es zwei Versionen jeder Methode. Eine arbeitet mit int-Indizes und eine mit V selbst. Die Methoden, die mit V arbeiten, schlagen die entsprechenden Indizes nach und rufen die indexbasierten Funktionen auf. Deshalb können sie als Komfort- oder Hilfsmethoden betrachtet werden.

Viele der Funktionen sind weitgehend selbsterklärend, aber neighborsOf() verdient eine etwas genauere Betrachtung. Sie gibt die *Nachbarn* eines Knotens zurück. Nachbarn eines Knotens sind diejenigen anderen Knoten, die direkt über eine Kante mit diesem verbunden sind. In Abbildung 4.2 sind New York und Washington beispielsweise die einzigen Nachbarn von Philadelphia. Wir finden die Nachbarn eines Knotens, indem wir die Enden (die vs) aller von diesem ausgehenden Kanten betrachten.

```java
public List<V> neighborsOf(int index) {
    return edges.get(index).stream()
            .map(edge -> vertexAt(edge.v))
            .collect(Collectors.toList());
}
```

`edges.get(index)` gibt die Adjazenzliste zurück, die Liste der Knoten, über die der fragliche Knoten mit anderen Knoten verbunden ist. Im Stream, der an den `map()`-Aufruf übergeben wird, steht `edge` für eine bestimmte Kante, und `edge.v` stellt den Index des Nachbarn dar, mit dem diese Kante verbunden ist. `map()` gibt all diese Knoten (und nicht bloß ihre Indizes) zurück, weil `map()` die Methode `vertexAt()` auf jedes `edge.v` anwendet.

Nachdem wir nun die grundlegende Funktionalität eines Graphen in der abstrakten Klasse `Graph` implementiert haben, können wir eine konkrete Unterklasse definieren. Graphen sind nicht nur entweder ungerichtet oder gerichtet, sondern sie können *ungewichtet* oder *gewichtet* sein. Bei einem gewichteten ist jeder Kante ein vergleichbarer, meist numerischer Wert zugeordnet. Wir könnten uns die Gewichtungen in unserem potenziellen Hyperloop-Netzwerk als die Entfernungen zwischen den Haltestellen vorstellen. Vorerst werden wir jedoch mit einer ungewichteten Version des Graphen arbeiten. Eine ungewichtete Kante ist einfach eine Verbindung zwischen zwei Knoten; daher ist die Klasse `Edge` ungewichtet. Anders ausgedrückt: In einem ungewichteten Graphen wissen wir, welche Knoten miteinander verbunden sind, während wir in einem gewichteten Graphen wissen, welche Knoten miteinander verbunden sind, und zudem noch etwas über diese Verbindungen wissen. `UnweightedGraph` repräsentiert einen Graphen, mit dessen Kanten keine Werte verknüpft sind. Mit anderen Worten handelt es sich um die Kombination von `Graph` mit der anderen von uns definierten Klasse `Edge`.

```java
package chapter4;

import java.util.List;

import chapter2.GenericSearch;
import chapter2.GenericSearch.Node;

public class UnweightedGraph<V> extends Graph<V, Edge> {

    public UnweightedGraph(List<V> vertices) {
        super(vertices);
    }
```

```java
// Dies ist ein ungerichteter Graph, daher fügen wir stets
// Kanten in beide Richtungen hinzu
public void addEdge(Edge edge) {
    edges.get(edge.u).add(edge);
    edges.get(edge.v).add(edge.reversed());
}

// Eine Kante mittels Knotenindizes hinzufügen
//(bequeme Methode)
public void addEdge(int u, int v) {
    addEdge(new Edge(u, v));
}
// Eine Kante durch Suchen von Knotenindizes hinzufügen (Hilfsmethode)
public void addEdge(V first, V second) {
    addEdge(new Edge(indexOf(first), indexOf(second)));
}
```

Listing 4.4 UnweightedGraph.java

Ein weiterer wichtiger Aspekt, auf den hingewiesen werden sollte, ist die Funktionsweise von addEdge(). addEdge() fügt zuerst eine Kante zur Adjazenzliste des »von«-Knotens (u) und anschließend die umgekehrte Version der Kante zur Adjazenzliste des »nach«-Knotens (v) hinzu. Der zweite Schritt ist notwendig, weil dieser Graph ungerichtet ist. Wir wollen, dass jede Kante in beide Richtungen hinzugefügt wird; das bedeutet, dass u auf dieselbe Weise Nachbar von v ist, wie v Nachbar von u ist. Sie können sich einen ungerichteten Graphen auch als »bidirektional« vorstellen, wenn Ihnen das hilft, daran zu denken, dass jede Kante in beide Richtungen überquert werden kann.

```java
public void addEdge(Edge edge) {
    edges.get(edge.u).add(edge);
    edges.get(edge.v).add(edge.reversed());
}
```

Wie zuvor erwähnt, arbeiten wir in diesem Kapitel nur mit ungerichteten Graphen.

4.2.1 Mit Edge und UnweightedGraph arbeiten

Nachdem wir nun konkrete Implementierungen von Edge und Graph haben, können wir eine Darstellung des potenziellen Hyperloop-Netzwerks erstellen. Die Knoten und Kanten in cityGraph entsprechen den in Abbildung 4.2 gezeigten Knoten und Kanten. Mithilfe von Generics können wir angeben, dass die Knoten vom Typ String sein sollen (UnweightedGraph<String>). Der Typ String wird mit anderen Worten für die Typvariable V eingesetzt.

```java
    public static void main(String[] args) {
        // Die 15 größten Metropolregionen in den USA
        UnweightedGraph<String> cityGraph = new UnweightedGraph<>(
                List.of("Seattle", "San Francisco", "Los Angeles", "Riverside",
         "Phoenix", "Chicago", "Boston", "New York", "Atlanta", "Miami", "Dallas",
         "Houston", "Detroit", "Philadelphia", "Washington"));

        cityGraph.addEdge("Seattle", "Chicago");
        cityGraph.addEdge("Seattle", "San Francisco");
        cityGraph.addEdge("San Francisco", "Riverside");
        cityGraph.addEdge("San Francisco", "Los Angeles");
        cityGraph.addEdge("Los Angeles", "Riverside");
        cityGraph.addEdge("Los Angeles", "Phoenix");
        cityGraph.addEdge("Riverside", "Phoenix");
        cityGraph.addEdge("Riverside", "Chicago");
        cityGraph.addEdge("Phoenix", "Dallas");
        cityGraph.addEdge("Phoenix", "Houston");
        cityGraph.addEdge("Dallas", "Chicago");
        cityGraph.addEdge("Dallas", "Atlanta");
        cityGraph.addEdge("Dallas", "Houston");
        cityGraph.addEdge("Houston", "Atlanta");
        cityGraph.addEdge("Houston", "Miami");
        cityGraph.addEdge("Atlanta", "Chicago");
        cityGraph.addEdge("Atlanta", "Washington");
        cityGraph.addEdge("Atlanta", "Miami");
        cityGraph.addEdge("Miami", "Washington");
        cityGraph.addEdge("Chicago", "Detroit");
        cityGraph.addEdge("Detroit", "Boston");
        cityGraph.addEdge("Detroit", "Washington");
        cityGraph.addEdge("Detroit", "New York");
        cityGraph.addEdge("Boston", "New York");
        cityGraph.addEdge("New York", "Philadelphia");
        cityGraph.addEdge("Philadelphia", "Washington");
        System.out.println(cityGraph.toString());
    }
}
```

Listing 4.5 UnweightedGraph.java (Fortsetzung)

cityGraph hat Knoten vom Typ String, und wir bezeichnen jeden Knoten mit dem Namen der Metropolregion, für die er steht. Es spielt keine Rolle, in welcher Reihenfolge wir die Knoten zu cityGraph hinzufügen. Da wir toString() mit einer übersichtlichen Beschreibung des Graphen implementiert haben, können wir ihn nun mit Pretty-Print (ein feststehender Ausdruck) ausgeben. Ihre Ausgabe sollte etwa wie folgt aussehen.

```
Seattle -> [Chicago, San Francisco]
San Francisco -> [Seattle, Riverside, Los Angeles]
Los Angeles -> [San Francisco, Riverside, Phoenix]
Riverside -> [San Francisco, Los Angeles, Phoenix, Chicago]
Phoenix -> [Los Angeles, Riverside, Dallas, Houston]
Chicago -> [Seattle, Riverside, Dallas, Atlanta, Detroit]
Boston -> [Detroit, New York]
New York -> [Detroit, Boston, Philadelphia]
Atlanta -> [Dallas, Houston, Chicago, Washington, Miami]
Miami -> [Houston, Atlanta, Washington]
Dallas -> [Phoenix, Chicago, Atlanta, Houston]
Houston -> [Phoenix, Dallas, Atlanta, Miami]
Detroit -> [Chicago, Boston, Washington, New York]
Philadelphia -> [New York, Washington]
Washington -> [Atlanta, Miami, Detroit, Philadelphia]
```

4.3 Den kürzesten Pfad finden

Die Hyperloop ist so schnell, dass es zur Optimierung der Reisedauer von einer Station zu einer anderen wahrscheinlich weniger wichtig ist, wie weit die Stationen voneinander entfernt sind, als die Frage, wie viele Stopps erforderlich sind (also wie viele Zwischenstationen besucht werden müssen), um von einer Station zur anderen zu gelangen. An jeder Station könnte ein Umsteigen erforderlich sein, also gilt wie bei Flügen: je weniger Stopps, desto besser.

In der Graphentheorie wird eine Menge von Kanten, die zwei Knoten verbinden, als *Pfad* bezeichnet. Ein Pfad ist mit anderen Worten ein Weg, um von einem Knoten zu einem anderen zu gelangen. Im Kontext des Hyperloop-Netzwerks verbindet eine Reihe von Röhren (Kanten) den Pfad von einer Stadt (Knoten) zu einer anderen (Knoten). Optimale Pfade zwischen Knoten zu finden, ist eine der wichtigsten Aufgaben, für die Graphen verwendet werden.

Informell können wir uns auch eine Liste aufeinanderfolgend über Kanten miteinander verbundener Knoten als Pfad vorstellen. Diese Beschreibung ist eigentlich nur die andere Seite derselben Münze. Es geht darum, angesichts einer Liste von Kanten herauszufinden, welche Knoten sie verbinden, die Liste der Knoten zu behalten und die Kanten außer acht zu lassen. In diesem kurzen Beispiel werden wir eine solche Liste von Knoten finden, die zwei Städte durch unsere Hyperloop verbinden.

4.3.1 Wiedersehen mit der Breitensuche

In einem ungewichteten Graphen ist der kürzeste Pfad derjenige, bei dem zwischen Startknoten und Zielknoten die wenigsten Kanten liegen. Um das Hyperloop-Netzwerk aufzubauen, wäre es sinnvoll, zuerst die am weitesten voneinander entfernten Städte an den bevölkerungsreichen Küsten miteinander zu verbinden. Dies wirft die Frage auf: »Was ist der kürzeste Pfad zwischen Boston und Miami?«

> **Tipp**
> Dieser Abschnitt geht davon aus, dass Sie Kapitel 2, »Suchaufgaben«, gelesen haben. Bevor Sie weitermachen, sollten Sie sich vergewissern, dass Sie mit dem Material über die Breitensuche in Kapitel 2 vertraut sind.

Glücklicherweise haben wir bereits einen Algorithmus für das Finden kürzester Pfade, den wir wiederverwenden können, um diese Frage zu beantworten. Die in Kapitel 2 eingeführte Breitensuche ist für Graphen ebenso gut geeignet wie für Labyrinthe. Tatsächlich sind die Labyrinthe, mit denen wir in Kapitel 2 gearbeitet haben, ebenfalls Graphen. Die Knoten sind die Positionen im Labyrinth, und die Kanten sind die Bewegungen, die von einer Position zur anderen möglich sind. In einem ungewichteten Graphen findet eine Breitensuche den kürzesten Pfad zwischen zwei beliebigen Knoten.

Wir können die Breitensuche-Implementierung aus Kapitel 2 wiederverwenden, um mit Graph zu arbeiten. Tatsächlich können wir sie völlig unverändert wiederverwenden. Darin liegt wie erwähnt die Leistungsfähigkeit generisch geschriebenen Codes!

Wie Sie sich vielleicht erinnern, benötigt bfs() in Kapitel 2 drei Parameter: einen Anfangszustand, ein Prädikat (das heißt, eine Funktion, die einen boolean-Wert zurückgibt, zum Prüfen des Ziels und eine Funktion, die die Nachfolgezustände eines angegebenen Zustands findet. Der Anfangszustand ist der durch den String »Boston« dargestellte Knoten. Die Zielprüfung ist ein Lambda, das prüft, ob ein Knoten gleich »Miami« ist. Nachfolgeknoten können schließlich durch die Graph-Methode neighborsOf() erzeugt werden.

Anhand dieses Plans können wir Code am Ende der main()-Methode von *Unweighted-Graph.java* einfügen, um die kürzeste Route zwischen Boston und Miami auf dem city-Graph zu finden.

> **Hinweis**
>
> Listing 4.5 (weiter oben im Kapitel, als UnweightedGraph erstmals definiert wurde) enthält Importe, die diesen Abschnitt unterstützen (nämlich chapter2.GenericSearch und chapter2.genericSearch.Node). Diese Importe funktionieren nur, wenn das chapter2-Paket vom chapter4-Paket aus zugreifbar ist. Wenn Sie Ihre Entwicklungsumgebung nicht entsprechend konfiguriert haben, sollten Sie in der Lage sein, die GenericSearch-Klasse direkt ins chapter4-Paket zu kopieren und die Importe damit zu umgehen.

```
        Node<String> bfsResult = GenericSearch.bfs("Boston",
                v -> v.equals("Miami"),
                cityGraph::neighborsOf);
        if (bfsResult == null) {
            System.out.println("Keine Lösung mit Breitensuche gefunden!");
        } else {
            List<String> path = GenericSearch.nodeToPath(bfsResult);
            System.out.println("Route von Boston nach Miami:");
            System.out.println(path);
        }
```
Listing 4.6 UnweightedGraph.java (Fortsetzung)

Die Ausgabe sollte etwa so aussehen:

```
Route von Boston nach Miami:
[Boston, Detroit, Washington, Miami]
```

Von Boston über Detroit und Washington nach Miami, bestehend aus drei Kanten, ist die kürzeste Route zwischen Boston und Miami, was die Anzahl der Kanten angeht. Abbildung 4.4 hebt diese Route hervor.

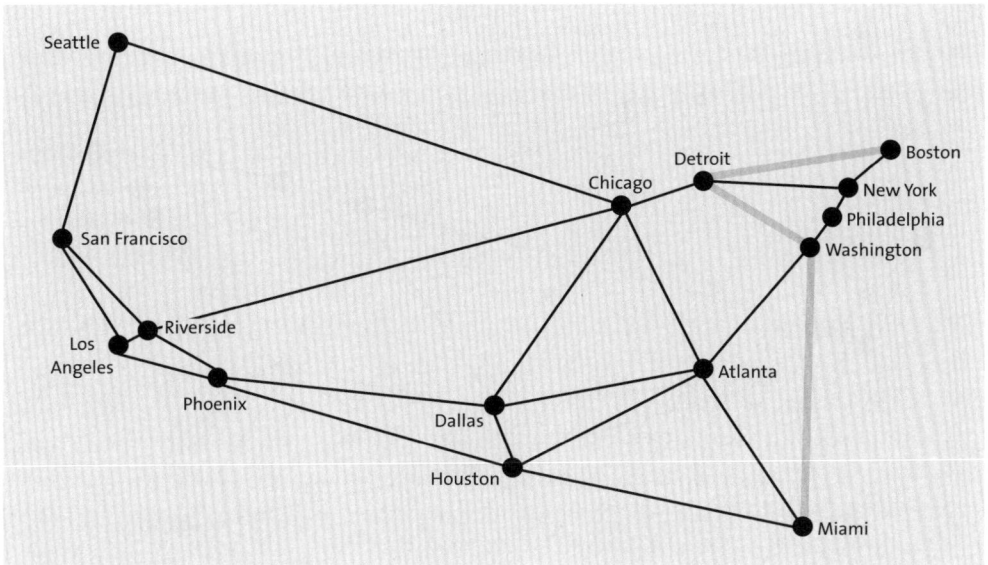

Abbildung 4.4 Die kürzeste Route zwischen Boston und Miami, was die Anzahl der Kanten angeht, wurde hervorgehoben.

4.4 Die Kosten für den Aufbau des Netzwerks minimieren

Stellen Sie sich vor, wir wollen die 15 größten Metropolregionen alle über das Hyperloop-Netzwerk verbinden. Unser Ziel ist es, die Kosten beim Aufbau des Netzwerks zu minimieren, was bedeutet, möglichst wenig Gleis zu verwenden. Dann lautet die Frage: »Wie können wir alle Metropolregionen mit möglichst wenig Gleis verbinden?«

4.4.1 Mit Gewichten arbeiten

Um die Menge an Gleis zu ermitteln, die eine bestimmte Kante benötigt, müssen wir die Entfernung kennen, die die Kante darstellt. Dies ist eine Gelegenheit, das Konzept des Gewichts wiedereinzuführen. Im Hyperloop-Netzwerk ist das Gewicht einer Kante die Entfernung zwischen den beiden Metropolregionen, die diese verbindet. Abbildung 4.5 ist mit Abbildung 4.2 identisch, außer dass ein Gewicht zu jeder Kante hinzugefügt wurde, das die Entfernung in Meilen zwischen den beiden Knoten darstellt, die die Kante verbindet.

4 Graphenprobleme

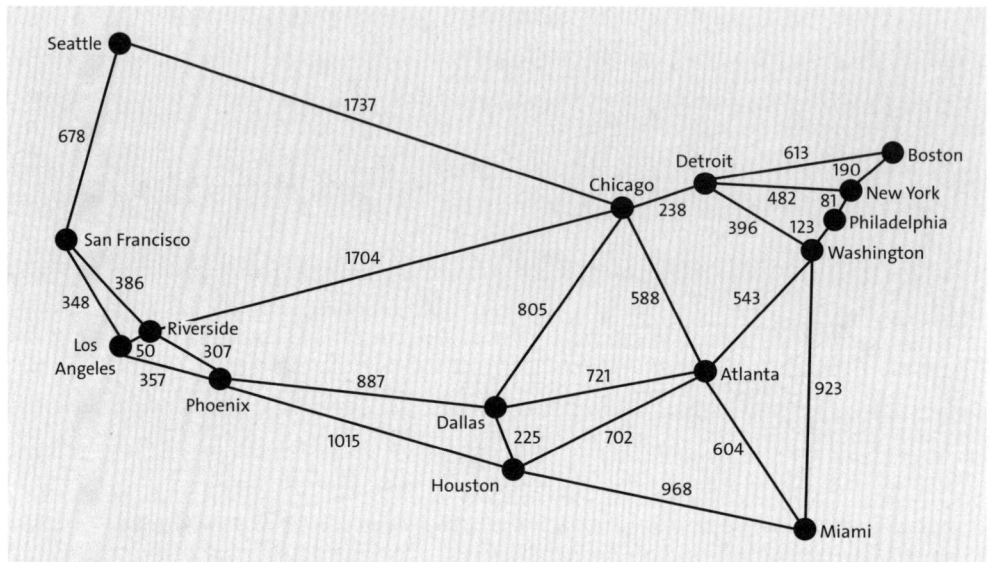

Abbildung 4.5 Ein gewichteter Graph der 15 größten Metropolregionen der Vereinigten Staaten, in dem jedes Gewicht die Entfernung zwischen zwei Metropolregionen in Meilen angibt

Um mit Gewichten umzugehen, brauchen wie eine Unterklasse von Edge (WeightedEdge) und eine Unterklasse von Graph (WeightedGraph). Mit jeder gewichteten Kante der Klasse WeightedEdge wird ein double verknüpft, der ihr Gewicht darstellt. Der Jarník-Algorithmus, den wir weiter hinten in diesem Kapitel behandeln werden, benötigt die Fähigkeit, eine Kante mit einer anderen zu vergleichen, um die Kante mit dem niedrigsten Gewicht zu bestimmen. Dies ist bei numerischen Gewichten einfach.

```
package chapter4;

public class WeightedEdge extends Edge implements Comparable<WeightedEdge> {
    public final double weight;

    public WeightedEdge(int u, int v, double weight) {
        super(u, v);
        this.weight = weight;
    }

    @Override
    public WeightedEdge reversed() {
        return new WeightedEdge(v, u, weight);
    }
```

```
    // Kanten nach Gewicht ordnen, um diejenige mit dem niedrigsten zu finden
    @Override
    public int compareTo(WeightedEdge other) {
        Double mine = weight;
        Double theirs = other.weight;
        return mine.compareTo(theirs);
    }

    @Override
    public String toString() {
        return u + " " + weight + "> " + v;
    }
}
```
Listing 4.7 WeightedEdge.java

Die Implementierung von `WeightedEdge` unterscheidet sich nicht besonders stark von derjenigen von `Edge`. Die einzigen Unterschiede sind das Hinzufügen der Eigenschaft `weight` und die Implementierung der Schnittstelle `Comparable` über `compareTo()`, damit zwei `WeightedEdge`-Instanzen vergleichbar sind. Die Methode `compareTo()` betrachtet ausschließlich Gewichte (anstatt die geerbten Eigenschaften u und v), weil der Jarník-Algorithmus die kürzeste Kante nach Gewicht finden muss.

Ein `WeightedGraph` erbt einen Großteil seiner Funktionalität von `Graph`. Abgesehen davon hat er einen Konstruktor sowie Hilfsmethoden zum Hinzufügen von `WeightedEdge`-Elementen, und er implementiert seine eigene Version von `toString()`.

```
package chapter4;

import java.util.Arrays;
import java.util.Collections;
import java.util.HashMap;
import java.util.LinkedList;
import java.util.List;
import java.util.Map;
import java.util.PriorityQueue;
import java.util.function.IntConsumer;

public class WeightedGraph<V> extends Graph<V, WeightedEdge> {

    public WeightedGraph(List<V> vertices) {
```

```java
        super(vertices);
    }

    // Dies ist ein ungerichteter Graph, also fügen wir stets
    // Kanten in beiden Richtungen hinzu
    public void addEdge(WeightedEdge edge) {
        edges.get(edge.u).add(edge);
        edges.get(edge.v).add(edge.reversed());
    }

    public void addEdge(int u, int v, float weight) {
        addEdge(new WeightedEdge(u, v, weight));
    }

    public void addEdge(V first, V second, float weight) {
        addEdge(indexOf(first), indexOf(second), weight);
    }

    // Schöne Ausgabe eines Graphen vereinfachen
    @Override
    public String toString() {
        StringBuilder sb = new StringBuilder();
        for (int i = 0; i < getVertexCount(); i++) {
            sb.append(vertexAt(i));
            sb.append(" -> ");
            sb.append(Arrays.toString(edgesOf(i)
                    .stream().map(we -> "(" + vertexAt(we.v) + ", " + we.weight
                    + ")").toArray()));
            sb.append(System.lineSeparator());
        }
        return sb.toString();
    }
}
```

Listing 4.8 WeightedGraph.java

Es ist nun tatsächlich möglich, einen gewichteten Graphen zu definieren. Der gewichtete Graph, mit dem wir arbeiten werden, ist eine Darstellung von Abbildung 4.5 mit dem Namen cityGraph2.

```java
    public static void main(String[] args) {
        // Die 15 größten Metropolregionen der USA
        WeightedGraph<String> cityGraph2 = new WeightedGraph<>(
                List.of("Seattle", "San Francisco", "Los Angeles",
    "Riverside", "Phoenix", "Chicago", "Boston", "New York", "Atlanta",
    "Miami", "Dallas", "Houston", "Detroit", "Philadelphia", "Washington"));
        cityGraph2.addEdge("Seattle", "Chicago", 1737);
        cityGraph2.addEdge("Seattle", "San Francisco", 678);
        cityGraph2.addEdge("San Francisco", "Riverside", 386);
        cityGraph2.addEdge("San Francisco", "Los Angeles", 348);
        cityGraph2.addEdge("Los Angeles", "Riverside", 50);
        cityGraph2.addEdge("Los Angeles", "Phoenix", 357);
        cityGraph2.addEdge("Riverside", "Phoenix", 307);
        cityGraph2.addEdge("Riverside", "Chicago", 1704);
        cityGraph2.addEdge("Phoenix", "Dallas", 887);
        cityGraph2.addEdge("Phoenix", "Houston", 1015);
        cityGraph2.addEdge("Dallas", "Chicago", 805);
        cityGraph2.addEdge("Dallas", "Atlanta", 721);
        cityGraph2.addEdge("Dallas", "Houston", 225);
        cityGraph2.addEdge("Houston", "Atlanta", 702);
        cityGraph2.addEdge("Houston", "Miami", 968);
        cityGraph2.addEdge("Atlanta", "Chicago", 588);
        cityGraph2.addEdge("Atlanta", "Washington", 543);
        cityGraph2.addEdge("Atlanta", "Miami", 604);
        cityGraph2.addEdge("Miami", "Washington", 923);
        cityGraph2.addEdge("Chicago", "Detroit", 238);
        cityGraph2.addEdge("Detroit", "Boston", 613);
        cityGraph2.addEdge("Detroit", "Washington", 396);
        cityGraph2.addEdge("Detroit", "New York", 482);
        cityGraph2.addEdge("Boston", "New York", 190);
        cityGraph2.addEdge("New York", "Philadelphia", 81);
        cityGraph2.addEdge("Philadelphia", "Washington", 123);
        System.out.println(cityGraph2);
    }
}
```

Listing 4.9 WeightedGraph.java (Fortsetzung)

Da WeightedGraph die Methode toString() implementiert, können wir cityGraph2 formatiert ausgeben. In der Ausgabe sehen Sie sowohl die Knoten, mit denen jeder Knoten verbunden ist, als auch die Gewichte dieser Verbindungen.

```
Seattle -> [(Chicago, 1737.0), (San Francisco, 678.0)]
San Francisco -> [(Seattle, 678.0), (Riverside, 386.0), (Los Angeles, 348.0)]
Los Angeles -> [(San Francisco, 348.0), (Riverside, 50.0), (Phoenix, 357.0)]
Riverside -> [(San Francisco, 386.0), (Los Angeles, 50.0), (Phoenix, 307.0),
    (Chicago, 1704.0)]
Phoenix -> [(Los Angeles, 357.0), (Riverside, 307.0), (Dallas, 887.0),
    (Houston, 1015.0)]
Chicago -> [(Seattle, 1737.0), (Riverside, 1704.0), (Dallas, 805.0), (Atlanta,
    588.0), (Detroit, 238.0)]
Boston -> [(Detroit, 613.0), (New York, 190.0)]
New York -> [(Detroit, 482.0), (Boston, 190.0), (Philadelphia, 81.0)]
Atlanta -> [(Dallas, 721.0), (Houston, 702.0), (Chicago, 588.0), (Washington,
    543.0), (Miami, 604.0)]
Miami -> [(Houston, 968.0), (Atlanta, 604.0), (Washington, 923.0)]
Dallas -> [(Phoenix, 887.0), (Chicago, 805.0), (Atlanta, 721.0), (Houston,
    225.0)]
Houston -> [(Phoenix, 1015.0), (Dallas, 225.0), (Atlanta, 702.0), (Miami, 968.0)]
Detroit -> [(Chicago, 238.0), (Boston, 613.0), (Washington, 396.0), (New York,
    482.0)]
Philadelphia -> [(New York, 81.0), (Washington, 123.0)]
Washington -> [(Atlanta, 543.0), (Miami, 923.0), (Detroit, 396.0),
    (Philadelphia, 123.0)]
```

4.4.2 Den minimalen Spannbaum finden

Ein *Baum* ist eine bestimmte Art von Graph, in dem es einen – und nur einen – Pfad zwischen zwei beliebigen Knoten gibt. Das bedeutet, dass es in einem Baum keine *Kreise* gibt (was manchmal *azyklisch* genannt wird). Einen Kreis können Sie sich als Schleife vorstellen: Wenn es möglich ist, einen Graphen von einem Startknoten aus zu durchqueren, niemals Kanten zu wiederholen und doch zu demselben Startknoten zurückzukehren, dann hat der Graph einen Kreis. Jeder vollständige Graph, der kein Baum ist, kann durch das Entfernen von Kanten zum Baum werden. Abbildung 4.6 veranschaulicht das Entfernen einer Kante, um einen Graphen in einen Baum umzuwandeln.

4.4 Die Kosten für den Aufbau des Netzwerks minimieren

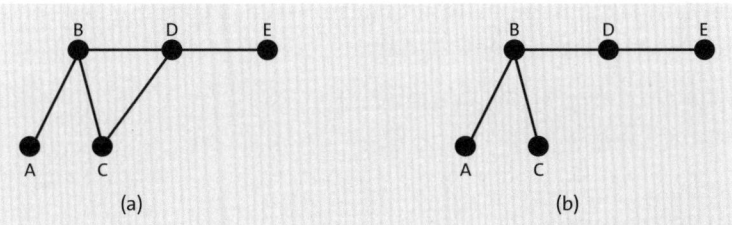

Abbildung 4.6 Im linken Graphen existiert ein Kreis zwischen den Knoten B, C und D, sodass es sich nicht um einen Baum handelt. Im rechten Graphen wurde die Kante zwischen C und D entfernt, sodass der Graph nun ein Baum ist.

Ein *vollständiger Graph* ist ein Graph, in dem es einen Weg von jedem Knoten zu jedem anderen Knoten gibt. (Alle Graphen, die wir in diesem Kapitel betrachten, sind vollständig.) Ein *Spannbaum* (auf Englisch *spanning tree*) ist ein Baum, der alle Knoten im Baum miteinander verbindet. Ein *minimaler Spannbaum* (auf Englisch *minimum spanning tree*, kurz MST) ist ein Baum, der alle Knoten in einem gewichteten Graphen mit minimalem Gesamtgewicht miteinander verbindet (im Vergleich zu anderen Spannbäumen). Für jeden vollständigen gewichteten Graphen ist es möglich, effizient seinen minimalen Spannbaum zu finden.

Oje, was für eine Vielzahl neuer Begriffe! Der Punkt ist, dass das Finden eines minimalen Spannbaums dasselbe ist wie das Finden eines Weges, der alle Knoten in einem gewichteten Graphen mit minimalem Gewicht miteinander verbindet. Dies ist eine wichtige und praktische Aufgabe für alle, die ein Netzwerk planen (Transportnetzwerk, Computernetzwerk und so weiter): Wie kann jeder Knoten im Netzwerk mit minimalen Kosten verbunden werden? Diese Kosten betreffen oft die benötigte Menge an Kabel, Gleis, Straße oder Ähnlichem. Bei einem Telefonnetz kann die Aufgabe wie folgt umformuliert werden: »Was ist die minimale Kabellänge, die zum Verbinden aller Telefone miteinander benötigt wird?«

Das Gesamtgewicht eines gewichteten Pfades berechnen

Bevor wir eine Methode für das Finden eines minimalen Spannbaums entwickeln, schreiben wir eine Funktion, die wir einsetzen können, um das Gesamtgewicht einer Lösung zu testen. Die Lösung des minimalen Spannbaum-Problems besteht aus einer Liste gewichteter Kanten, aus denen der Baum besteht. Für unsere Zwecke stellen wir uns einen `WeightedPath` als Liste von `WeightedEdge`-Objekten vor. Dann definieren wir die Methode `totalWeight()`, die eine Liste aus `WeightedEdges` entgegennimmt und das Gesamtgewicht berechnet, das sich aus der Summe der Gewichte all ihrer Kanten ergibt.

Beachten Sie, dass diese Methode und der restliche Code in diesem Kapitel zur bestehenden Klasse `WeightedGraph` hinzugefügt werden.

```java
public static double totalWeight(List<WeightedEdge> path) {
    return path.stream().mapToDouble(we -> we.weight).sum();
}
```

Listing 4.10 WeightedGraph.java (Fortsetzung)

Der Jarník-Algorithmus

Der Jarník-Algorithmus zum Finden eines minimalen Spannbaums funktioniert, indem er einen Graphen in zwei Teile aufteilt: die Knoten des im Aufbau befindlichen minimalen Spannbaums und die Knoten, die sich noch nicht im minimalen Spannbaum befinden. Er führt die folgenden Schritte durch:

1. einen beliebigen Knoten wählen, der zum minimalen Spannbaum hinzugefügt wird
2. die Kante mit dem geringsten Gewicht finden, die den minimalen Spannbaum mit den Knoten verbindet, die sich noch nicht im minimalen Spannbaum befinden
3. den Knoten am Ende dieser kürzesten Kante zum minimalen Spannbaum hinzufügen
4. die Schritte 2 und 3 wiederholen, bis sich jeder Knoten des Graphen im minimalen Spannbaum befindet

> **Hinweis**
>
> Der Jarník-Algorithmus wird auch oft als Prim-Algorithmus bezeichnet. Zwei tschechische Mathematiker, Otakar Borůvka und Vojtěch Jarník, die sich in den späten 1920ern für die Minimierung der Kosten beim Legen von Stromleitungen interessierten, entwarfen Algorithmen, um die Aufgabe zu lösen, einen minimalen Spannbaum zu finden. Ihre Algorithmen wurden Jahrzehnte später von anderen »wiederentdeckt«.[3]

Um den Jarník-Algorithmus effizient auszuführen, wird eine Prioritätswarteschlange verwendet (mehr über Prioritätswarteschlangen haben Sie in Kapitel 2 erfahren). Jedes Mal, wenn ein neuer Knoten zum minimalen Spannbaum hinzugefügt wird, werden alle seine ausgehenden Kanten, die zu Knoten außerhalb des Baums führen, zur Prioritätswarteschlange hinzugefügt. Es wird jeweils die Kante mit dem niedrigsten Gewicht der Prioritätswarteschlange entnommen, und der Algorithmus wird weiter ausgeführt, bis die Prioritätswarteschlange leer ist. Das sorgt dafür, dass die Kanten mit dem niedrigs-

---

[3] Helena Durnová, »Otakar Borůvka (1899–1995) and the Minimum Spanning Tree« (Institute of Mathematics of the Czech Academy of Sciences, 2006), *http://mng.bz/O2vj*.

ten Gewicht stets zuerst zum Baum hinzugefügt werden. Kanten, die mit bereits im Baum befindlichen Knoten verbunden sind, werden beim Entnehmen ignoriert.

Der folgende Code für mst() ist die vollständige Implementierung des Jarník-Algorithmus,[4] zusammen mit einer Hilfsfunktion für die Ausgabe eines gewichteten Pfads.

> **Warnung**
> Der Jarník-Algorithmus wird in einem Graphen mit gerichteten Kanten nicht unbedingt korrekt arbeiten. Auch in einem nicht vollständigen Graphen kann er nicht funktionieren.

```java
public List<WeightedEdge> mst(int start) {
    LinkedList<WeightedEdge> result = new LinkedList<>(); // mst
    if (start < 0 || start > (getVertexCount() - 1)) {
        return result;
    }
    PriorityQueue<WeightedEdge> pq = new PriorityQueue<>();
    boolean[] visited = new boolean[getVertexCount()]; // Wo wir schon waren

    // Entspricht einer inneren "visit"-Funktion
    IntConsumer visit = index -> {
        visited[index] = true; // Als besucht markieren
        for (WeightedEdge edge : edgesOf(index)) {
            // Alle von hier abgehenden Kanten zu pq hinzufügen
            if (!visited[edge.v]) {
                pq.offer(edge);
            }
        }
    };

    visit.accept(start); // Beim ersten Knoten beginnt alles
    while (!pq.isEmpty()) {
    // Weiter, solange es noch Knoten zu verarbeiten gibt
        WeightedEdge edge = pq.poll();
        if (visited[edge.v]) {
            continue; // Niemals erneut besuchen
        }
        // Aktuell kürzeste Kante zur Lösung hinzufügen
```

---

[4] Inspiriert durch eine Lösung von Robert Sedgewick und Kevin Wayne, *Algorithms*, 4. Auflage (Addison-Wesley Professional, 2011), Seite 619.

```java
            result.add(edge);
            visit.accept(edge.v); // Verbindungen dieses Knotens besuchen
        }

        return result;
    }

    public void printWeightedPath(List<WeightedEdge> wp) {
        for (WeightedEdge edge : wp) {
            System.out.println(vertexAt(edge.u) + " "
                + edge.weight + "> " + vertexAt(edge.v));
        }
        System.out.println("Totales Gewicht: " + totalWeight(wp));
    }
```

Listing 4.11 WeightedGraph.java (Fortsetzung)

Schauen wir uns mst() Zeile für Zeile an.

```java
public List<WeightedEdge> mst(int start) {
    LinkedList<WeightedEdge> result = new LinkedList<>(); // mst
    if (start < 0 || start > (getVertexCount() - 1)) {
        return result;
    }
```

Der Algorithmus gibt einen gewichteten Pfad (List<WeightedEdge>) zurück, der den minimalen Spannbaum darstellt. Sollte der start ungültig sein, gibt mst() eine leere Liste zurück. result enthält schließlich den gewichteten Pfad, der dem minimalen Spannbaum entspricht. Dort fügen wir WeightedEdge-Objekte hinzu, wenn die Kante mit dem niedrigsten Gewicht entnommen wird und uns zu einem neuen Teil des Graphen führt.

```java
PriorityQueue<WeightedEdge> pq = new PriorityQueue<>();
boolean[] visited = new boolean[getVertexCount()]; // Gesehen
```

Der Jarník-Algorithmus gilt als *Greedy-Algorithmus* (oder auch *gieriger Algorithmus*), weil er immer die Kante mit dem niedrigsten Gewicht auswählt. pq ist der Ort, wo neu entdeckte Kanten gespeichert werden und von wo die nächste Kante mit dem niedrigsten Gewicht entnommen wird. visited merkt sich die Indizes von Knoten, die wir bereits besucht haben. Dies ließe sich auch mit einem Set bewerkstelligen, ähnlich wie bei der Methode explored in bfs().

```
IntConsumer visit = index -> {
    visited[index] = true; // Als besucht markieren
    for (WeightedEdge edge : edgesOf(index)) {
        // Alle Kanten hinzufügen, die von hier kommen
        if (!visited[edge.v]) {
            pq.offer(edge);
        }
    }
};
```

visit ist eine innere Hilfsfunktion, die einen Knoten als besucht markiert und alle seine Kanten, die Verbindungen zu noch nicht besuchten Knoten darstellen, zu pq hinzufügt. visit ist als IntConsumer implementiert. Dies ist einfach eine Function, die einen int-Wert als ihren einzigen Parameter akzeptiert. In diesem Fall entspricht dieser int-Wert dem Index des zu besuchenden Knotens. Beachten Sie, wie einfach das Adjazenzlistenmodell es macht, Kanten zu finden, die zu einem bestimmten Knoten gehören.

```
visit.accept(start); // Beim ersten Knoten beginnt alles
```

accept() ist die IntConsumer-Methode, die dafür sorgt, dass ihre assoziierte Funktion mit dem angegebenen int-Parameter aufgerufen wird. Es spielt keine Rolle, welcher Knoten zuerst besucht wird, es sei denn, der Graph ist nicht vollständig. Wenn der Graph nicht vollständig ist, sondern stattdessen aus unverbundenen *Komponenten* besteht, gibt mst() einen Baum zurück, der diejenige Komponente umfasst, zu der der Startknoten gehört.

```
while (!pq.isEmpty()) { // Weiter, solange es noch Knoten zu verarbeiten gibt
    WeightedEdge edge = pq.poll();
    if (visited[edge.v]) {
        continue; // Nicht erneut besuchen
    }
    // Aktuell kürzeste Kante zur Lösung hinzufügen
    result.add(edge);
    visit.accept(edge.v); // Verbindungen dieses Knotens besuchen
}

return result;
```

Solange sich noch Kanten in der Prioritätswarteschlange befinden, entnehmen wir sie und prüfen, ob sie zu noch nicht im Baum befindlichen Knoten führen. Da die Prioritätswarteschlange aufsteigend sortiert wird, gibt sie zuerst die Kanten mit den niedrigsten

Gewichten heraus. Dies sorgt dafür, dass das Ergebnis tatsächlich das niedrigste Gesamtgewicht hat. Jede entnommene Kante, die nicht zu einem unerforschten Knoten führt, wird ignoriert. Andernfalls wird die Kante, da sie die kürzeste bisher bekannte ist, zur Ergebnismenge hinzugefügt, und der neue Knoten, zu dem sie führt, wird untersucht. Wenn es keine Kanten mehr zu erforschen gibt, wird das Ergebnis zurückgegeben.

Wie versprochen kehren wir nun zu der Aufgabe zurück, die 15 größten Metropolregionen in den Vereinigten Staaten alle durch die Hyperloop zu verbinden und dabei die kleinstmögliche Menge an Gleis zu verwenden. Die Route, die diese Vorgabe erfüllt, ist einfach der minimale Spannbaum von cityGraph2. Versuchen wir, mst() für cityGraph2 auszuführen, indem wir main() ergänzen.

```
List<WeightedEdge> mst = cityGraph2.mst(0);
cityGraph2.printWeightedPath(mst);
```

Listing 4.12 WeightedGraph.java (Fortsetzung)

Dank der Pretty-Print-Methode `printWeightedPath()` ist der minimale Spannbaum einfach zu lesen.

```
Seattle 678.0> San Francisco
San Francisco 348.0> Los Angeles
Los Angeles 50.0> Riverside
Riverside 307.0> Phoenix
Phoenix 887.0> Dallas
Dallas 225.0> Houston
Houston 702.0> Atlanta
Atlanta 543.0> Washington
Washington 123.0> Philadelphia
Philadelphia 81.0> New York
New York 190.0> Boston
Washington 396.0> Detroit
Detroit 238.0> Chicago
Atlanta 604.0> Miami
Total Weight: 5372.0
```

Dies ist mit anderen Worten die kumulierte kürzeste Sammlung von Kanten, die alle Metropolregionen im gewichteten Graphen miteinander verbinden. Die Mindestlänge an Gleis, die benötigt wird, um sie alle zu verbinden, beträgt 5.372 Meilen. Abbildung 4.7 veranschaulicht den minimalen Spannbaum.

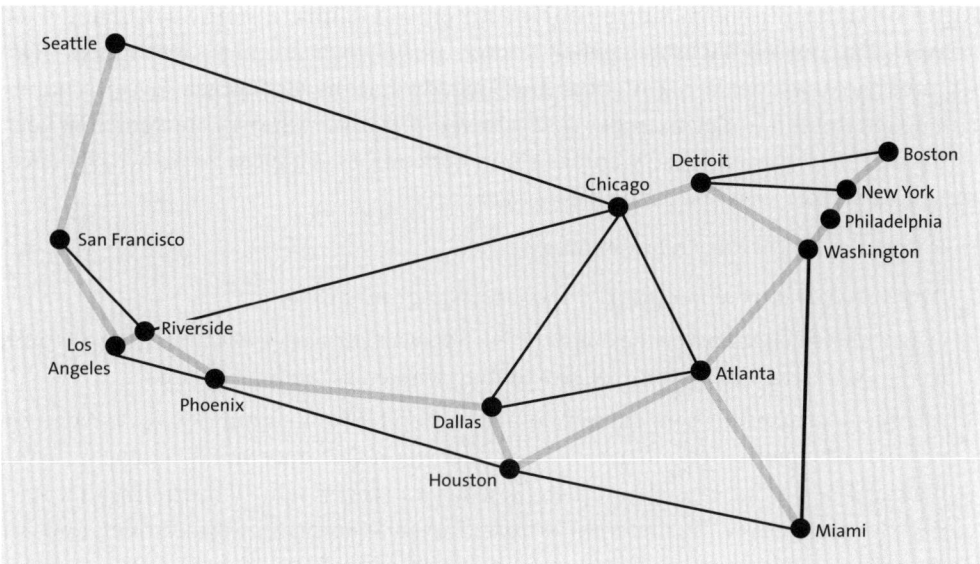

Abbildung 4.7 Die hervorgehobenen Kanten stellen einen minimalen Spannbaum dar, der alle 15 Metropolregionen miteinander verbindet.

4.5 Den kürzesten Pfad in einem gewichteten Graphen finden

Wenn das Hyperloop-Netzwerk gebaut wird, ist es unwahrscheinlich, dass seine Erbauer den Eifer haben werden, das ganze Land auf einmal miteinander zu verbinden. Stattdessen ist es wahrscheinlich, dass sie die Kosten für den Bau der Strecken zwischen Schlüsselstädten minimieren wollen. Die Kosten zur Erweiterung des Netzwerks um bestimmte Städte hängt verständlicherweise davon ab, wo die Erbauer beginnen.

Die Kosten zu einer beliebigen Stadt von irgendeiner Start-Stadt aus zu finden, ist eine Version des »Single source shortest path«-Problems. Dieses Problem fragt: »Was ist der kürzeste Pfad (in Bezug auf Gesamtkosten der Kanten) von einem Knoten zu jedem anderen Knoten in einem gewichteten Pfad?«

4.5.1 Der Dijkstra-Algorithmus

Der Dijkstra-Algorithmus löst das Single-source-shortest-path-Problem. Diesem wird ein Startknoten übergeben, und er gibt den Pfad mit dem geringsten Gewicht zu jedem anderen Knoten eines gewichteten Graphen zurück. Er gibt auch das minimale Gesamtgewicht für den Weg vom Startknoten zu jedem anderen Knoten zurück. Der Dijkstra-

Algorithmus beginnt beim Single-Source-Knoten und erforscht dann nacheinander die vom Startknoten aus nächstgelegenen Knoten. Aus diesem Grund ist der Dijkstra-Algorithmus genau wie der Jarník-Algorithmus »greedy«. Wenn der Dijkstra-Algorithmus einen neuen Knoten findet, merkt er sich, wie weit dieser vom Startknoten entfernt liegt, und aktualisiert diesen Wert, wenn er einen kürzeren Pfad findet. Er merkt sich auch, welche Kante ihn zum jeweiligen Knoten geführt hat.

Hier sind alle Schritte des Algorithmus:

1. den Startknoten zu einer Prioritätswarteschlange hinzufügen
2. Den nächstgelegenen Knoten aus der Prioritätswarteschlange entnehmen (zu Beginn ist dies nur der Startknoten); diesen nennen wir den aktuellen Knoten.
3. Alle Nachbarn betrachten, die mit dem aktuellen Knoten verbunden sind. Wenn sie bisher noch nicht aufgezeichnet wurden oder wenn die Kante einen neuen kürzesten Pfad zu ihnen eröffnet, dann werden für jeden von ihnen seine Entfernung vom Start und die Kante, über die diese Entfernung zustande kommt, aufgezeichnet, und der neue Knoten wird zur Prioritätswarteschlange hinzugefügt.
4. die Schritte 2 und 3 wiederholen, bis die Prioritätswarteschlange leer ist
5. die kürzeste Distanz zu jedem Knoten vom Startknoten aus und den Pfad, um zu jedem von ihnen zu gelangen, zurückgeben

Unser Code für den Dijkstra-Algorithmus enthält `DijkstraNode`, eine einfache Datenstruktur zum Speichern und Vergleichen von Kosten, die mit jedem bereits erforschten Knoten verbunden sind. Dies ähnelt der Klasse `Node` in Kapitel 2, »Suchaufgaben«. Zudem enthält er auch `DijkstraResult`, eine Klasse zur Verknüpfung der vom Algorithmus berechneten Distanzen und der vom Algorithmus berechneten Pfade. Und schließlich enthält er Hilfsfunktionen, die das zurückgegebene Array von Entfernungen in etwas Einfacheres umrechnen, das sich zum Nachschlagen von Knoten und zur Berechnung eines kürzesten Pfades aus dem Pfad-Dictionary eignet, das von `dijkstra()` zurückgegeben wird.

Ohne weitere Einleitung sehen Sie hier den Code für den Dijkstra-Algorithmus. Wir gehen ihn nachher Zeile für Zeile durch. Der gesamte Code befindet sich innerhalb von `WeightedGraph`.

```java
public static final class DijkstraNode implements Comparable<DijkstraNode> {
    public final int vertex;
    public final double distance;

    public DijkstraNode(int vertex, double distance) {
        this.vertex = vertex;
```

4.5 Den kürzesten Pfad in einem gewichteten Graphen finden

```java
            this.distance = distance;
        }

        @Override
        public int compareTo(DijkstraNode other) {
            Double mine = distance;
            Double theirs = other.distance;
            return mine.compareTo(theirs);
        }
    }

    public static final class DijkstraResult {
        public final double[] distances;
        public final Map<Integer, WeightedEdge> pathMap;

        public DijkstraResult(double[] distances,
         Map<Integer, WeightedEdge> pathMap) {
            this.distances = distances;
            this.pathMap = pathMap;
        }
    }

    public DijkstraResult dijkstra(V root) {
        int first = indexOf(root); // Den Startindex finden
        // Die Entfernungen sind zunächst unbekannt
        double[] distances = new double[getVertexCount()];
        distances[first] = 0; // Die Wurzel ist 0 von der Wurzel entfernt
        boolean[] visited = new boolean[getVertexCount()];
        visited[first] = true;
        // Wie wir zu jedem Knoten gelangten
        HashMap<Integer, WeightedEdge> pathMap = new HashMap<>();
        PriorityQueue<DijkstraNode> pq = new PriorityQueue<>();
        pq.offer(new DijkstraNode(first, 0));

        while (!pq.isEmpty()) {
            int u = pq.poll().vertex;
            // Den nächstgelegenen Knoten erforschen
            double distU = distances[u]; // Sollten wir bereits gesehen haben
            // Alle Kanten/Knoten vom fraglichen Knoten aus betrachten
            for (WeightedEdge we : edgesOf(u)) {
```

```java
            // Die alte Entfernung zu diesem Knoten
            double distV = distances[we.v];
            // Die neue Entfernung zu diesem Knoten
            double pathWeight = we.weight + distU;
            // Neuer Knoten oder kürzerer Pfad gefunden?
            if (!visited[we.v] || (distV > pathWeight)) {
                visited[we.v] = true;
                // Entfernung zu diesem Knoten aktualisieren
                distances[we.v] = pathWeight;
                // Kante auf den kürzesten Pfad aktualisieren
                pathMap.put(we.v, we);
                // Diesen Knoten bald erforschen
                pq.offer(new DijkstraNode(we.v, pathWeight));
            }
        }
    }

    return new DijkstraResult(distances, pathMap);
}

// Hilfsfunktion, um einfacher auf die Dijkstra-Ergebnisse zuzugreifen
public Map<V, Double> distanceArrayToDistanceMap(double[] distances) {
    HashMap<V, Double> distanceMap = new HashMap<>();
    for (int i = 0; i < distances.length; i++) {
        distanceMap.put(vertexAt(i), distances[i]);
    }
    return distanceMap;
}

// Nimmt ein Dictionary von Kanten zum Erreichen jedes Knoten entgegen und
// gibt eine Liste von Kanten zurück, die von *start* zu *end* führen
public static List<WeightedEdge> pathMapToPath(int start, int end,
 Map<Integer, WeightedEdge> pathMap) {
    if (pathMap.size() == 0) {
        return List.of();
    }
    LinkedList<WeightedEdge> path = new LinkedList<>();
    WeightedEdge edge = pathMap.get(end);
    path.add(edge);
    while (edge.u != start) {
```

```
            edge = pathMap.get(edge.u);
            path.add(edge);
        }
        Collections.reverse(path);
        return path;
    }
```

Listing 4.13 WeightedGraph.java (Fortsetzung)

Die ersten paar Zeilen von dijkstra() verwenden Datenstrukturen, mit denen Sie bereits vertraut sind, mit Ausnahme von distances, einem Platzhalter für die Entfernungen zu jedem Knoten im Graphen von der root aus. Anfangs sind alle diese Entfernungen 0, weil wir noch nicht wissen, wie lang jede von ihnen ist; schließlich benutzen wir den Dijkstra-Algorithmus, um genau das herauszufinden!

```
    public DijkstraResult dijkstra(V root) {
        int first = indexOf(root); // Den Startindex finden
        // Entfernungegn sind zunächst unbekannt
        double[] distances = new double[getVertexCount()];
        distances[first] = 0; // Entfernung von der Wurzel zur Wurzel
        boolean[] visited = new boolean[getVertexCount()];
        visited[first] = true;
        // Wie wir zu jedem Knote gelangten
        HashMap<Integer, WeightedEdge> pathMap = new HashMap<>();
        PriorityQueue<DijkstraNode> pq = new PriorityQueue<>();
        pq.offer(new DijkstraNode(first, 0));
```

Der erste in die Prioritätswarteschlange gestellte Knoten enthält den Startknoten.

```
        while (!pq.isEmpty()) {
            int u = pq.poll().vertex; // Den nächstgelegenen Knoten erforschen
            double distU = distances[u]; // Sollten wir bereits gesehen haben
```

Wir führen den Dijkstra-Algorithmus weiter aus, bis die Prioritätswarteschlange leer ist. u ist der aktuelle Knoten, von dem aus wir suchen, und distU ist die gespeicherte Entfernung, mit der man über bekannte Routen zu u gelangt. Jeder in diesem Stadium erforschte Knoten wurde bereits gefunden, muss also bereits eine bekannte Entfernung haben.

```
            // Alle Kanten/Knoten vom betreffenden Knoten aus betrachten
            for (WeightedEdge we : edgesOf(u)) {
                // Die alte Entfernung zu diesem Knoten
                double distV = distances[we.v];
                // Die neue Entfernung zu diesem Knoten
                double pathWeight = we.weight + distU;
```

Als Nächstes wird jede mit u verbundene Kante erforscht. distV ist die Distanz zu jedem bekannten Knoten, der durch eine Kante mit u verbunden ist. pathWeight ist die Entfernung mit der neu untersuchten Route.

```
                // Neuen Knoten oder kürzeren Pfad gefunden?
                if (!visited[we.v] || (distV > pathWeight)) {
                    visited[we.v] = true;
                    // Entfernung zu diesem Knoten aktualisieren
                    distances[we.v] = pathWeight;
                    // Kante auf den kürzesten Pfad aktualisieren
                    pathMap.put(we.v, we);
                    // Diesen Knoten bald erforschen
                    pq.offer(new DijkstraNode(we.v, pathWeight));
                }
```

Wenn wir einen Knoten, der noch nicht erforscht wurde (!visited[we.v]), oder einen neuen, kürzeren Pfad zu diesem gefunden haben (distV > pathWeight), zeichnen wir diese neue kürzeste Entfernung zu v und den Knoten, der uns dorthin geführt hat, auf. Schließlich schieben wir sämtliche Knoten mit neuen Pfaden in die Prioritätswarteschlange.

```
    return new DijkstraResult(distances, pathMap);
```

dijkstra() gibt sowohl die Entfernungen vom Wurzelknoten zu jedem Knoten im gewichteten Graphen zurück als auch pathMap, das die kürzesten Pfade zu ihnen eröffnet.

Es ist jetzt möglich, den Dijkstra-Algorithmus auszuführen. Wir beginnen, indem wir die Entfernung von Los Angeles zu jeder Metropolregion im Graphen finden. Dann finden wir den kürzesten Pfad zwischen Los Angeles und Boston. Schließlich verwenden wir printWeightedPath(), um das Ergebnis wohlformatiert auszugeben. Der nachfolgende Code gehört in main().

```
System.out.println(); // Entfernung

DijkstraResult dijkstraResult = cityGraph2.dijkstra("Los Angeles");
```

4.5 Den kürzesten Pfad in einem gewichteten Graphen finden

```
Map<String, Double> nameDistance =
 cityGraph2.distanceArrayToDistanceMap(dijkstraResult.distances);
System.out.println("Entfernungen von Los Angeles:");
nameDistance.forEach((name, distance) ->
 System.out.println(name + " : " + distance));

System.out.println(); // Leerzeile

System.out.println("Kürzeste Route von Los Angeles nach Boston:");
List<WeightedEdge> path =
 pathMapToPath(cityGraph2.indexOf("Los Angeles"), cityGraph2.indexOf("Boston"),
dijkstraResult.pathMap);
cityGraph2.printWeightedPath(path);
```

Listing 4.14 WeightedGraph.java (Fortsetzung)

Ihre Ausgabe sollte etwa so aussehen:

```
Entfernungen von Los Angeles:

New York : 2474.0
Detroit : 1992.0
Seattle : 1026.0
Chicago : 1754.0
Washington : 2388.0
Miami : 2340.0
San Francisco : 348.0
Atlanta : 1965.0
Phoenix : 357.0
Los Angeles : 0.0
Dallas : 1244.0
Philadelphia : 2511.0
Riverside : 50.0
Boston : 2605.0
Houston : 1372.0

Kürzester Pfad von Los Angeles nach Boston:

Los Angeles 50.0> Riverside
Riverside 1704.0> Chicago
Chicago 238.0> Detroit
```

```
Detroit 613.0> Boston
Total Weight: 2605.0
```

Sie haben vielleicht gemerkt, dass der Dijkstra-Algorithmus einige Ähnlichkeiten mit dem Jarník-Algorithmus aufweist. Beide sind »greedy«, und es ist möglich, sie mithilfe recht ähnlichen Codes zu implementieren, wenn man hinreichend dazu motiviert ist. Ein weiterer Algorithmus, dem der Dijkstra-Algorithmus ähnelt, ist A* aus Kapitel 2, »Suchaufgaben«. A* kann man sich als Modifikation des Dijkstra-Algorithmus vorstellen. Fügen Sie eine Heuristik hinzu, und beschränken Sie den Dijkstra-Algorithmus darauf, ein einziges Ziel zu finden, und die beiden Algorithmen sind identisch.

> **Hinweis**
>
> Der Dijkstra-Algorithmus wurde für Graphen mit positiven Gewichten entworfen. Graphen mit negativ gewichteten Kanten können eine Herausforderung für den Dijkstra-Algorithmus darstellen und erfordern entweder Modifikationen oder einen alternativen Algorithmus.

4.6 Graphenprobleme im Alltag

Ein Großteil unserer Welt kann mithilfe von Graphen dargestellt werden. Sie haben in diesem Kapitel gesehen, wie effektiv sie für die Arbeit mit Transportnetzwerken sind, aber viele andere Arten von Netzwerken haben dieselben grundlegenden Optimierungsprobleme: Telefonnetzwerke, Computernetzwerke, Versorgungsnetzwerke (Elektrizität, Wasser und so weiter). Im Ergebnis sind Graphenalgorithmen unerlässlich für die Effizienz in der Telekommunikations-, Liefer-, Transport- und Versorgungsindustrie.

Händler müssen komplexe Vertriebsaufgaben lösen. Läden und Warenhäuser kann man sich als Knoten vorstellen und die Entfernungen zwischen ihnen als Kanten. Die Algorithmen sind dieselben. Das Internet selbst ist ein gigantischer Graph, in dem jedes verbundene Gerät einen Knoten und jede verkabelte oder kabellose Verbindung eine Kante darstellt. Ob eine Firma nun Kraftstoff oder Kabel sparen möchte: Problemlösungen für den minimalen Spannbaum und den kürzesten Pfad sind für mehr als nur Spiele hilfreich. Einige der berühmtesten Marken der Welt wurden durch die Optimierung von Graphenproblemen erfolgreich: Denken Sie an Walmart, wo ein effizientes Vertriebsnetz aufgebaut wurde, an Google, wo das Web (ein riesiger Graph) indiziert wird, oder an FedEx, wo die richtige Menge an Verteilzentren gefunden wurde, um die Adressen der Welt miteinander zu verbinden.

Zu weiteren offensichtlichen Anwendungen von Graphenalgorithmen zählen soziale Netzwerke und Landkarten-Apps. In einem sozialen Netzwerk sind Personen Knoten, und Verbindungen (etwa Freundschaften auf Facebook) sind Kanten. Tatsächlich heißt eines der bekanntesten Entwicklertools von Facebook Graph API (*https://developers.facebook.com/docs/graph-api*). In Landkarten-Apps wie Apple Maps und Google Maps werden Graphenalgorithmen verwendet, um Routen zu planen und Reisezeiten zu berechnen.

Einige beliebte Videospiele machen ebenfalls explizit Gebrauch von Graphenalgorithmen. Mini-Metro und Ticket to Ride sind zwei Beispiele für Spiele, die den in diesem Kapitel gelösten Problemen sehr nahekommen.

4.7 Übungsaufgaben

1. Fügen Sie Funktionen zum Entfernen von Kanten und Knoten zum Graphen-Framework hinzu.
2. Fügen Sie zum Graphen-Framework Funktionalität für gerichtete Graphen (Digraphen) hinzu.
3. Verwenden Sie das Graphen-Framework aus diesem Kapitel, um das klassische Königsberger Brückenproblem zu beweisen oder zu widerlegen; hier die Beschreibung auf Wikipedia: *https://de.wikipedia.org/wiki/Königsberger_Brückenproblem*.

Kapitel 5
Genetische Algorithmen

Genetische Algorithmen werden nicht für alltägliche Programmieraufgaben eingesetzt. Sie werden benötigt, wenn traditionelle algorithmische Ansätze unzureichend sind, innerhalb einer vertretbaren Zeit eine Lösung für ein Problem zu finden. Genetische Algorithmen sind mit anderen Worten komplexen Problemen ohne einfache Lösungen vorbehalten. Wenn Sie eine Vorstellung davon brauchen, was einige dieser komplexen Probleme sein könnten, lesen Sie gern zuerst Abschnitt 5.7, »Genetische Algorithmen im Alltag«, bevor Sie fortfahren. Ein interessantes Beispiel ist jedoch Protein-Ligand-Docking und Wirkstoffdesign. Bioinformatiker müssen Moleküle entwerfen, die an Rezeptoren andocken, um Wirkstoffe zu liefern. Es mag keine offensichtlichen Algorithmen für das Design eines bestimmten Moleküls geben, aber wie Sie sehen werden, können genetische Algorithmen manchmal eine Antwort liefern, ohne dass über die grundlegende Definition des Aufgabenziels hinaus viel Steuerungsaufwand nötig wäre.

5.1 Biologischer Hintergrund

In der Biologie ist die Evolutionstheorie eine Erklärung dafür, wie genetische Mutation in Verbindung mit den Bedingungen einer Umgebung im Laufe der Zeit zu Veränderungen in Organismen führt (einschließlich Artenbildung – der Entstehung neuer Spezies). Der Mechanismus, durch den gut angepasste Organismen Erfolg haben und weniger gut angepasste scheitern, wird als *natürliche Auslese* bezeichnet. Jede Generation einer Spezies wird Individuen mit unterschiedlichen (und manchmal neuen) Merkmalen enthalten, die durch genetische Mutation entstehen. Alle Individuen wetteifern zum Überleben um limitierte Ressourcen, und da es mehr Individuen als Ressourcen gibt, müssen einige Individuen sterben.

Ein Individuum mit einer Mutation, die es besser an das Überleben in seiner Umgebung anpasst, hat eine höhere Wahrscheinlichkeit, zu überleben und sich fortzupflanzen. Über die Zeit werden die besser angepassten Individuen in einer Umgebung mehr Kinder haben und ihre Mutationen durch Vererbung an diese Kinder weitergeben. Deshalb ist es wahrscheinlich, dass eine Mutation, die dem Überleben dient, sich letztendlich in einer Population ausbreitet.

Wenn Bakterien beispielsweise durch ein bestimmtes Antibiotikum getötet werden und ein individuelles Bakterium in der Population eine Mutation in einem Gen aufweist, die es widerstandsfähiger gegenüber dem Antibiotikum macht, ist es wahrscheinlicher, dass es überlebt und sich fortpflanzt. Wenn das Antibiotikum über die Zeit kontinuierlich angewendet wird, werden sich die Nachkommen, die das Gen für die Antibiotika-Resistenz geerbt haben, ebenfalls mit höherer Wahrscheinlichkeit fortpflanzen und selbst Kinder haben. Schließlich kann die gesamte Population die Mutation besitzen, da der fortdauernde Angriff des Antibiotikums die Individuen ohne die Mutation tötet. Das Antibiotikum ruft die Mutation nicht hervor, aber es führt zur Ausbreitung von Individuen mit der Mutation.

Natürliche Auslese wurde auf Bereiche außerhalb der Biologie übertragen. Sozialdarwinismus ist die Anwendung der natürlichen Auslese auf den Bereich der Gesellschaftstheorie. In der Informatik sind genetische Algorithmen eine Simulation der natürlichen Auslese, um Herausforderungen der Computeranwendung zu meistern.

Ein genetischer Algorithmus umfasst eine *Population* (Gruppe) von Individuen, die *Chromosomen* genannt werden. Die Chromosomen, jeweils aus *Genen* zusammengesetzt, die ihre Merkmale bestimmen, wetteifern miteinander darum, ein bestimmtes Problem zu lösen. Wie gut ein Chromosom ein Problem löst, wird durch eine *Fitnessfunktion* definiert.

Der genetische Algorithmus durchläuft *Generationen*. In jeder Generation werden die Chromosomen, die fitter (besser angepasst) sind, mit größerer Wahrscheinlichkeit zur Fortpflanzung *ausgewählt*. Außerdem besteht in jeder Generation die Wahrscheinlichkeit, dass die Gene zweier Chromosomen kombiniert werden. Dies wird *Crossover* genannt. Und schließlich besteht in jeder Generation die wichtige Möglichkeit, dass ein Gen in einem Chromosom *mutiert* (sich zufällig ändert).

Nachdem die Fitnessfunktion irgendeines Individuums in der Population einen festgelegten Schwellenwert überschreitet oder der Algorithmus eine festgelegte Höchstzahl von Generationen durchlaufen hat, wird das beste Individuum (dasjenige, das die höchste Punktzahl in der Fitnessfunktion erreicht hat) zurückgegeben.

Genetische Algorithmen sind nicht für alle Probleme eine gute Lösung. Sie hängen von drei teilweise oder vollständig *stochastischen* (durch Zufall bestimmten) Operationen ab: Selektion, Crossover und Mutation. Deshalb kann es sein, dass sie nicht innerhalb einer vertretbaren Zeitspanne eine Lösung finden. Für die meisten Aufgaben existieren deterministischere Algorithmen mit besseren Aussichten. Aber es gibt Aufgaben, für die kein schneller deterministischer Algorithmus bekannt ist. In diesen Fällen sind genetische Algorithmen eine gute Wahl.

5.2 Ein generischer genetischer Algorithmus

Genetische Algorithmen sind oft hochgradig spezialisiert und auf eine bestimmte Anwendung abgestimmt. In diesem Kapitel definieren wir einen generischen genetischen Algorithmus, der sich auf mehrere Aufgaben anwenden lässt, ohne besonders gut auf irgendeine von ihnen abgestimmt zu sein. Der Algorithmus enthält einige konfigurierbare Optionen, aber Ziel ist es, seine Grundprinzipien und nicht seine Anpassbarkeit zu demonstrieren.

Wir beginnen damit, eine Schnittstelle für die Individuen zu definieren, mit denen der generische genetische Algorithmus arbeiten kann. Die abstrakte Klasse Chromosome definiert fünf grundlegende Features. Ein Chromosom muss in der Lage sein, Folgendes zu tun:

- seine eigene Fitness ermitteln
- Crossover implementieren (sich selbst mit einer anderen Instanz desselben Typs kombinieren, um Kinder zu erzeugen) – mit anderen Worten, sich selbst mit einem anderen Chromosom mischen
- mutieren – eine kleine, ausreichend zufällige Änderung an sich selbst vornehmen
- sich selbst kopieren
- sich selbst mit anderen Chromosomen desselben Typs vergleichen

Hier ist der Code für Chromosome, der diese fünf Anforderungen berücksichtigt.

```
package chapter5;

import java.util.List;

public abstract class Chromosome<T extends Chromosome<T>>
 implements Comparable<T> {
    public abstract double fitness();

    public abstract List<T> crossover(T other);

    public abstract void mutate();

    public abstract T copy();
```

```java
    @Override
    public int compareTo(T other) {
        Double mine = this.fitness();
        Double theirs = other.fitness();
        return mine.compareTo(theirs);
    }
}
```

Listing 5.1 Chromosome.java

> **Hinweis**
> Wie Sie sehen, ist der generische Typ T von Chromosome an Chromosome gebunden (Chromosome<T extends Chromosome<T>>). Das heißt, dass alles, was für den Typ T eingesetzt wird, eine Unterklasse von Chromosome sein muss. Dies ist für die Methoden crossover(), copy() und compareTo() hilfreich, da die Implementationen dieser Methoden relativ zu anderen Chromosomen desselben Typs erfolgen sollen.

Wir implementieren den Algorithmus selbst (den Code, der Chromosomen manipulieren soll) als generische Klasse, die offen für künftige spezialisierte Anwendungen ist. Bevor wir das jedoch tun, lassen Sie uns noch einmal die Beschreibung eines genetischen Algorithmus vom Anfang des Kapitels betrachten und genau die Schritte definieren, die ein genetischer Algorithmus ausführt:

1. Erzeuge eine Anfangspopulation zufälliger Chromosomen als erste Generation des Algorithmus.
2. Miss die Fitness jedes Chromosoms in dieser Generation der Population. Wenn einer von ihnen den Schwellenwert überschreitet, gib ihn zurück, und der Algorithmus endet.
3. Wähle einige Individuen zur Reproduktion aus, wobei für diejenigen mit der höchsten Fitness eine höhere Wahrscheinlichkeit besteht.
4. Kombiniere (Crossover) mit einer gewissen Wahrscheinlichkeit einige der ausgewählten Chromosomen, um Kinder zu erzeugen, die die Population der nächsten Generation darstellen.
5. Mutiere einige dieser Chromosomen, üblicherweise mit geringer Wahrscheinlichkeit. Die Population der neuen Generation ist nun vollständig und ersetzt die Population der vorigen Generation.
6. Kehre zu Schritt 2 zurück, es sei denn, die Höchstzahl an Generationen wurde erreicht. In diesem Fall gib das beste bisher gefundene Chromosom zurück.

Diesem allgemeinen Entwurf eines genetischen Algorithmus (veranschaulicht in Abbildung 5.1) fehlen zahlreiche wichtige Details. Wie viele Chromosomen sollten sich in der Population befinden? Welcher Schwellenwert stoppt den Algorithmus? Wie sollten die Chromosomen zur Reproduktion ausgewählt werden? Wie sollten sie kombiniert werden (Crossover) und mit welcher Wahrscheinlichkeit? Mit welcher Wahrscheinlichkeit sollten Mutationen auftreten? Wie viele Generationen sollten durchlaufen werden?

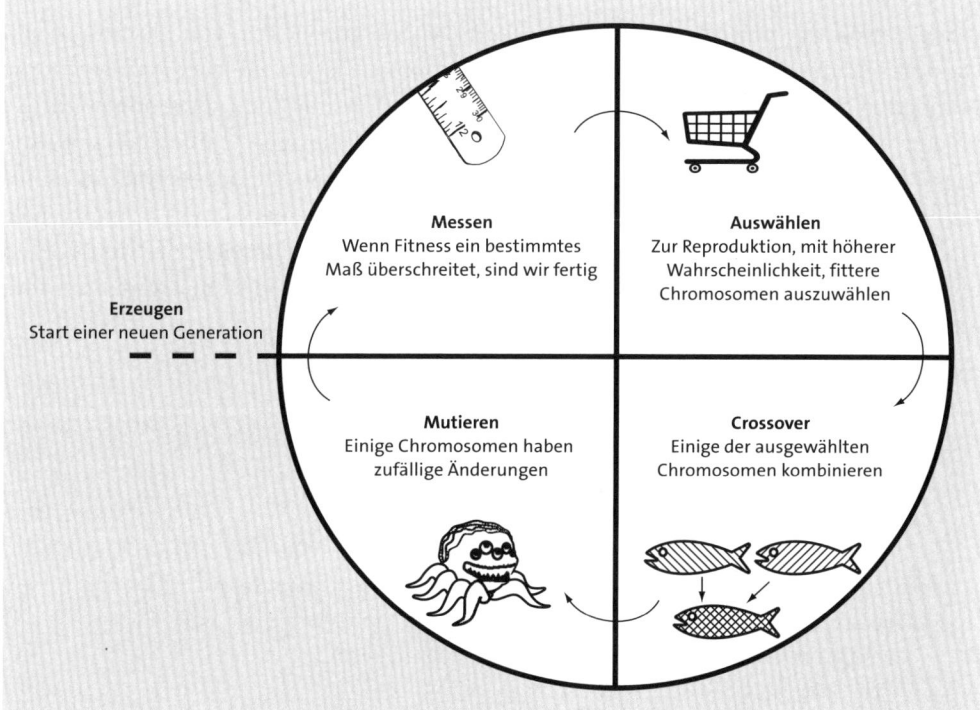

Abbildung 5.1 Allgemeiner Entwurf eines genetischen Algorithmus

All diese Punkte werden in unserer Klasse `GeneticAlgorithm` konfigurierbar sein. Wir definieren sie einzeln, damit wir jeden Teil separat besprechen können.

```java
package chapter5;

import java.util.ArrayList;
import java.util.Collections;
import java.util.List;
import java.util.Random;
```

```java
public class GeneticAlgorithm<C extends Chromosome<C>> {

    public enum SelectionType {
        ROULETTE, TOURNAMENT;
    }
```
Listing 5.2 GeneticAlgorithm.java

GeneticAlgorithm nimmt einen generischen Typ entgegen, der von Chromosome abstammt und dessen Name C ist. Die Enum SelectionType ist ein interner Typ, der für die Festlegung der vom Algorithmus verwendeten Selektionsmethode verwendet wird. Die beiden verbreitetsten Selektionsmethoden für genetische Algorithmen heißen *Roulette-Wheel-Selektion* (manchmal auch *fitnessproportionale Selektion* genannt) und *Tournament-Selektion*. Erstere gibt jedem Chromosom eine zu seiner Fitness proportionale Wahrscheinlichkeit, ausgewählt zu werden. Bei der Tournament-Selektion tritt dagegen eine bestimmte Anzahl zufällig ausgewählter Chromosomen gegeneinander an, und dasjenige mit der besten Fitness wird ausgewählt.

```java
    private ArrayList<C> population;
    private double mutationChance;
    private double crossoverChance;
    private SelectionType selectionType;
    private Random random;

    public GeneticAlgorithm(List<C> initialPopulation, double mutationChance,
      double crossoverChance, SelectionType selectionType) {
        this.population = new ArrayList<>(initialPopulation);
        this.mutationChance = mutationChance;
        this.crossoverChance = crossoverChance;
        this.selectionType = selectionType;
        this.random = new Random();
    }
```
Listing 5.3 GeneticAlgorithm.java (Fortsetzung)

Der obige Konstruktor definiert verschiedene Eigenschaften des genetischen Algorithmus, die während der Instanzerzeugung konfiguriert werden. initialPopulation sind die Chromosomen in der ersten Generation des Algorithmus. mutationChance ist die Wahrscheinlichkeit dafür, dass jedes Chromosom in jeder Generation mutiert. crossoverChance ist die Wahrscheinlichkeit, mit der zwei Eltern zur Reproduktion ausgewählt werden und Kinder haben, die eine Mischung ihrer Gene darstellen; andernfalls sind die

Kinder lediglich Duplikate der Eltern. selectionType schließlich ist der Typ der verwendeten Selektionsmethode gemäß der Enum SelectionType. In unseren Beispielaufgaben weiter hinten in diesem Kapitel wird population mithilfe der Klassenmethode randomInstance() der Klasse Chromosome initialisiert. Die erste Generation besteht mit anderen Worten einfach aus zufälligen Individuen. Dies ist ein Ansatzpunkt für die potenzielle Optimierung eines komplexeren genetischen Algorithmus. Anstatt mit vollkommen zufälligen Individuen zu beginnen, könnte die erste Generation durch etwas Wissen über das zu lösende Problem Individuen enthalten, die der Lösung näherkommen. Das wird als *Seeding* bezeichnet.

Jetzt untersuchen wir die beiden Selektionsmethoden, die unsere Klasse unterstützt.

```java
// Das Wahrscheinlichkeitsverteilungs-Rad verwenden, um numPicks
// Individuen auszuwählen
private List<C> pickRoulette(double[] wheel, int numPicks) {
    List<C> picks = new ArrayList<>();
    for (int i = 0; i < numPicks; i++) {
        double pick = random.nextDouble();
        for (int j = 0; j < wheel.length; j++) {
            pick -= wheel[j];
            if (pick <= 0) {
                picks.add(population.get(j));
                break;
            }
        }
    }
    return picks;
}
```

Listing 5.4 GeneticAlgorithm.java (Fortsetzung)

Roulette-Wheel-Selektion basiert auf dem Verhältnis zwischen den Fitness-Werten eines Chromosoms zur Summe aller Fitnesswerte einer Generation. Die Chromosomen mit der höchsten Fitness werden mit höherer Wahrscheinlichkeit ausgewählt. Die Werte, die die Fitness jedes Chromosoms darstellen, werden im Parameter wheel bereitgestellt. Diese Prozentwerte werden durch Fließkommazahlen zwischen 0 und 1 dargestellt. Eine Zufallszahl (pick) zwischen 0 und 1 dient zur Auswahl eines Chromosoms. Der Algorithmus verringert pick fortlaufend um den proportionalen Fitnesswert eines jeden Chromosoms. Wenn der Wert 0 unterschritten wird, ist dies das Chromoson, das gewählt werden soll.

5 Genetische Algorithmen

Leuchtet es Ihnen ein, warum dieser Prozess dazu führt, dass jedes Chromosom gemäß seiner Proportion ausgewählt werden kann? Wenn nicht, denken Sie mit Papier und Bleistift darüber nach. Zeichnen Sie dazu etwa ein proportionales Rouletterad wie in Abbildung 5.2.

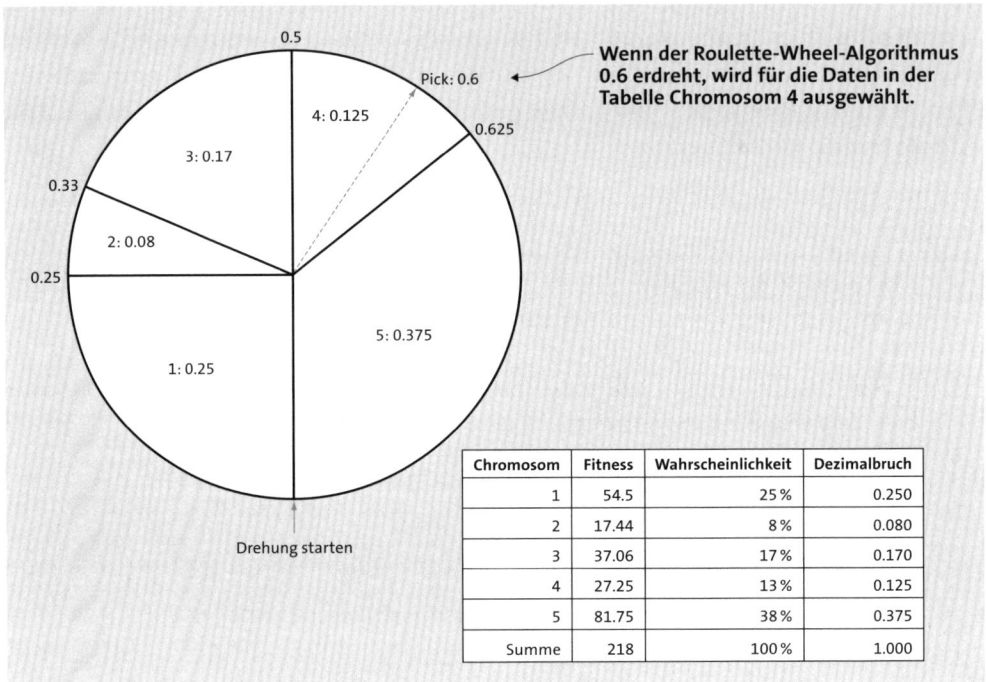

Abbildung 5.2 Ein Beispiel für Roulette-Wheel-Selektion in Aktion

Die grundlegendste Form der Tournament-Selektion ist einfacher als die Roulette-Wheel-Selektion. Anstatt Wahrscheinlichkeiten zu berechnen, wählen wir einfach zufällig numParticipants Chromosomen aus der Gesamtpopulation aus. Die numPicks Chromosomen mit der besten Fitness aus der zufällig gewählten Gruppe gewinnen.

```
// Eine bestimmte Anzahl Individuen per Tournament-Selektion auswählen
private List<C> pickTournament(int numParticipants, int numPicks) {
    // numParticipants Zufallsteilnehmer für die Tournament-Selektion finden
    Collections.shuffle(population);
    List<C> tournament = population.subList(0, numParticipants);
    // Die numPicks-höchste Fitness in der Tournamen-Selektion finden
```

```
        Collections.sort(tournament, Collections.reverseOrder());
        return tournament.subList(0, numPicks);
    }
```

Listing 5.5 GeneticAlgorithm.java (Fortsetzung)

Der Code für pickTournament() verwendet zuerst shuffle(), um die Populationsreihenfolge zufällig zu verteilen und dann die ersten numParticipants Teilnehmer aus der Population auszuwählen. Das ist eine einfache Möglichkeit, um numParticipants zufällige Chromosomen zu erhalten. Anschließend werden die teilnehmenden Chromosomen nach ihrer Fitness sortiert und die numPicks fittesten Teilnehmer zurückgegeben.

Was ist der richtige Wert für numParticipants? Wie bei vielen Parametern in genetischen Algorithmen lässt er sich wohl am besten durch Versuch und Irrtum bestimmen. Es ist zu bedenken, dass eine höhere Anzahl an Turnierteilnehmern zu geringerer Diversität in der Population führt, weil es wahrscheinlicher wird, dass Chromosomen mit geringer Fitness im Wettbewerb entfernt werden.[1] Komplexere Formen der Tournament-Selektion wählen möglicherweise Individuen aus, die nicht die Besten, sondern die Zweit- oder Drittbesten sind, indem sie eine Art Modell mit verminderter Wahrscheinlichkeit verwenden.

Diese beiden Methoden, pickRoulette() und pickTournament(), werden zur Selektion verwendet, die während der Reproduktion stattfindet. Die Reproduktion wird in reproduceAndReplace() implementiert, die sich auch darum kümmert, dass eine neue Population mit derselben Anzahl von Chromosomen die Chromosomen der vorigen Generation ersetzt.

```
// Die Population durch eine neue Generation von Individuen ersetzen
private void reproduceAndReplace() {
    ArrayList<C> nextPopulation = new ArrayList<>();
    // Weitermachen, bis wir die neue Generation gefüllt haben
    while (nextPopulation.size() < population.size()) {
        // Die 2 Eltern wählen
        List<C> parents;
        if (selectionType == SelectionType.ROULETTE) {
            // Wahrscheinlichkeitsverteilungsrad erstellen
            double totalFitness = population.stream()
                    .mapToDouble(C::fitness).sum();
```

---

[1] Artem Sokolov und Darrell Whitley, »Unbiased Tournament Selection«, GECCO'05 (25.–29. Juni 2005, Washington, D.C., U.S.A.), *http://mng.bz/S7l6*.

```java
                double[] wheel = population.stream()
                        .mapToDouble(C -> C.fitness()
                            / totalFitness).toArray();
                parents = pickRoulette(wheel, 2);
            } else {
                parents = pickTournament(population.size() / 2, 2);
            }
            // Potenzielles Crossover der 2 Eltern
            if (random.nextDouble() < crossoverChance) {
                C parent1 = parents.get(0);
                C parent2 = parents.get(1);
                nextPopulation.addAll(parent1.crossover(parent2));
            } else { // Beide Eltern hinzufügen
                nextPopulation.addAll(parents);
            }
        }
        // Bei einer ungeraden Anzahl ist 1 zu viel; wir entfernen es
        if (nextPopulation.size() > population.size()) {
            nextPopulation.remove(0);
        }
        // Referenz/Generation ersetzen
        population = nextPopulation;
    }
}
```

Listing 5.6 GeneticAlgorithm.java (Fortsetzung)

In `reproduceAndReplace()` werden grob gesagt folgende Schritte ausgeführt:

1. Zwei Chromosomen namens `parents` werden mithilfe einer der beiden Selektionsmethoden zur Reproduktion ausgewählt. Bei der Tournament-Selektion lassen wir jeweils die Hälfte der Gesamtpopulation gegeneinander antreten, aber auch das könnte eine konfigurierbare Option sein.

2. Mit der Wahrscheinlichkeit `crossoverChance` werden die beiden Eltern kombiniert, um zwei neue Chromosomen zu erzeugen, die in diesem Fall zu `nextPopulation` hinzugefügt werden. Wenn es keine Kinder gibt, werden einfach die beiden Eltern zu `nextPopulation` hinzugefügt.

3. Wenn `nextPopulation` genauso viele Chromosomen hat wie `population`, ersetzt sie diese.

Die Methode `mutate()`, die Mutationen implementiert, ist sehr einfach, wobei die Details der Durchführung der Mutation den individuellen Chromosomen überlassen bleiben.

Jede unserer Chromosomen-Implementierungen kann auch aus sich selbst heraus mutieren.

```java
// Mit der Wahrscheinlichkeit mutationChance jedes Individuum mutieren
private void mutate() {
    for (C individual : population) {
        if (random.nextDouble() < mutationChance) {
            individual.mutate();
        }
    }
}
```

Listing 5.7 GeneticAlgorithm.java (Fortsetzung)

Jetzt haben wir alle notwendigen Bausteine beisammen, um den genetischen Algorithmus auszuführen. run() koordiniert alle Schritte der Messung, der Reproduktion (zu der auch die Selektion gehört) und der Mutation, die die Population von einer Generation zur nächsten führen. Die Methode merkt sich zudem an jedem Punkt der Suche das beste (fitteste) Chromosom.

```java
// Den genetischen Algorithmus max_generations Iterationen lang ausführen
// und das beste gefundene Individuum zurückgeben
public C run(int maxGenerations, double threshold) {
    C best = Collections.max(population).copy();
    for (int generation = 0; generation < maxGenerations; generation++) {
        // Vorzeitiges Ende, wenn wir den Schwellenwert erreichen
        if (best.fitness() >= threshold) {
            return best;
        }
        // Debugging-Ausgabe
        System.out.println("Generation " + generation +
                " Best " + best.fitness() +
                " Avg " + population.stream()
                .mapToDouble(C::fitness).average().orElse(0.0));
        reproduceAndReplace();
        mutate();
        C highest = Collections.max(population);
        if (highest.fitness() > best.fitness()) {
            best = highest.copy();
        }
    }
```

```
        return best;
    }
}
```

Listing 5.8 GeneticAlgorithm.java (Fortsetzung)

best merkt sich das beste bisher gefundene Chromosom. Die Hauptschleife wird `max-Generations` Mal ausgeführt. Wenn die Fitness irgendeines Chromosoms `threshold` erreicht oder überschreitet, wird es zurückgegeben, und die Schleife endet vorzeitig. Andernfalls ruft sie `reproduceAndReplace()` sowie `mutate()` auf, um die nächste Generation zu erzeugen und die Schleife erneut zu durchlaufen. Wenn `maxGenerations` erreicht ist, wird das beste bisher gefundene Chromosom zurückgegeben.

5.3 Ein naiver Test

Der generische genetische Algorithmus `GeneticAlgorithm` funktioniert mit jedem Typ, der `Chromosome` implementiert. Als Test beginnen wir mit der Implementierung einer einfachen Aufgabe, die sich einfach mithilfe traditioneller Methoden lösen lässt. Wir versuchen, die Gleichung $6x - x^2 + 4y - y^2$ zu maximieren. Mit anderen Worten: Welche Werte für x und y in dieser Gleichung ergeben die höchste Zahl?

Die maximierenden Werte lassen sich mithilfe der Analysis finden, indem Teilausdrücke gleich null gesetzt werden. Das Ergebnis ist $x = 3$ und $y = 2$. Kann unser genetischer Algorithmus dasselbe Ergebnis ohne Analysis erreichen? Machen wir uns an die Arbeit.

```java
package chapter5;

import java.util.ArrayList;
import java.util.List;
import java.util.Random;

public class SimpleEquation extends Chromosome<SimpleEquation> {
    private int x, y;

    private static final int MAX_START = 100;

    public SimpleEquation(int x, int y) {
        this.x = x;
        this.y = y;
    }
```

```java
public static SimpleEquation randomInstance() {
    Random random = new Random();
    return new SimpleEquation(random.nextInt(MAX_START),
 random.nextInt(MAX_START));
}

// 6x - x^2 + 4y - y^2
@Override
public double fitness() {
    return 6 * x - x * x + 4 * y - y * y;
}

@Override
public List<SimpleEquation> crossover(SimpleEquation other) {
    SimpleEquation child1 = new SimpleEquation(x, other.y);
    SimpleEquation child2 = new SimpleEquation(other.x, y);
    return List.of(child1, child2);
}

@Override
public void mutate() {
    Random random = new Random();
    if (random.nextDouble() > 0.5) { // x mutieren
        if (random.nextDouble() > 0.5) {
            x += 1;
        } else {
            x -= 1;
        }
    } else { // Andernfalls y mutieren
        if (random.nextDouble() > 0.5) {
            y += 1;
        } else {
            y -= 1;
        }
    }

}

@Override
public SimpleEquation copy() {
```

```
            return new SimpleEquation(x, y);
    }

    @Override
    public String toString() {
        return "X: " + x + " Y: " + y + " Fitness: " + fitness();
    }
```
Listing 5.9 SimpleEquation.java

Die Klasse `SimpleEquation` erweitert `Chromosome`, und passend zu ihrem Namen tut sie dies so einfach wie möglich. Die Gene eines `SimpleEquation`-Chromosoms kann man sich als x und y vorstellen. Die Methode `fitness()` überprüft x und y gemäß der Gleichung $6x - x^2 + 4y - y^2$. Je höher der Wert, desto fitter ist das individuelle Chromosom nach der Vorgabe von `GeneticAlgorithm`. Im Fall einer Zufallsinstanz werden x und y anfangs auf zufällige Integerwerte zwischen 0 und 100 gesetzt, sodass `randomInstance()` nichts weiter zu tun braucht, als eine neue `SimpleEquation`-Instanz mit diesen Werten zu erzeugen. Um in `crossover()` eine `SimpleEquation` mit einer anderen zu kombinieren, werden einfach die y-Werte der beiden Instanzen getauscht, um die beiden Kinder zu erzeugen. `mutate()` erhöht oder vermindert x oder y zufällig. Und das ist praktisch alles.

Da `SimpleEquation` von `Chromosome` abstammt, können wir es bereits in `GeneticAlgorithm` einsetzen.

```
    public static void main(String[] args) {
        ArrayList<SimpleEquation> initialPopulation = new ArrayList<>();
        final int POPULATION_SIZE = 20;
        final int GENERATIONS = 100;
        final double THRESHOLD = 13.0;
        for (int i = 0; i < POPULATION_SIZE; i++) {
            initialPopulation.add(SimpleEquation.randomInstance());
        }
        GeneticAlgorithm<SimpleEquation> ga = new GeneticAlgorithm<>(
                initialPopulation,
                0.1, 0.7, GeneticAlgorithm.SelectionType.TOURNAMENT);
        SimpleEquation result = ga.run(100, 13.0);
        System.out.println(GENERATIONS, THRESHOLD);
    }

}
```
Listing 5.10 SimpleEquation.java (Fortsetzung)

Die hier verwendeten Parameter wurden durch Vermuten und Ausprobieren ermittelt. Sie können es mit anderen Werten versuchen. `threshold` hat den Wert 13.0, weil wir die korrekte Antwort bereits kennen. Wenn $x = 3$ und $y = 2$ ist, hat die Gleichung das Ergebnis 13.

Wenn Sie die Antwort vorher nicht kannten, möchten Sie vielleicht das beste Ergebnis sehen, das in einer bestimmten Anzahl von Generationen erzielt werden kann. In diesem Fall müssten Sie `threshold` auf einen beliebigen, hohen Wert setzen. Denken Sie daran, dass genetische Algorithmen stochastisch sind und jeder Durchlauf daher anders aussehen wird.

Hier eine Beispielausgabe eines Durchlaufs, in dem der Algorithmus die Gleichung in sieben Generationen gelöst hat:

```
Generation 0 Best -72.0 Avg -4436.95
Generation 1 Best 9.0 Avg -579.0
Generation 2 Best 9.0 Avg -38.15
Generation 3 Best 12.0 Avg 9.0
Generation 4 Best 12.0 Avg 9.2
Generation 5 Best 12.0 Avg 11.25
Generation 6 Best 12.0 Avg 11.95
X: 3 Y: 2 Fitness: 13.0
```

Wie Sie sehen, wird die zuvor mittels Analysis ermittelte richtige Lösung $x = 3$ and $y = 2$ gefunden. Sie werden auch bemerken, dass jede aufeinanderfolgende Generation der korrekten Antwort näherkam.

Beachten Sie, dass der genetische Algorithmus wesentlich mehr Rechenaufwand als andere Methoden benötigt hat, um die Lösung zu finden. Im Praxiseinsatz wäre ein so einfaches Maximierungsproblem kein guter Anwendungsfall eines genetischen Algorithmus. Aber seine simple Implementierung taugt zumindest für den Beweis, dass unser genetischer Algorithmus funktioniert.

5.4 Wiedersehen mit SEND+MORE=MONEY

In Kapitel 3, »Bedingungserfüllungsprobleme«, haben wir die klassische kryptoarithmetische Aufgabe SEND+MORE=MONEY mithilfe eines Bedingungserfüllungs-Frameworks gelöst. (Wenn Sie eine Erinnerung brauchen, worum es in dieser Aufgabe geht, blättern Sie zurück zur Beschreibung in Kapitel 3.) Die Aufgabe kann auch innerhalb vertretbarer Zeit mithilfe eines genetischen Algorithmus gelöst werden.

Eine der größten Schwierigkeiten beim Formulieren eines Problems für einen genetischen Algorithmus besteht darin, herauszufinden, wie man es darstellen soll. Eine bequeme Darstellung kryptoarithmetischer Aufgaben ist es, Listenindizes als Ziffern zu verwenden.[2] Um die 10 möglichen Ziffern (0, 1, 2, 3, 4, 5, 6, 7, 8, 9) darzustellen, wird also eine Liste mit 10 Elementen benötigt. Die im Rahmen der Aufgabe durchzuprobierenden Zeichen können dann hin und her geschoben werden. Wenn beispielsweise der Verdacht besteht, dass zur Lösung einer Aufgabe das Zeichen »E« der Ziffer 4 entspricht, dann enthält die Liste auf Position 4 ein »E«. SEND+MORE=MONEY hat acht verschiedene Buchstaben (S, E, N, D, M, O, R, Y), was zwei Plätze im Array leer lässt. Diese können mit Leerzeichen gefüllt werden, wenn sie keinem Buchstaben entsprechen.

Ein Chromosom, das die Aufgabe SEND+MORE=MONEY abbildet, wird in SendMoreMoney2 gezeigt. Wie Sie sehen, ist die Methode fitness() der Methode satisfied() aus SendMoreMoneyConstraint in Kapitel 3 verblüffend ähnlich.

```java
package chapter5;

import java.util.ArrayList;
import java.util.Collections;
import java.util.List;
import java.util.Random;

public class SendMoreMoney2 extends Chromosome<SendMoreMoney2> {

    private List<Character> letters;
    private Random random;

    public SendMoreMoney2(List<Character> letters) {
        this.letters = letters;
        random = new Random();
    }

    public static SendMoreMoney2 randomInstance() {
        List<Character> letters = new ArrayList<>(
                List.of('S', 'E', 'N', 'D', 'M', 'O', 'R', 'Y', ' ', ' '));
        Collections.shuffle(letters);
        return new SendMoreMoney2(letters);
```

---

[2] Reza Abbasian und Masoud Mazloom, »Solving Cryptarithmetic Problems Using Parallel Genetic Algorithm«, 2009 Second International Conference on Computer and Electrical Engineering, *http://mng.bz/RQ7V*.

```java
    }

    @Override
    public double fitness() {
        int s = letters.indexOf('S');
        int e = letters.indexOf('E');
        int n = letters.indexOf('N');
        int d = letters.indexOf('D');
        int m = letters.indexOf('M');
        int o = letters.indexOf('O');
        int r = letters.indexOf('R');
        int y = letters.indexOf('Y');
        int send = s * 1000 + e * 100 + n * 10 + d;
        int more = m * 1000 + o * 100 + r * 10 + e;
        int money = m * 10000 + o * 1000 + n * 100 + e * 10 + y;
        int difference = Math.abs(money - (send + more));
        return 1.0 / (difference + 1.0);
    }

    @Override
    public List<SendMoreMoney2> crossover(SendMoreMoney2 other) {
        SendMoreMoney2 child1 = new SendMoreMoney2(new ArrayList<>(letters));
        SendMoreMoney2 child2 =
     new SendMoreMoney2(new ArrayList<>(other.letters));
        int idx1 = random.nextInt(letters.size());
        int idx2 = random.nextInt(other.letters.size());
        Character l1 = letters.get(idx1);
        Character l2 = other.letters.get(idx2);
        int idx3 = letters.indexOf(l2);
        int idx4 = other.letters.indexOf(l1);
        Collections.swap(child1.letters, idx1, idx3);
        Collections.swap(child2.letters, idx2, idx4);
        return List.of(child1, child2);
    }

    @Override
    public void mutate() {
        int idx1 = random.nextInt(letters.size());
        int idx2 = random.nextInt(letters.size());
        Collections.swap(letters, idx1, idx2);
```

```java
    }

    @Override
    public SendMoreMoney2 copy() {
        return new SendMoreMoney2(new ArrayList<>(letters));
    }

    @Override
    public String toString() {
        int s = letters.indexOf('S');
        int e = letters.indexOf('E');
        int n = letters.indexOf('N');
        int d = letters.indexOf('D');
        int m = letters.indexOf('M');
        int o = letters.indexOf('O');
        int r = letters.indexOf('R');
        int y = letters.indexOf('Y');
        int send = s * 1000 + e * 100 + n * 10 + d;
        int more = m * 1000 + o * 100 + r * 10 + e;
        int money = m * 10000 + o * 1000 + n * 100 + e * 10 + y;
        int difference = Math.abs(money - (send + more));
        return (send + " + " + more + " = " + money + " Difference: "
        + difference);
    }
```

Listing 5.11 SendMoreMoney2.java

Es gibt jedoch einen entscheidenden Unterschied zwischen satisfied() in Kapitel 3 und fitness(). Hier geben wir 1 / (difference + 1) zurück. difference ist der Betrag der Differenz zwischen MONEY und SEND+MORE. Dies gibt an, wie weit das Chromosom von der Lösung des Problems entfernt ist. Würden wir versuchen, fitness() zu minimieren, würde es genügen, difference selbst zurückzugeben. Aber da GeneticAlgorithm danach strebt, den Wert von fitness() zu maximieren, muss er umgekehrt werden (sodass kleinere Werte wie größere aussehen), und deshalb wird 1 durch difference dividiert. Vorher wird 1 zu difference addiert, sodass eine difference von 0 keine fitness() von 0, sondern 1 ergibt. Tabelle 5.1 demonstriert, wie das funktioniert.

difference	difference + 1	fitness (1/(difference + 1))
0	1	1
1	2	0.5
2	3	0.33
3	4	0.25

Tabelle 5.1 Wie die Gleichung 1 / (difference + 1) Fitnesswerte für die Maximierung generiert

Denken Sie daran, dass niedrige Differenzen, aber höhere Fitnesswerte besser sind. Da diese Formel diese beiden Fakten in Einklang bringt, funktioniert sie gut. 1 durch einen Fitnesswert zu dividieren, ist eine einfache Möglichkeit, ein Minimierungsproblem in ein Maximierungsproblem umzuwandeln. Es führt jedoch zu gewissen Doppeldeutigkeiten, ist also nicht narrensicher.[3]

randomInstance() macht von der Funktion shuffle() in der Klasse Collections Gebrauch. crossover() wählt zwei zufällige Indizes in den letters-Listen der beiden Chromosomen aus und vertauscht die Buchstaben, sodass nachher ein Buchstabe aus dem ersten Chromosom an derselben Stelle im zweiten Chromosom steht und umgekehrt. Die Funktion führt diese Tauschaktionen bei den Kindern durch, sodass die Platzierung der Buchstaben in den beiden Kindern eine Kombination der Eltern darstellt. mutate() vertauscht zwei zufällige Positionen in der Liste letters.

Wir können SendMoreMoney2 ebenso einfach in GeneticAlgorithm einsetzen wie SimpleEquation. Aber seien Sie gewarnt: Dies ist eine ziemlich schwierige Aufgabe, und es dauert lange, sie auszuführen, wenn die Parameter nicht gut gewählt wurden. Und der Zufall spielt auch dann noch eine Rolle, wenn man sie richtig gesetzt hat! Das Problem kann in einigen Sekunden oder in einigen Minuten gelöst werden. So ist unglücklicherweise die Natur der genetischen Algorithmen.

```
public static void main(String[] args) {
    ArrayList<SendMoreMoney2> initialPopulation = new ArrayList<>();
    final int POPULATION_SIZE = 1000;
```

---

[3] Wir könnten beispielsweise viel mehr Werte in der Nähe von 0 als solche in der Nähe von 1 erhalten, wenn wir 1 einfach durch eine gleichmäßige Verteilung von Integern dividieren würden, was – angesichts der speziellen Art und Weise, wie typische Mikroprozessoren Fließkommazahlen interpretieren – zu unerwarteten Ergebnissen führen könnte. Eine alternative Methode, ein Minimierungsproblem in ein Maximierungsproblem umzuwandeln, besteht darin, einfach das Vorzeichen umzukehren (es negativ statt positiv zu machen). Dies funktioniert jedoch nur, wenn die Werte vorher alle positiv waren.

```java
            final int GENERATIONS = 1000;
            final double THRESHOLD = 1.0;
            for (int i = 0; i < POPULATION_SIZE; i++) {
                initialPopulation.add(SendMoreMoney2.randomInstance());
            }
            GeneticAlgorithm<SendMoreMoney2> ga = new GeneticAlgorithm<>(
                    initialPopulation,
                    0.2, 0.7, GeneticAlgorithm.SelectionType.ROULETTE);
            SendMoreMoney2 result = ga.run(GENERATIONS, THRESHOLD);
            System.out.println(result);
        }

    }
```

Listing 5.12 SendMoreMoney2.java (Fortsetzung)

Die folgende Ausgabe stammt von einer Ausführung, in der die Aufgabe in drei Generationen mit je 1.000 Individuen gelöst wurde (wie oben erzeugt). Schauen Sie mal, wie Sie die konfigurierbaren Parameter von GeneticAlgorithm ändern können, um ein ähnliches Ergebnis mit weniger Individuen zu erhalten. Scheint es mit Roulette-Wheel-Selektion besser zu funktionieren als mit Tournament-Selektion?

```
Generation 0 Best 0.07142857142857142 Avg 2.588160841027962E-4
Generation 1 Best 0.16666666666666666 Avg 0.005418719421172926
Generation 2 Best 0.5 Avg 0.022271971406414452
8324 + 913 = 9237 Difference: 0
```

Diese Lösung deutet darauf hin, dass SEND = 8324, MORE = 913 und MONEY = 9237 ist. Wie ist das möglich? Es sieht so aus, als würden in der Lösung Buchstaben fehlen. Wenn jedoch M = 0 ist, gibt es in der Tat mehrere Lösungen der Aufgabe, die mit der Version aus Kapitel 3 nicht möglich wären. MORE ist hier eigentlich 0913, und MONEY ist 09237. Die 0 wird einfach ignoriert.

5.5 Listenkomprimierung optimieren

Nehmen wir an, wir haben Informationen, die wir komprimieren wollen. Nehmen wir an, dass es sich um eine Liste von Elementen handelt und dass uns die Reihenfolge der Elemente nicht kümmert, solange sie alle intakt bleiben. Welche Reihenfolge der Elemente maximiert die Kompressionsrate? Wussten Sie überhaupt, dass die Reihenfolge der Elemente bei den meisten Komprimierungsalgorithmen einen Einfluss auf die Kompressionsrate hat?

Die Antwort hängt vom verwendeten Komprimierungsalgorithmus ab. Für dieses Beispiel verwenden wir die Klasse GZIPOutputStream aus dem Paket java.util.zip. Die Lösung wird hier in ihrer Gesamtheit für eine Liste von 12 Vornamen gezeigt. Wenn wir den genetischen Algorithmus nicht ausführen, sondern einfach compress() für die 12 Namen in der Reihenfolge, in der sie ursprünglich vorgegeben wurden, ist das komprimierte Ergebnis 164 Byte lang.

```java
package chapter5;

import java.io.ByteArrayOutputStream;
import java.io.IOException;
import java.io.ObjectOutputStream;
import java.util.ArrayList;
import java.util.Collections;
import java.util.List;
import java.util.Random;
import java.util.zip.GZIPOutputStream;

public class ListCompression extends Chromosome<ListCompression> {
    private static final List<String> ORIGINAL_LIST =
 List.of("Michael", "Sarah", "Joshua", "Narine", "David", "Sajid",
 "Melanie", "Daniel", "Wei", "Dean", "Brian", "Murat", "Lisa");
    private List<String> myList;
    private Random random;

    public ListCompression(List<String> list) {
        myList = new ArrayList<>(list);
        random = new Random();
    }

    public static ListCompression randomInstance() {
        ArrayList<String> tempList = new ArrayList<>(ORIGINAL_LIST);
        Collections.shuffle(tempList);
        return new ListCompression(tempList);
    }

    private int bytesCompressed() {
        try {
```

```java
            ByteArrayOutputStream baos = new ByteArrayOutputStream();
            GZIPOutputStream gos = new GZIPOutputStream(baos);
            ObjectOutputStream oos = new ObjectOutputStream(gos);
            oos.writeObject(myList);
            oos.close();
            return baos.size();
        } catch (IOException ioe) {
            System.out.println("Konnte Liste nicht komprimieren!");
            ioe.printStackTrace();
            return 0;
        }

    }

    @Override
    public double fitness() {
        return 1.0 / bytesCompressed();
    }

    @Override
    public List<ListCompression> crossover(ListCompression other) {
        ListCompression child1 = new ListCompression(new ArrayList<>(myList));
        ListCompression child2 = new ListCompression(new ArrayList<>(myList));
        int idx1 = random.nextInt(myList.size());
        int idx2 = random.nextInt(other.myList.size());
        String s1 = myList.get(idx1);
        String s2 = other.myList.get(idx2);
        int idx3 = myList.indexOf(s2);
        int idx4 = other.myList.indexOf(s1);
        Collections.swap(child1.myList, idx1, idx3);
        Collections.swap(child2.myList, idx2, idx4);
        return List.of(child1, child2);
    }

    @Override
    public void mutate() {
        int idx1 = random.nextInt(myList.size());
        int idx2 = random.nextInt(myList.size());
        Collections.swap(myList, idx1, idx2);
    }
```

```java
    @Override
    public ListCompression copy() {
        return new ListCompression(new ArrayList<>(myList));
    }

    @Override
    public String toString() {
        return "Order: " + myList + " Bytes: " + bytesCompressed();
    }

    public static void main(String[] args) {
        ListCompression originalOrder = new ListCompression(ORIGINAL_LIST);
        System.out.println(originalOrder);
        ArrayList<ListCompression> initialPopulation = new ArrayList<>();
        final int POPULATION_SIZE = 100;
        final int GENERATIONS = 100;
        final double THRESHOLD = 1.0;
        for (int i = 0; i < POPULATION_SIZE; i++) {
            initialPopulation.add(ListCompression.randomInstance());
        }
        GeneticAlgorithm<ListCompression> ga =
         new GeneticAlgorithm<>(
                initialPopulation,
                0.2, 0.7, GeneticAlgorithm.SelectionType.TOURNAMENT);
        ListCompression result = ga.run(GENERATIONS, THRESHOLD);
        System.out.println(result);
    }
}
```

Listing 5.13 ListCompression.java

Beachten Sie, wie ähnlich diese Implementierung derjenigen von SEND+MORE=MONEY in Abschnitt 5.4 ist. Die Funktionen `crossover()` und `mutate()` sind praktisch identisch. In den Lösungen für beide Probleme haben wir Listen von Elementen, sortieren sie kontinuierlich um und testen die jeweilige Reihenfolge. Man könnte eine generische Oberklasse für die Lösung beider Aufgaben schreiben, die mit einer breiten Palette von Problemen funktionieren würde. Jedes Problem, das sich als Liste von Elementen darstellen lässt, für die eine optimale Reihenfolge gefunden werden muss, könnte auf dieselbe Weise gelöst werden. Der einzige echte Anpassungsbedarf für die Unterklassen bestünde für ihre jeweilige Fitnessfunktion.

Wenn wir *ListCompression.java* ausführen, kann die Ausführung recht lange dauern. Das liegt daran, dass wir anders als bei den beiden vorigen Aufgaben nicht vorab wissen, worin die »richtige« Antwort besteht, sodass wir keinen richtigen Schwellenwert haben, auf den wir hinarbeiten. Stattdessen setzen wir die Anzahl der Generationen und die Anzahl der Individuen in jeder Generation auf einen beliebigen, hohen Wert und hoffen das Beste. Was ist die Mindestzahl komprimierter Bytes, die bei der Umsortierung der 12 Namen herauskommen wird? Ehrlich gesagt kennen wir die Antwort darauf nicht. Bei meiner besten Ausführung fand der genetische Algorithmus unter Verwendung der Konfiguration aus der zuvor gezeigten Lösung nach 100 Generationen eine Anordnung, die 158 komprimierte Bytes ergab.

Das ist lediglich eine Ersparnis von 6 Byte gegenüber der ursprünglichen Reihenfolge – eine Ersparnis von ~4 %. Man kann sagen, 4 % seien irrelevant, aber wenn dies eine viel größere Liste wäre, die viele Male über das Netzwerk übertragen würde, könnte sich eine stolze Gesamtsumme ergeben. Stellen Sie sich vor, dies wäre eine 1-MB-Liste, die insgesamt 10.000.000 Mal über das Internet transportiert würde. Wenn der genetische Algorithmus die Reihenfolge der Liste für die Komprimierung optimieren und 4 % sparen könnte, würde er ~40 Kilobyte pro Übertragung und insgesamt 400 GB an Bandbreite über alle Übertragungen hinweg sparen. Das ist kein hoher Wert, aber vielleicht wäre er signifikant genug, um den Algorithmus einmal auszuführen und eine so gut wie optimale Reihenfolge für die Komprimierung zu finden.

Bedenken Sie jedoch: Wir wissen wirklich nicht, ob wir die optimale Reihenfolge für die 12 Namen gefunden haben, geschweige denn für die hypothetische 1-MB-Liste. Woher sollten wir wissen, ob wir sie gefunden haben? Solange wir kein tief greifendes Verständnis für die Arbeitsweise des Kompressionsalgorithmus haben, müssten wir versuchen, jede mögliche Reihenfolge der Liste zu komprimieren. Für eine Liste mit nur 12 Elementen wären dies schlecht handhabbare 479.001.600 mögliche Reihenfolgen (12!, wobei ! für die Fakultät steht). Die Verwendung eines genetischen Algorithmus, der versucht, die optimale Lösung zu finden, ist vielleicht praktikabler, auch wenn wir nicht wissen, ob die letztlich gefundene Lösung wahrhaft optimal ist.

5.6 Kritik an genetischen Algorithmen

Genetische Algorithmen sind kein Allheilmittel. Tatsächlich sind sie für die meisten Aufgaben ungeeignet. Für jedes Problem, für das ein schneller deterministischer Algorithmus existiert, ergibt ein Lösungsansatz mit einem genetischen Algorithmus keinen Sinn. Die ihnen zugrunde liegende stochastische Natur macht ihre Laufzeiten unvorhersehbar. Um dieses Problem zu lösen, können sie nach einer bestimmten Anzahl von Generationen gestoppt werden. Aber dann ist nicht klar, ob eine wirklich optimale Lösung gefunden wurde.

Steven Skiena, der Autor eines der populärsten Texte über Algorithmen, ging sogar so weit, Folgendes zu schreiben:

> *Mir ist noch nie ein Problem begegnet, für das mir genetische Algorithmen die richtige Herangehensweise zu sein schienen. Darüber hinaus habe ich noch nie Rechenergebnisse eines genetischen Algorithmus gesehen, die mich positiv beeindruckt hätten.*[4]

Skienas Ansichten sind ein wenig extrem, aber sie deuten darauf hin, dass genetische Algorithmen nur verwendet werden sollten, wenn Sie aus gutem Grund davon überzeugt sind, dass keine bessere Lösung existiert, oder wenn Sie ein unbekanntes Problem analysieren. Ein weiteres Problem mit genetischen Algorithmen besteht darin zu bestimmen, wie sich eine potenzielle Lösung einer Aufgabe als Chromosom darstellen lässt. Die traditionelle Herangehensweise ist, die meisten Probleme als Binärstrings darzustellen (Sequenzen von Einsen und Nullen, also einzelne Bits). Das ist oft optimal in puncto Speicherplatzbedarf und ermöglicht einfache Crossover-Funktionen. Aber die meisten komplexen Probleme lassen sich nicht einfach als unterteilbare Binärstrings darstellen.

Ein weiteres, spezifischeres Problem, das angesprochen werden muss, betrifft die in diesem Kapitel beschriebene Roulette-Wheel-Selektionsmethode. Die Roulette-Wheel-Selektion, die manchmal auch als fitnessproportionale Selektion bezeichnet wird, kann zu einem Mangel an Diversität in einer Population führen, weil bei jeder Ausführung der Selektion relativ fitte Individuen dominieren. Andererseits kann die Roulette-Wheel-Selektion auch zu einem Mangel an Selektionsdruck führen, wenn die Fitnesswerte zu nah beieinander liegen.[5] Im Übrigen funktioniert die Roulette-Wheel-Selektion, wie sie in diesem Kapitel konstruiert wurde, nicht mit Problemen, deren Fitness sich durch negative Werte messen lässt, wie etwa mit unserem einfachen Gleichungsbeispiel in Abschnitt 5.3, »Ein naiver Test«.

Kurz gesagt können genetische Algorithmen für Probleme, die groß genug sind, dass ihre Anwendung infrage kommt, nicht garantieren, dass innerhalb einer vorhersagbaren Zeitspanne eine optimale Lösung gefunden wird. Aus diesem Grund werden sie am besten in Situationen verwendet, in denen keine optimale Lösung benötigt wird, sondern eher eine »ausreichend gute« Lösung. Sie sind recht einfach zu implementieren, aber ihre konfigurierbaren Parameter richtig auszuwählen, benötigt oft viel Ausprobieren.

---

4 Steven Skiena, *The Algorithm Design Manual*, 2. Auflage (Springer, 2009), Seite 267.
5 A. E. Eiben und J. E. Smith, Introduction to Evolutionary Computation, 2. Auflage (Springer, 2015), Seite 80.

5.7 Genetische Algorithmen im Alltag

Skienas Meinung zum Trotz werden genetische Algorithmen häufig und effektiv für verschiedenste Aufgabengebiete eingesetzt. Sie werden oft für schwierige Probleme benutzt, die keine vollkommen optimalen Lösungen benötigen, etwa Bedingungserfüllungsprobleme, die zu groß sind, um sie mit traditionellen Methoden zu lösen. Ein Beispiel sind komplexe Terminplanungsaufgaben.

Genetische Algorithmen haben vielfältige Anwendung in der Bioinformatik gefunden. Sie wurden erfolgreich für das Protein-Ligand-Docking eingesetzt, also die Suche nach der Konfiguration eines kleinen Moleküls, das an einen Rezeptor gebunden wird. Dies kommt in der Arzneimittelforschung und zum besseren Verständnis natürlicher Mechanismen zum Einsatz.

Das Problem des Handlungsreisenden, dem wir in Kapitel 9, »Weitere Aufgaben«, wiederbegegnen werden, ist eines der berühmtesten Probleme der Informatik. Ein Handlungsreisender sucht auf einer Landkarte die kürzeste Route, die jede Stadt genau einmal besucht und ihn zu seinem Startort zurückbringt. Das klingt nach den minimalen Spannbäumen aus Kapitel 4, »Graphenprobleme«, ist aber anders. Beim Handlungsreisenden ist die Lösung ein gigantischer Kreis, in dem die Kosten zu seiner Durchquerung minimiert werden, während ein minimaler Spannbaum die Kosten für die Anbindung jeder Stadt minimiert. Eine Person, die einen minimalen Spannbaum von Städten bereist, könnte dieselbe Stadt zweimal besuchen müssen, um jede Stadt zu erreichen. Wenngleich es sich vertraut anhört, gibt es keinen in vertretbarer Zeit laufenden bekannten Algorithmus, der eine Lösung für das Problem des Handlungsreisenden mit einer beliebigen Anzahl von Städten findet. Das Problem ist weithin auf die effiziente Verteilung von Gütern anwendbar. Beispielsweise verwenden Disponenten von FedEx- und UPS-Lkw täglich Software, die das Problem des Handlungsreisenden löst. Algorithmen, die bei der Lösung des Problems helfen, können in einer Vielzahl von Industrien Kosten sparen.

In der computergenerierten Kunst werden manchmal genetische Algorithmen verwendet, um mithilfe stochastischer Methoden Fotos nachzuahmen. Stellen Sie sich 50 Polygone vor, die zufällig auf einem Bildschirm verteilt und nach und nach verzerrt, verdreht, skaliert und umgefärbt werden, bis sie einem Foto so stark wie möglich ähneln. Das Ergebnis sieht aus wie die Arbeit eines abstrakten Künstlers oder, wenn mehr winkelförmige Elemente verwendet werden, wie ein Buntglasfenster.

Genetische Algorithmen sind Teil eines breiteren Feldes, das als *evolutionäre Informatik* bezeichnet wird. Ein eng mit genetischen Algorithmen verwandtes Gebiet der evolutionären Informatik ist die *genetische Programmierung*, bei der Programme Selektions-,

Mutations- und Crossover-Operationen einsetzen, um sich selbst zu modifizieren und eine nicht offensichtliche Lösung für Programmierprobleme zu finden. Genetische Programmierung ist kein weitverbreitetes Verfahren, aber stellen Sie sich eine Zukunft vor, in der Programme sich selbst schreiben.

Ein Vorteil genetischer Algorithmen ist, dass sie einfache Parallelisierung begünstigen. In der offensichtlichsten Form kann jede Population auf einem anderen Prozessor simuliert werden. In der detailliertesten Form kann jedes Individuum mutiert und gekreuzt werden, während seine Fitness in einem separaten Thread berechnet wird. Es sind auch zahlreiche Zwischenstufen denkbar.

5.8 Übungsaufgaben

1. Fügen Sie in `GeneticAlgorithm` Unterstützung für eine fortgeschrittene Form der Tournament-Selektion hinzu, die auf der Grundlage absteigender Wahrscheinlichkeit manchmal das zweit- oder drittbeste Chromosom auswählt.
2. Fügen Sie zum Bedingungserfüllungs-Framework aus Kapitel 3, »Bedingungserfüllungsprobleme«, eine neue Funktion hinzu, die ein beliebiges CSP mithilfe eines genetischen Algorithmus löst. Ein mögliches Maß für die Fitness ist die Anzahl der von einem Chromosom erfüllten Bedingungen.
3. Erstellen Sie eine Klasse `BitString`, die `Chromosome` implementiert. Denken Sie daran, was ein Bit-String ist (siehe Kapitel 1, »Kleine Aufgaben«). Verwenden Sie Ihre neue Klasse dann, um das einfache Gleichungsproblem aus Abschnitt 5.3 zu lösen. Wie kann das Problem als Bit-String dargestellt werden?

Kapitel 6
k-Means-Clustering

Der Menschheit standen noch nie so viele Daten über Facetten der Gesellschaft zur Verfügung wie heute. Computer sind gut für das Speichern von Datenmengen geeignet, aber diese Datenmengen haben wenig Wert für die Gesellschaft, bis sie von Menschen analysiert werden. Computergestützte Verfahren können Menschen dabei unterstützen, eine Bedeutung aus einer Datenmenge herzuleiten.

Clustering ist ein computergestütztes Verfahren, das die Punkte in einer Datenmenge in Gruppen unterteilt. Ein erfolgreiches Clustering ergibt Gruppen, die miteinander in Beziehung stehende Punkte enthalten. Ob diese Beziehungen bedeutsam sind, bedarf im Allgemeinen der menschlichen Überprüfung.

Beim Clustering ist die Gruppe (oder das *Cluster*), zu der ein Datenpunkt gehört, nicht vorherbestimmt, sondern wird stattdessen während der Ausführung des Clustering-Algorithmus ermittelt. Tatsächlich wird der Algorithmus nicht anhand vorab verfügbarer Informationen angeleitet, irgendeinen bestimmten Datenpunkt in irgendeinem bestimmten Cluster zu platzieren. Aus diesem Grund gilt Clustering als *unüberwachte* Methode innerhalb des Bereichs des maschinellen Lernens. Sie können sich unüberwacht als *nicht durch Vorabwissen gesteuert* vorstellen.

Clustering ist ein nützliches Verfahren, wenn Sie etwas über die Struktur einer Datenmenge erfahren möchten, aber ihre zugehörigen Teile nicht vorab kennen. Stellen Sie sich beispielsweise vor, Sie besitzen ein Lebensmittelgeschäft und sammeln Daten über Kunden und ihre Transaktionen. Sie möchten mobile Werbung für Sonderangebote zu relevanten Zeiten in der Woche schalten, um Kunden in Ihr Geschäft zu bringen. Sie könnten versuchen, Ihre Daten nach Wochentagen und demografischen Informationen zu clustern.

Vielleicht finden Sie ein Cluster, das darauf hindeutet, dass jüngere Kunden am liebsten dienstags einkaufen, und Sie könnten diese Information verwenden, um an diesem Tag eine Anzeige zu schalten, die sie spezifisch anspricht.

6 k-Means-Clustering

6.1 Vorbereitungen

Unser Clusteralgorithmus benötigt einige statistische Grundfunktionen (Mittelwert, Standardabweichung und so weiter). Seit Java Version 8 stellt die Java-Standardbibliothek über die Klasse DoubleSummaryStatistics im Paket util einige nützliche statistische Grundfunktionen zur Verfügung. Wir werden diese Primitive verwenden, um einige anspruchsvollere Statistiken zu entwickeln. In diesem Buch beschränken wir uns zwar auf die Standardbibliothek, aber es sei darauf hingewiesen, dass es viele nützliche Drittanbieter-Statistikbibliotheken für Java gibt, etwa NumPy, die in performancekritischen Anwendungen zur Anwendung kommen sollten – insbesondere solchen, die mit Big Data arbeiten. Eine bewährte, praxiserprobte Bibliothek ist hinsichtlich Leistung und Funktionsumfang einer Eigenentwicklung fast immer vorzuziehen. In diesem Buch wollen wir jedoch dazulernen, indem wir unsere eigenen Lösungen entwickeln.

Der Einfachheit halber sind alle Datenmengen, mit denen wir in diesem Kapitel arbeiten werden, mit dem Typ double darstellbar (oder mit dem entsprechenden Objekt-Äquivalent, Double.) Die statistischen Grundfunktionen sum(), mean() und pstdev() (also Summe, Mittelwert und Standardabweichung) sind in der Standardbibliothek definiert. In der nachfolgenden Klasse Statistics werden die statistischen Primitive sum(), mean(), max() und min() mittels DoubleSummaryStatistics implementiert. variance(), std() (Standardabweichung) und zscored() setzen auf diesen Primitiven auf. Ihre Definitionen folgen direkt aus den Formeln, die Sie in einem Statistikhandbuch finden würden.

```java
package chapter6;

import java.util.DoubleSummaryStatistics;
import java.util.List;
import java.util.stream.Collectors;

public final class Statistics {
    private List<Double> list;
    private DoubleSummaryStatistics dss;

    public Statistics(List<Double> list) {
        this.list = list;
        dss = list.stream().collect(Collectors.summarizingDouble(d -> d));
    }

    public double sum() {
        return dss.getSum();
    }
```

```java
    // Durchschnittswert (mean) ermitteln
    public double mean() {
        return dss.getAverage();
    }

    // Varianz ermitteln ((Xi - mean)^2) / N
    public double variance() {
        double mean = mean();
        return list.stream().mapToDouble(x -> Math.pow((x - mean), 2))
                .average().getAsDouble();
    }

    // Standardabweichung ermitteln (sqrt(variance))
    public double std() {
        return Math.sqrt(variance());
    }

    // Elemente in entsprechende z-scores konvertieren (formula z-score =
    // (x - mean) / std)
    public List<Double> zscored() {
        double mean = mean();
        double std = std();
        return list.stream()
                .map(x -> std != 0 ? ((x - mean) / std) : 0.0)
                .collect(Collectors.toList());
    }

    public double max() {
        return dss.getMax();
    }

    public double min() {
        return dss.getMin();
    }
}
```

Listing 6.1 Statistics.java

> **Tipp**
>
> variance() findet die Varianz einer Datenmenge. Eine etwas abweichende Berechnungsformel, die wir nicht verwenden, ermittelt die Varianz einer Probe. Wir werten immer die gesamte Datenmenge der Datenpunkte auf einmal aus.

zscored() wandelt jedes Listenelement in seinen z-Score um, d. h. die Anzahl der Standardabweichungen, um die der Originalwert vom Mittelwert des Datensatzes abweicht. Mehr über z-Scores erfahren Sie später in diesem Kapitel.

Hinweis
Es geht über den Fokus dieses Buchs hinaus, Grundlagen der Statistik zu lehren, aber Sie brauchen nicht mehr als ein rudimentäres Verständnis für Mittelwert und Standardabweichung, um dem Rest des Kapitels zu folgen. Wenn es eine Weile her ist und Sie eine Auffrischung brauchen oder wenn Sie diese Begriffe nie zuvor gelernt haben, kann es helfen, schnell eine Statistikeinführung zu überfliegen, die diese beiden fundamentalen Konzepte erklärt.

Alle Clusteralgorithmen arbeiten mit Datenpunkten, und unsere Implementierung von k-Means ist keine Ausnahme. Wir definieren eine allgemeine Basisklasse und nennen sie DataPoint.

```java
package chapter6;

import java.util.ArrayList;
import java.util.List;

public class DataPoint {
    public final int numDimensions;
    private List<Double> originals;
    public List<Double> dimensions;
    public DataPoint(List<Double> initials) {
        originals = initials;
        dimensions = new ArrayList<>(initials);
        numDimensions = dimensions.size();
    }

    public double distance(DataPoint other) {
        double differences = 0.0;
        for (int i = 0; i < numDimensions; i++) {
            double difference = dimensions.get(i) - other.dimensions.get(i);
            differences += Math.pow(difference, 2);
        }
        return Math.sqrt(differences);
    }
}
```

```
    @Override
    public String toString() {
        return originals.toString();
    }

}
```

Listing 6.2 DataPoint.java

Jeder Datenpunkt muss zur Debug-Ausgabe für Menschen lesbar sein (`toString()`). Jeder Datenpunkt besitzt eine bestimmte Anzahl von Dimensionen (`numDimensions`). Die Liste `dimensions` speichert die eigentlichen Werte für jede dieser Dimensionen als `doubles`. Der Konstruktor nimmt eine Liste von Startwerten entgegen. Diese Dimensionen können von k-Means später durch z-Scores ersetzt werden, sodass wir in `originals` auch eine Kopie der ursprünglichen Daten zur späteren Ausgabe behalten.

Eine letzte Vorbereitung, die wir treffen müssen, bevor wir k-Means in Angriff nehmen können, besteht darin, einen Weg zur Berechnung der Entfernung zwischen zwei beliebigen Datenpunkten desselben Typs zu finden. Es gibt viele Wege, Entfernungen zu berechnen, aber die für k-Means am häufigsten genutzte Form ist der euklidische Abstand. Es handelt sich um die aus dem Satz des Pythagoras ableitbare Entfernungsformel, die den meisten aus einem Mittelstufenkurs in Geometrie bekannt sein dürfte. Übrigens haben wir die Formel bereits in Kapitel 2, »Suchaufgaben«, besprochen, wo wir sie benutzt haben, um die Entfernung zwischen zwei beliebigen Stellen in einem Labyrinth zu bestimmen. Unsere Version für `DataPoint` muss etwas komplexer sein, weil ein `DataPoint` eine beliebige Anzahl von Dimensionen umfassen kann. Die Quadrate der einzelnen Differenzen werden summiert, und `distance()` gibt schließlich die Quadratwurzel dieser Summe aus.

6.2 Der k-Means-Clustering-Algorithmus

k-Means ist ein Clustering-Algorithmus, der versucht, Datenpunkte in eine vordefinierte Anzahl von Clustern zu gruppieren. In jeder Runde von k-Means wird die Entfernung zwischen jedem Datenpunkt und jedem Zentrum eines Clusters (einem Punkt, der als *Zentroid* bezeichnet wird) berechnet. Punkte werden demjenigen Cluster zugeordnet, dessen Zentroid sie am nächsten kommen. Dann berechnet der Algorithmus alle Zentroide neu, um den Mittelwert der jedem Cluster zugeordneten Punkte zu finden und das alte Zentroid durch den neuen Mittelwert zu ersetzen. Der Prozess der Zuordnung von Punkten und der Neuberechnung von Zentroiden geht weiter, bis die Zentroide aufhören, sich zu verändern, oder bis eine bestimmte Anzahl von Iterationen durchlaufen wurde.

Jede Dimension der ursprünglichen Punkte, die k-Means zur Verfügung gestellt wird, muss eine vergleichbare Größenordnung haben. Wenn nicht, wird k-Means Schlagseite in Richtung der Dimensionen mit den größten Differenzen haben. Der Prozess, unterschiedliche Datentypen (in unserem Fall unterschiedliche Dimensionen) vergleichbar zu machen, wird *Normalisierung* genannt. Eine gängige Methode, Daten zu normalisieren, besteht darin, jeden Wert anhand seines *z-Scores* (auch *Standard-Score* genannt) relativ zu den anderen Werten desselben Typs zu bewerten. Ein z-Score wird berechnet, indem von einem Wert der Mittelwert aller Werte abgezogen und dieses Ergebnis durch die Standardabweichung aller Werte dividiert wird. Die Funktion `zscored()` am Anfang des vorigen Abschnitts tut genau das für jeden Wert in einer Liste von `doubles`.

Die Hauptschwierigkeit mit k-Means besteht darin, die Zentroide für die erste Zuordnung auszuwählen. In der grundlegendsten Form des Algorithmus, die wir hier implementieren, werden die ursprünglichen Zentroide zufällig innerhalb des Datenbereichs verstreut. Eine weitere Schwierigkeit besteht in der Entscheidung, in wie viele Cluster die Daten unterteilt werden (das »k« in k-Means). Im klassischen Algorithmus wird diese Anzahl vom Anwender bestimmt, aber dieser kennt möglicherweise die passende Anzahl nicht, sodass ein wenig experimentiert werden muss. Wir lassen den Anwender »k« definieren.

Wenn wir all diese Schritte und Überlegungen zusammenführen, sieht unser k-Means-Clustering-Algorithmus so aus:

1. alle Datenpunkte und »k« leere Cluster initialisieren
2. alle Datenpunkte normalisieren
3. zufällige Zentroide erzeugen, die jedem Cluster zugeordnet werden
4. jeden Datenpunkt dem Cluster zuordnen, dessen Zentroid er am nächsten kommt
5. jedes Zentroid so neu berechnen, dass es das Zentrum (den Mittelwert) des Clusters bildet, mit dem es verknüpft ist
6. die Schritte 4 und 5 wiederholen, bis eine maximale Anzahl von Iterationen erreicht ist oder bis die Zentroide aufhören, sich zu verändern (Konvergenz)

Vom Konzept her ist k-Means eigentlich recht einfach: In jeder Iteration wird jeder Datenpunkt mit dem Cluster verknüpft, dem er in Bezug auf das Zentrum des Clusters am nächsten liegt. Das Zentrum verschiebt sich, wenn neue Punkte mit dem Cluster verknüpft werden. Dies wird in Abbildung 6.1 veranschaulicht.

6.2 Der k-Means-Clustering-Algorithmus

Wir werden eine Klasse implementieren, die Zustand und Ausführung des Algorithmus verwaltet, ähnlich wie GeneticAlgorithm in Kapitel 5, »Genetische Algorithmen«. Wir beginnen mit einer internen Klasse, die einen Cluster repräsentiert.

```java
import java.util.ArrayList;
import java.util.List;
import java.util.Random;
import java.util.stream.Collectors;

public class KMeans<Point extends DataPoint> {

    public class Cluster {
        public List<Point> points;
        public DataPoint centroid;
        public Cluster(List<Point> points, DataPoint randPoint) {
            this.points = points;
            this.centroid = randPoint;
        }
    }
}
```
Listing 6.3 KMeans.java

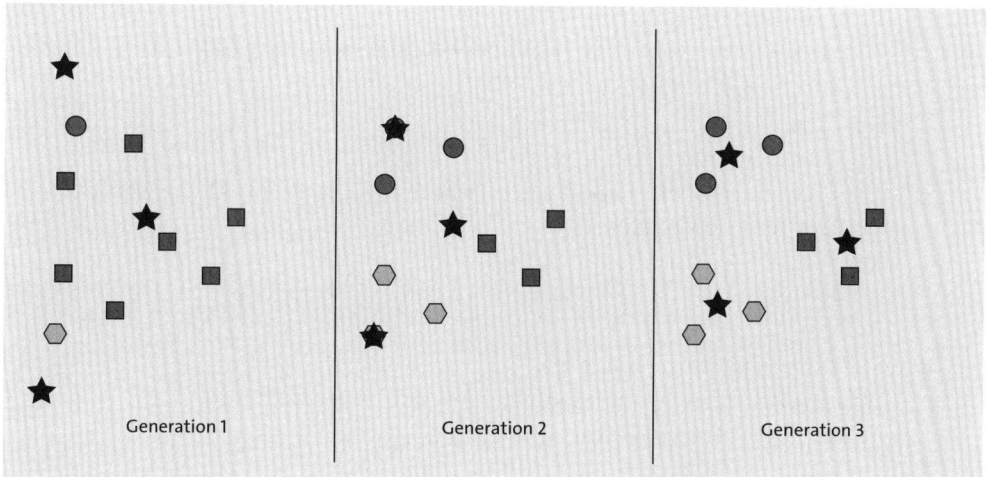

Abbildung 6.1 Ein Beispiel dafür, wie k-Means drei Generationen mit einer beliebigen Datenmenge durchläuft. Sterne stehen für Zentroide, während Farben und Formen aktuelle Clusterzugehörigkeiten (mit Änderungen) darstellen.

KMeans ist eine generische Klasse. Sie funktioniert mit DataPoint oder beliebigen Unterklassen von DataPoint, wie durch den Parameter bound des Typs Point definiert (Point extends DataPoint). Es gibt eine interne Klasse namens Cluster, die sich während der Operation die einzelnen Cluster merkt. Jedem Cluster sind Datenpunkte und ein Zentroid zugeordnet.

> **Hinweis**
>
> In diesem Kapitel lassen wir einige Instanzvariablen, auf die normalerweise über Getter/Setter zugegriffen wird, öffentlich, um den Code zu verdichten und besser lesbar zu machen.

Wir fahren nun mit dem Konstruktor der äußeren Klasse fort.

```java
    private List<Point> points;
    private List<Cluster> clusters;

    public KMeans(int k, List<Point> points) {
        if (k < 1) { // Kann nicht mit negativen oder Nullclustern umgehen
            throw new IllegalArgumentException("k must be >= 1");
        }
        this.points = points;
        zScoreNormalize();
        // Leere Cluster mit zufälligen Zentroiden initialisieren
        clusters = new ArrayList<>();
        for (int i = 0; i < k; i++) {
            DataPoint randPoint = randomPoint();
            Cluster cluster = new Cluster(new ArrayList<Point>(), randPoint);
            clusters.add(cluster);
        }
    }

    private List<DataPoint> centroids() {
        return clusters.stream().map(cluster -> cluster.centroid)
                .collect(Collectors.toList());
    }
```

Listing 6.4 KMeans.java (Fortsetzung)

Mit KMeans ist ein Array namens points verknüpft. Darin befinden sich alle Punkte der Datenmenge. Die Punkte werden auf die Cluster weiterverteilt, die in der entsprechend benannten Variablen clusters gespeichert werden. Wenn die Klasse KMeans instanziiert wird, muss sie wissen, wie viele Cluster sie erzeugen soll (k). Jedes Cluster hat anfangs ein zufälliges Zentroid. Alle im Algorithmus verwendeten Datenpunkte werden durch den z-Score normalisiert. Die Methode centroids gibt alle Zentroide zurück, die mit den im Algorithmus eingesetzten Clustern verknüpft sind.

```java
    private List<Double> dimensionSlice(int dimension) {
        return points.stream().map(x -> x.dimensions.get(dimension))
                .collect(Collectors.toList());
    }
```

Listing 6.5 KMeans.java (Fortsetzung)

dimensionSlice() ist eine Hilfsmethode, die im Prinzip eine Datenspalte zurückgibt. Sie liefert eine Liste zurück, die aus jedem Wert an einem bestimmten Index in jedem Datenpunkt besteht. Wenn die Datenpunkte beispielsweise vom Typ DataPoint wären, würde dimensionSlice(0) eine Liste aller Werte der ersten Dimension jedes Datenpunkts zurückgeben. Das ist für die nun folgende Normalisierungsmethode nützlich.

```java
    private void zScoreNormalize() {
        List<List<Double>> zscored = new ArrayList<>();
        for (Point point : points) {
            zscored.add(new ArrayList<Double>());
        }
        for (int dimension = 0; dimension <
        points.get(0).numDimensions; dimension++) {
            List<Double> dimensionSlice = dimensionSlice(dimension);
            Statistics stats = new Statistics(dimensionSlice);
            List<Double> zscores = stats.zscored();
            for (int index = 0; index < zscores.size(); index++) {
                zscored.get(index).add(zscores.get(index));
            }
        }
        for (int i = 0; i < points.size(); i++) {
            points.get(i).dimensions = zscored.get(i);
        }
    }
```

Listing 6.6 KMeans.java (Fortsetzung)

zScoreNormalize() ersetzt die Werte in der Liste dimensions jedes Datenpunkts durch dessen z-Score-Äquivalent. Dies verwendet die Funktion zscored(), die wir eben für double-Listen definiert haben. Zwar werden die Werte in der Liste dimensions ersetzt, aber diejenigen in der Liste originals in DataPoint nicht. Das ist nützlich; der User des Algorithmus kann so immer noch die ursprünglichen Werte der Dimensionen vor der Normalisierung erhalten, nachdem der Algorithmus ausgeführt wird, wenn sie an beiden Stellen gespeichert werden.

```java
private DataPoint randomPoint() {
    List<Double> randDimensions = new ArrayList<>();
    Random random = new Random();
    for (int dimension = 0;
  dimension < points.get(0).numDimensions; dimension++) {
        List<Double> values = dimensionSlice(dimension);
        Statistics stats = new Statistics(values);
        Double randValue = random.doubles(stats.min(),
 stats.max()).findFirst().getAsDouble();
        randDimensions.add(randValue);
    }
    return new DataPoint(randDimensions);
}
```

Listing 6.7 KMeans.java (Fortsetzung)

Die obige Methode randomPoint() wird im Konstruktor verwendet, um die ursprünglichen, zufälligen Zentroide für jedes Cluster zu erzeugen. Sie beschränkt die Zufallswerte jedes Punkts auf den Wertebereich der existierenden Datenpunkte. Sie verwendet den Konstruktor, den wir zuvor in DataPoint definiert haben, um einen neuen Punkt aus einer Liste von Werten zu erzeugen.

Jetzt kümmern wir uns um unsere Methode zum Finden des passenden Clusters, zu dem ein Datenpunkt gehören soll.

```java
// Das nächstgelegene Cluster-Zentroid für jeden Punkt finden und den
// Punkt diesem Cluster zuordnen
private void assignClusters() {
    for (Point point : points) {
        double lowestDistance = Double.MAX_VALUE;
        Cluster closestCluster = clusters.get(0);
        for (Cluster cluster : clusters) {
            double centroidDistance =
                point.distance(cluster.centroid);
            if (centroidDistance < lowestDistance) {
                lowestDistance = centroidDistance;
```

```
            closestCluster = cluster;
        }
    }
    closestCluster.points.add(point);
  }
}
```

Listing 6.8 KMeans.java (Fortsetzung)

Im Lauf des Buchs haben wir diverse Methoden geschrieben, die das Minimum oder das Maximum in einer Liste finden. Diese hier ist ihnen nicht unähnlich. In diesem Fall suchen wir das Cluster-Zentroid, das die geringste Entfernung zu jedem einzelnen Punkt hat. Der Punkt wird dann diesem Cluster zugeordnet.

```
// Das Zentrum jedes Clusters finden und das Zentroid dorthin verschieben
private void generateCentroids() {
    for (Cluster cluster : clusters) {
        // Ignorieren, falls der Cluster leer ist
        if (cluster.points.isEmpty()) {
            continue;
        }
        List<Double> means = new ArrayList<>();
        for (int i = 0; i < cluster.points.get(0).numDimensions; i++) {
            int dimension = i;
            Double dimensionMean = cluster.points.stream()
                    .mapToDouble(x ->
                x.dimensions.get(dimension)).average().getAsDouble();
            means.add(dimensionMean);
        }
        cluster.centroid = new DataPoint(means);
    }
}
```

Listing 6.9 KMeans.java (Fortsetzung)

Nachdem jeder Punkt einem Cluster zugeordnet wurde, werden die neuen Zentroide berechnet. Dazu gehört die Berechnung des Mittelwerts jeder Dimension jedes Punkts im Cluster. Die Mittelwerte dieser Dimensionen werden dann kombiniert, um den »Mittelpunkt« im Cluster zu finden, der zum neuen Zentroid wird. Beachten Sie, dass wir hier nicht dimensionSlice() verwenden können, weil die fraglichen Punkte eine Teilmenge aller Punkte sind (nur diejenigen, die zu einem bestimmten Cluster gehören). Wie könnte `dimensionSlice()` umgeschrieben werden, um generischer zu sein? Als Übung überlassen wir es dem Leser, hierüber nachzudenken.

Schauen wir uns nun die Methode (und eine Hilfsmethode) an, die den eigentlichen Algorithmus ausführen wird.

```java
    //
Prüfen, ob zwei Listen von Datenpunkten die gleichen Datenpunkte enthalten
    private boolean listsEqual(List<DataPoint> first, List<DataPoint> second) {
        if (first.size() != second.size()) {
            return false;
        }
        for (int i = 0; i < first.size(); i++) {
            for (int j = 0; j < first.get(0).numDimensions; j++) {
                if (first.get(i).dimensions.get(j).doubleValue() !=
    second.get(i).dimensions.get(j).doubleValue()) {
                    return false;
                }
            }
        }
        return true;
    }

    public List<Cluster> run(int maxIterations) {
        for (int iteration = 0; iteration < maxIterations; iteration++) {
            for (Cluster cluster : clusters) { // Alle Cluster leeren
                cluster.points.clear();
            }
            assignClusters();
            List<DataPoint> oldCentroids = new ArrayList<>(centroids());
            generateCentroids(); // Neue Zentroide finden
            if (listsEqual(oldCentroids, centroids())) {
                System.out.println("Konvergenz nach " + iteration
    + " iterations.");
                return clusters;
            }
        }
        return clusters;
    }
```

Listing 6.10 KMeans.java (Fortsetzung)

run() ist die reinste Umsetzung des ursprünglichen Algorithmus. Die einzige Änderung am Algorithmus, die Ihnen unerwartet vorkommen könnte, ist das Entfernen aller Punkte zu Beginn jeder Iteration. Würde dieser Schritt weggelassen, dann würde die Methode assignClusters(), wie sie geschrieben wurde, Punkte letztlich doppelt in jedes Cluster packen. listsEqual() ist eine Hilfsmethode, die prüft, ob zwei Listen von Datenpunkten die gleichen Punkte enthalten. Dies ist nützlich, um zu prüfen, ob es zwischen den Generationen keine Änderungen an den Zentroiden gab (was bedeutet, dass die Bewegung aufgehört hat und der Algorithmus anhalten sollte).

Sie können das Ganze schnell mit Test-DataPoints und k = 2 ausprobieren.

```java
    public static void main(String[] args) {
        DataPoint point1 = new DataPoint(List.of(2.0, 1.0, 1.0));
        DataPoint point2 = new DataPoint(List.of(2.0, 2.0, 5.0));
        DataPoint point3 = new DataPoint(List.of(3.0, 1.5, 2.5));
        KMeans<DataPoint> kmeansTest =
    new KMeans<>(2, List.of(point1, point2, point3));
        List<KMeans<DataPoint>.Cluster> testClusters = kmeansTest.run(100);
        for (int clusterIndex = 0;
    clusterIndex < testClusters.size(); clusterIndex++) {
            System.out.println("Cluster " + clusterIndex + ": "
                + testClusters.get(clusterIndex).points);
        }
    }

}
```

Listing 6.11 KMeans.java (Fortsetzung)

Da der Zufall eine Rolle spielt, können Ihre Ergebnisse abweichen. Das erwartete Ergebnis sieht ungefähr so aus:

```
Konvergenz nach 1 Iterationen

Cluster 0: [[2.0, 1.0, 1.0], [3.0, 1.5, 2.5]]
Cluster 1: [[2.0, 2.0, 5.0]]
```

6.3 Gouverneure nach Alter und Längengrad clustern

Jeder amerikanische Bundesstaat hat einen Gouverneur oder eine Gouverneurin. Im Juni 2017 reichte ihr Alter von 42 bis 79 Jahren. Wenn wir die Vereinigten Staaten von

Osten nach Westen durchgehen und den Längengrad jedes Staates betrachten, finden wir vielleicht Cluster von Staaten mit ähnlichen Längengraden und Gouverneuren ähnlichen Alters. Abbildung 6.2 ist ein Streudiagramm aller 50 Gouverneure. Die x-Achse stellt die Längengrade der Staaten dar und die y-Achse das Alter der Gouverneure.

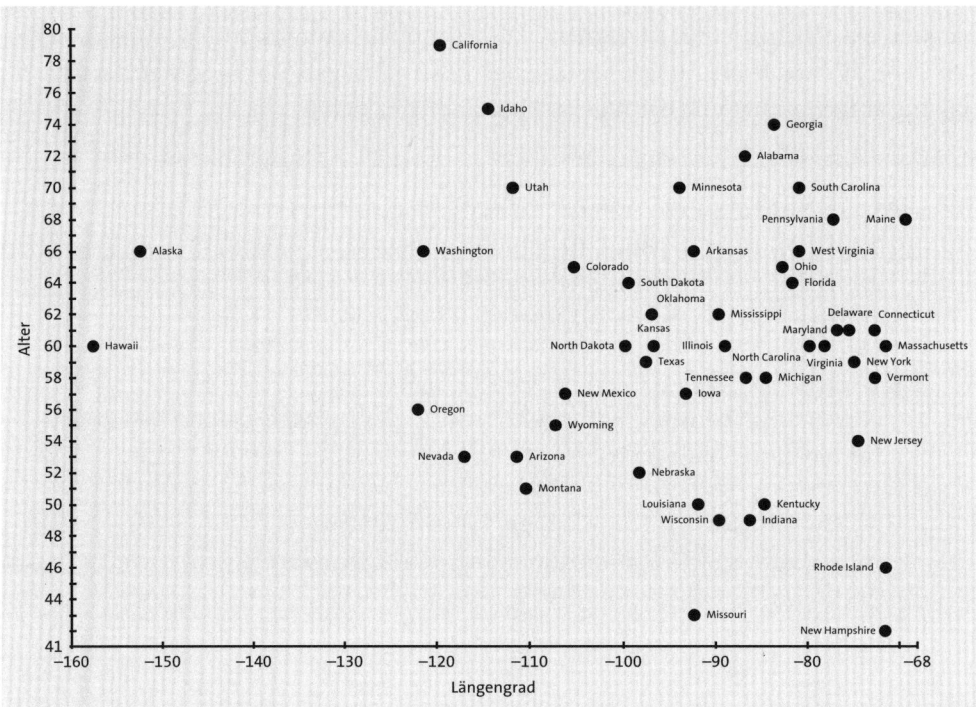

Abbildung 6.2 Gouverneure der Bundesstaaten im Juni 2017, verteilt nach Staats-Längengrad und Alter der Gouverneure

Gibt es irgendwelche offensichtlichen Cluster in Abbildung 6.2? In dieser Abbildung sind die Achsen nicht normalisiert. Stattdessen blicken wir auf Rohdaten. Wenn Cluster immer offensichtlich wären, bestünde kein Bedarf für Clustering-Algorithmen.

Versuchen wir, diese Datenmenge mit k-Means zu verarbeiten. Zuerst brauchen wir eine Methode, einen einzelnen Datenpunkt darzustellen.

```
package chapter6;

import java.util.ArrayList;
import java.util.List;

public class Governor extends DataPoint {
```

```java
    private double longitude;
    private double age;
    private String state;

    public Governor(double longitude, double age, String state) {
        super(List.of(longitude, age));
        this.longitude = longitude;
        this.age = age;
        this.state = state;
    }

    @Override
    public String toString() {
        return state + ": (longitude: " + longitude + ", age: " + age + ")";
    }
}
```
Listing 6.12 Governor.java

Ein Governor hat zwei benannte und gespeicherte Dimensionen: longitude und age. Darüber hinaus nimmt Governor keine Änderungen am Mechanismus seiner Oberklasse DataPoint vor, außer toString() für die formatierte Ausgabe zu überschreiben. Es wäre recht unvernünftig, die nachfolgenden Daten manuell einzugeben, also bedienen Sie sich besser im Downloadmaterial zu diesem Buch.

```java
public static void main(String[] args) {
    List<Governor> governors = new ArrayList<>();
    governors.add(new Governor(-86.79113, 72, "Alabama"));
    governors.add(new Governor(-152.404419, 66, "Alaska"));
    governors.add(new Governor(-111.431221, 53, "Arizona"));
    governors.add(new Governor(-92.373123, 66, "Arkansas"));
    governors.add(new Governor(-119.681564, 79, "California"));
    governors.add(new Governor(-105.311104, 65, "Colorado"));
    governors.add(new Governor(-72.755371, 61, "Connecticut"));
    governors.add(new Governor(-75.507141, 61, "Delaware"));
    governors.add(new Governor(-81.686783, 64, "Florida"));
    governors.add(new Governor(-83.643074, 74, "Georgia"));
    governors.add(new Governor(-157.498337, 60, "Hawaii"));
    governors.add(new Governor(-114.478828, 75, "Idaho"));
    governors.add(new Governor(-88.986137, 60, "Illinois"));
    governors.add(new Governor(-86.258278, 49, "Indiana"));
    governors.add(new Governor(-93.210526, 57, "Iowa"));
```

```
governors.add(new Governor(-96.726486, 60, "Kansas"));
governors.add(new Governor(-84.670067, 50, "Kentucky"));
governors.add(new Governor(-91.867805, 50, "Louisiana"));
governors.add(new Governor(-69.381927, 68, "Maine"));
governors.add(new Governor(-76.802101, 61, "Maryland"));
governors.add(new Governor(-71.530106, 60, "Massachusetts"));
governors.add(new Governor(-84.536095, 58, "Michigan"));
governors.add(new Governor(-93.900192, 70, "Minnesota"));
governors.add(new Governor(-89.678696, 62, "Mississippi"));
governors.add(new Governor(-92.288368, 43, "Missouri"));
governors.add(new Governor(-110.454353, 51, "Montana"));
governors.add(new Governor(-98.268082, 52, "Nebraska"));
governors.add(new Governor(-117.055374, 53, "Nevada"));
governors.add(new Governor(-71.563896, 42, "New Hampshire"));
governors.add(new Governor(-74.521011, 54, "New Jersey"));
governors.add(new Governor(-106.248482, 57, "New Mexico"));
governors.add(new Governor(-74.948051, 59, "New York"));
governors.add(new Governor(-79.806419, 60, "North Carolina"));
governors.add(new Governor(-99.784012, 60, "North Dakota"));
governors.add(new Governor(-82.764915, 65, "Ohio"));
governors.add(new Governor(-96.928917, 62, "Oklahoma"));
governors.add(new Governor(-122.070938, 56, "Oregon"));
governors.add(new Governor(-77.209755, 68, "Pennsylvania"));
governors.add(new Governor(-71.51178, 46, "Rhode Island"));
governors.add(new Governor(-80.945007, 70, "South Carolina"));
governors.add(new Governor(-99.438828, 64, "South Dakota"));
governors.add(new Governor(-86.692345, 58, "Tennessee"));
governors.add(new Governor(-97.563461, 59, "Texas"));
governors.add(new Governor(-111.862434, 70, "Utah"));
governors.add(new Governor(-72.710686, 58, "Vermont"));
governors.add(new Governor(-78.169968, 60, "Virginia"));
governors.add(new Governor(-121.490494, 66, "Washington"));
governors.add(new Governor(-80.954453, 66, "West Virginia"));
governors.add(new Governor(-89.616508, 49, "Wisconsin"));
governors.add(new Governor(-107.30249, 55, "Wyoming"));
```

Listing 6.13 Governor.java (Fortsetzung)

Wir führen k-Means mit $k = 2$ aus.

```
        KMeans<Governor> kmeans = new KMeans<>(2, governors);
        List<KMeans<Governor>.Cluster> govClusters = kmeans.run(100);
        for (int clusterIndex = 0;
    clusterIndex < govClusters.size(); clusterIndex++) {
            System.out.printf("Cluster %d: %s%n",
    clusterIndex, govClusters.get(clusterIndex).points);
        }
    }

}
```

Listing 6.14 Governor.java (Fortsetzung)

Da `KMeans` mit zufälligen Zentroiden startet, kann jeder Durchlauf potenziell unterschiedliche Cluster zurückgeben. Das folgende Ergebnis stammt aus einem Durchlauf mit einem interessanten Cluster:

Converged after 3 iterations.
Cluster 0: [Alabama: (longitude: -86.79113, age: 72.0), Arizona: (longitude: -111.431221, age: 53.0), Arkansas: (longitude: -92.373123, age: 66.0), Colorado: (longitude: -105.311104, age: 65.0), Connecticut: (longitude: -72.755371, age: 61.0), Delaware: (longitude: -75.507141, age: 61.0), Florida: (longitude: -81.686783, age: 64.0), Georgia: (longitude: -83.643074, age: 74.0), Illinois: (longitude: -88.986137, age: 60.0), Indiana: (longitude: -86.258278, age: 49.0), Iowa: (longitude: -93.210526, age: 57.0), Kansas: (longitude: -96.726486, age: 60.0), Kentucky: (longitude: -84.670067, age: 50.0), Louisiana: (longitude: -91.867805, age: 50.0), Maine: (longitude: -69.381927, age: 68.0), Maryland: (longitude: -76.802101, age: 61.0), Massachusetts: (longitude: -71.530106, age: 60.0), Michigan: (longitude: -84.536095, age: 58.0), Minnesota: (longitude: -93.900192, age: 70.0), Mississippi: (longitude: -89.678696, age: 62.0), Missouri: (longitude: -92.288368, age: 43.0), Montana: (longitude: -110.454353, age: 51.0), Nebraska: (longitude: -98.268082, age: 52.0), Nevada: (longitude: -117.055374, age: 53.0), New Hampshire: (longitude: -71.563896, age: 42.0), New Jersey: (longitude: -74.521011, age: 54.0), New Mexico: (longitude: -106.248482, age: 57.0), New York: (longitude: -74.948051, age: 59.0), North Carolina: (longitude: -79.806419, age: 60.0), North Dakota: (longitude: -99.784012, age: 60.0), Ohio: (longitude: -82.764915, age: 65.0), Oklahoma: (longitude: -96.928917, age: 62.0), Pennsylvania: (longitude: -77.209755, age: 68.0), Rhode Island: (longitude: -71.51178, age: 46.0), South Carolina: (longitude: -80.945007, age: 70.0), South Dakota: (longitude: -99.438828, age: 64.0), Tennessee: (longitude: -86.692345, age: 58.0), Texas: (longitude:

-97.563461, age: 59.0), Vermont: (longitude: -72.710686, age: 58.0), Virginia: (longitude: -78.169968, age: 60.0), West Virginia: (longitude: -80.954453, age: 66.0), Wisconsin: (longitude: -89.616508, age: 49.0), Wyoming: (longitude: -107.30249, age: 55.0)]
Cluster 1: [Alaska: (longitude: -152.404419, age: 66.0), California: (longitude: -119.681564, age: 79.0), Hawaii: (longitude: -157.498337, age: 60.0), Idaho: (longitude: -114.478828, age: 75.0), Oregon: (longitude: -122.070938, age: 56.0), Utah: (longitude: -111.862434, age: 70.0), Washington: (longitude: -121.490494, age: 66.0)]

Cluster 1 stellt die äußerst westlich gelegenen Staaten dar, die alle geografisch beieinanderliegen (wenn Sie Alaska und Hawaii als Nachbarn der Pazifikküstenstaaten betrachten). Sie alle haben relativ alte Gouverneure und bilden daher ein interessantes Cluster. Mögen die Leute im Pazifikgebiet ältere Gouverneure? Wir können aus diesen Clustern keine über eine Korrelation hinausgehende Schlussfolgerung ziehen. Abbildung 6.3 veranschaulicht das Ergebnis. Quadrate sind Cluster 1 und Kreise Cluster 0.

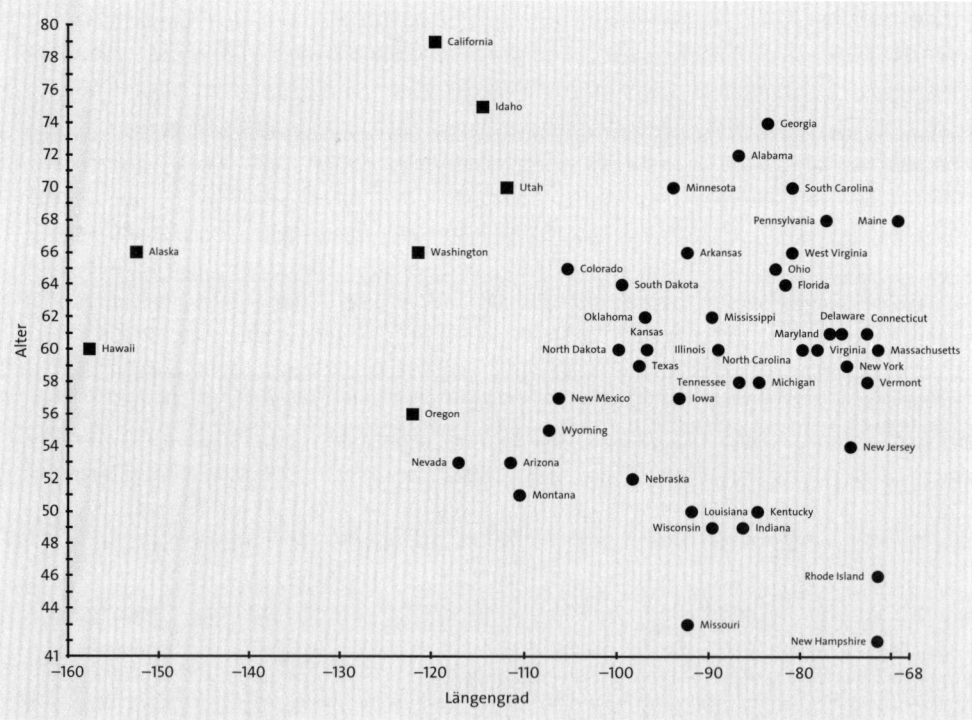

Abbildung 6.3 Datenpunkte in Cluster 0 werden durch Kreise dargestellt und Datenpunkte in Cluster 1 durch Quadrate.

Tipp
Es kann nicht oft genug darauf hingewiesen werden, dass Ihre Ergebnisse bei k-Means mit zufälliger Initialisierung von Zentroiden variieren werden. Vergessen Sie nicht, k-Means mehrmals mit jeder Datenmenge auszuführen.

6.4 Michael-Jackson-Alben nach Länge clustern

Michael Jackson hat 10 Solo-Studioalben veröffentlicht. Im folgenden Beispiel werden wir diese Alben unter Betrachtung zweier Dimensionen clustern: Länge des Albums (in Minuten) und Anzahl der Tracks. Dieses Beispiel bildet einen guten Kontrast zum vorherigen Beispiel mit den Gouverneuren, weil es einfach ist, die Cluster in den Originaldaten schon ohne die Ausführung von k-Means zu sehen. Ein Beispiel wie dieses kann eine gute Möglichkeit sein, eine Implementierung eines Clustering-Algorithmus zu debuggen.

Hinweis
Beide Beispiele in diesem Kapitel verwenden zweidimensionale Datenpunkte, aber nur k-Means kann mit Datenpunkten mit jeder beliebigen Anzahl von Dimensionen arbeiten.

Das Beispiel wird hier in seiner Gesamtheit als ein Codelisting gezeigt. Wenn Sie sich die Albendaten im folgenden Codelisting anschauen, bevor Sie das Beispiel überhaupt ausführen, wird klar, dass Michael Jackson gegen Ende seiner Karriere längere Alben veröffentlichte. Die beiden Cluster von Alben sollten also wahrscheinlich zwischen früheren Alben und späteren Alben aufgeteilt sein. *HIStory: Past, Present, and Future, Book I* ist ein Ausreißer und kann auch logisch in seinem eigenen Solocluster landen. Ein *Ausreißer* ist ein Datenpunkt, der außerhalb der normalen Grenzen einer Datenmenge liegt.

```java
package chapter6;

import java.util.ArrayList;
import java.util.List;
public class Album extends DataPoint {

    private String name;
    private int year;

    public Album(String name, int year, double length, double tracks) {
```

```java
        super(List.of(length, tracks));
        this.name = name;
        this.year = year;
    }

    @Override
    public String toString() {
        return "(" + name + ", " + year + ")";
    }

    public static void main(String[] args) {
        List<Album> albums = new ArrayList<>();
        albums.add(new Album("Got to Be There", 1972, 35.45, 10));
        albums.add(new Album("Ben", 1972, 31.31, 10));
        albums.add(new Album("Music & Me", 1973, 32.09, 10));
        albums.add(new Album("Forever, Michael", 1975, 33.36, 10));
        albums.add(new Album("Off the Wall", 1979, 42.28, 10));
        albums.add(new Album("Thriller", 1982, 42.19, 9));
        albums.add(new Album("Bad", 1987, 48.16, 10));
        albums.add(new Album("Dangerous", 1991, 77.03, 14));
        albums.add(new Album("HIStory:
 Past, Present and Future, Book I", 1995, 148.58, 30));
        albums.add(new Album("Invincible", 2001, 77.05, 16));
        KMeans<Album> kmeans = new KMeans<>(2, albums);
        List<KMeans<Album>.Cluster> clusters = kmeans.run(100);
        for (int clusterIndex = 0;
 clusterIndex < clusters.size(); clusterIndex++) {
            System.out.printf("Cluster %d Avg Length %f Avg Tracks %f: %s%n",
                clusterIndex, clusters.get(clusterIndex).centroid.dimensions.get(0),
                clusters.get(clusterIndex).centroid.dimensions.get(1),
                clusters.get(clusterIndex).points);
        }
    }

}
```

Listing 6.15 Album.java

Beachten Sie, dass die Attribute name und year nur für Beschriftungszwecke aufgenommen werden und nicht ins eigentliche Clustering einfließen. Hier eine Beispielausgabe:

```
Converged after 1 iterations.
Cluster 0 Avg Length -0.5458820039179509 Avg Tracks -0.5009878988684237:
[(Got to Be There, 1972), (Ben, 1972), (Music & Me, 1973), (Forever, Michael,
1975), (Off the Wall, 1979), (Thriller, 1982), (Bad, 1987)]
Cluster 1 Avg Length 1.2737246758085525 Avg Tracks 1.168971764026322:
[(Dangerous, 1991), (HIStory: Past, Present and Future, Book I, 1995),
(Invincible, 2001)]
```

Die ausgegebenen Clusterdurchschnitte sind interessant. Beachten Sie, dass die Durchschnitte z-Scores sind. Die drei Alben aus Cluster 1, Michael Jacksons letzte drei Alben, waren etwa eine Standardabweichung länger als der Durchschnitt seiner gesamten zehn Soloalben.

6.5 k-Means-Clustering-Probleme und -Erweiterungen

Wenn k-Means-Clustering mit zufälligen Startpunkten implementiert wird, fehlen ihm unter Umständen sinnvolle Aufteilungspunkte innerhalb der Daten. Das führt oft zu einer Menge von Versuchen und Fehlern für den Anwender. Den richtigen Wert für »k« (die Anzahl der Cluster) zu finden, ist ebenfalls schwierig und fehleranfällig, wenn der Anwender kein gutes Verständnis dafür hat, wie viele Datengruppen existieren sollten.

Es gibt auch komplexere Versionen von k-Means, die versuchen können, über diese problematischen Variablen informierte Entscheidungen zu treffen oder automatisch verschiedene Varianten durchzuprobieren. Eine verbreitete Variante ist der Algorithmus k-Means++, der versucht, das Initialisierungsproblem zu lösen, indem er Zentroide nach einer Wahrscheinlichkeitsverteilung der Entfernung zu jedem Punkt statt nach purem Zufall auswählt. Eine noch bessere Option für viele Anwendungen besteht darin, gute Startregionen für jedes Zentroid auf der Basis vorab bekannter Informationen über die Daten zu wählen – mit anderen Worten eine Version von k-Means, in der der User des Algorithmus die ursprünglichen Zentroide wählt.

Die Laufzeit von k-Means-Clustering ist proportional zur Anzahl der Datenpunkte, zur Anzahl der Cluster und zur Anzahl von Dimensionen der Datenpunkte. Der Algorithmus kann in seiner einfachen Form unbenutzbar werden, wenn es eine große Anzahl von Punkten mit einer großen Anzahl von Dimensionen gibt. Es gibt Erweiterungen, die versuchen, nicht so umfangreiche Berechnungen zwischen jedem Punkt und jedem Zentrum durchzuführen, indem sie auswerten, ob ein Punkt wirklich das Potenzial hat, in ein anderes Cluster zu wechseln, bevor sie die Berechnung durchführen. Eine weitere Option für Datenmengen mit vielen Punkten oder hohen Dimensionen besteht darin, nur eine Stichprobe der Datenpunkte durch k-Means verarbeiten zu lassen. Dies ergibt Näherungswerte der Cluster, die der vollständige k-Means-Algorithmus finden kann.

Ausreißer in einer Datenmenge können zu merkwürdigen Ergebnissen für k-Means führen. Wenn ein Anfangs-Zentroid zufällig in die Nähe eines Ausreißers fällt, könnte es ein Cluster mit einem Element bilden (wie es potenziell mit dem Album *HIStory* im Michael-Jackson-Beispiel passieren könnte). k-Means kann nach der Entfernung von Ausreißern besser funktionieren.

Zuletzt kann der Mittelwert nicht immer als gutes Maß für das Zentrum gelten. K-Medians betrachtet stattdessen den Median jeder Dimension, und k-Medoids verwendet einen tatsächlichen Punkt in der Datenmenge als Mitte jedes Clusters. Es gibt statistische Gründe, die über den Fokus dieses Buchs hinausgehen, jede dieser Zentrierungsmethoden zu wählen, aber die Vernunft gebietet, dass es sich bei einem kniffligen Problem lohnen kann, sie alle auszuprobieren und die Ergebnisse zu vergleichen.

6.6 k-Means-Clustering im Alltag

Mit Clustering beschäftigen sich Datenwissenschaftler und Statistikanalysten. Als Möglichkeit der Dateninterpretation ist es auf den verschiedensten Gebieten weit verbreitet. k-Means-Clustering im Besonderen ist ein sinnvolles Verfahren, wenn wenig über die Struktur der Datenmenge bekannt ist.

In der Datenanalyse ist Clustering ein grundlegendes Verfahren. Denken Sie an eine Polizeiwache, die wissen will, wo sie Beamte auf Patrouille schicken sollte. Denken Sie an ein Fastfood-Franchise, das herausfinden möchte, wo seine besten Kunden wohnen, um Werbung zu verschicken. Denken Sie an einen Bootsverleiher, der Unfälle minimieren möchte, indem er analysiert, wann sie passieren und wer sie verursacht. Überlegen Sie, wie sie ihre Probleme durch Clustering lösen könnten.

Clustering hilft bei der Mustererkennung. Ein Clustering-Algorithmus kann Muster erkennen, die dem menschlichen Auge verborgen bleiben. Beispielsweise wird Clustering manchmal in der Biologie verwendet, um Gruppen inkongruenter Zellen zu identifizieren.

In der Bilderkennung hilft Clustering beim Erkennen nicht offensichtlicher Merkmale. Einzelne Pixel können als Datenpunkte behandelt werden, wobei ihre Beziehung zueinander durch Entfernung und Farbunterschied definiert wird.

In der Politikwissenschaft wird Clustering manchmal verwendet, um Wähler zu finden, die man ansprechen sollte. Kann eine politische Partei auf einen einzelnen Bezirk konzentrierte vergessene Wähler finden, auf die sie ihre Kampagnengelder konzentrieren sollte? Über welche Themen machen ähnliche Wähler sich wahrscheinlich Sorgen?

6.7 Übungsaufgaben

1. Schreiben Sie eine Funktion, die Daten aus einer CSV-Datei in DataPoints importieren kann.
2. Schreiben Sie mithilfe eines GUI-Frameworks (wie etwa AWT, Swing oder JavaFX) oder einer Grafikbibliothek eine Funktion, die ein farbcodiertes Streudiagramm der Ergebnisse einer beliebigen Ausführung von KMeans mit einer zweidimensionalen Datenmenge erstellt.
3. Schreiben Sie eine neue Initialisierungsmethode für KMeans, die Anfangspositionen für Zentroide als Parameter entgegennimmt, statt sie zufällig zuzuordnen.
4. Recherchieren und implementieren Sie den Algorithmus k-Means++.

Kapitel 7
Einfache neuronale Netzwerke

Wenn wir heute, im Jahr 2021, von Fortschritten im Bereich der künstlichen Intelligenz hören, betreffen sie meist eine bestimmte Teildisziplin, die *maschinelles Lernen* (Englisch *machine learning*) genannt wird und bei der Computer neue Informationen erlernen, ohne dass sie explizit dazu angewiesen werden. Diese Fortschritte werden des Öfteren durch ein bestimmtes Verfahren des maschinellen Lernens erzielt, die *neuronalen Netzwerke*. Obwohl sie vor Jahrzehnten erfunden wurden, erleben neuronale Netzwerke in letzter Zeit eine Art Renaissance, weil verbesserte Hardware und neu entdeckte recherchegetriebene Softwareverfahren ein neues Paradigma namens *tiefes Lernen* (Englisch *deep learning*) ermöglichen.

Tiefes Lernen hat sich als weithin verwendbares Verfahren erwiesen. Es erwies sich für allerlei Aufgaben von Hedgefonds-Algorithmen bis hin zur Bioinformatik als nützlich. Zwei Anwendungen für tiefes Lernen, mit denen Endanwender inzwischen vertraut sind, sind Bilderkennung und Spracherkennung. Wenn Sie Ihre digitale Assistentin je gefragt haben, wie das Wetter ist, oder wenn ein Fotoprogramm Ihr Gesicht erkennt, fand wahrscheinlich eine Art tiefen Lernens statt.

Verfahren für tiefes Lernen verwenden dieselben Grundbausteine wie einfachere neuronale Netzwerke. In diesem Kapitel erforschen wir diese Bausteine, indem wir ein einfaches neuronales Netzwerk bauen. Es genügt nicht dem aktuellen Stand der Technik, gibt Ihnen aber eine Grundlage für das Verständnis des tiefen Lernens (das auf komplexeren neuronalen Netzwerken als denjenigen basiert, die wir bauen). Die meisten Praxisanwender des maschinellen Lernens entwickeln neuronale Netzwerke nicht von Grund auf neu. Stattdessen verwenden sie verbreitete, hochoptimierte vorgefertigte Frameworks für den harten Kern der Arbeit. Auch wenn dieses Kapitel Ihnen nicht dabei hilft, die Anwendung eines spezifischen Frameworks zu erlernen, und auch wenn das Netzwerk, das wir aufbauen, nicht für die praktische Nutzanwendung geeignet ist, hilft es Ihnen zumindest, die Arbeitsweise dieser Frameworks auf einer grundlegenden Ebene zu verstehen.

7 Einfache neuronale Netzwerke

7.1 Biologische Grundlagen?

Das menschliche Gehirn ist die unglaublichste bekannte computerähnliche Struktur. Es kann nicht so schnell rechnen wie ein Mikroprozessor, aber seine Fähigkeit, sich an neue Situationen anzupassen, neue Fähigkeiten zu erlernen und kreativ zu sein, wurde noch von keiner bekannten Maschine übertroffen. Seit dem Beginn des Computerzeitalters hatten Wissenschaftler ein Interesse daran, die Funktionsweise des Gehirns nachzubilden. Jede Nervenzelle im Gehirn wird als *Neuron* bezeichnet. Neuronen im Gehirn sind über Verbindungen namens *Synapsen* miteinander verbunden. Elektrizität durchfließt die Synapsen, um diese Netzwerke von Neuronen – auch *neuronale Netzwerke* genannt – zu steuern.

> **Hinweis**
>
> Die obige Beschreibung biologischer Neuronen ist eine grobe Vereinfachung zum Zweck des Vergleichs. In Wirklichkeit enthalten biologische Neuronen Bestandteile wie Axone, Dendriten und Zellkerne, die Sie vielleicht noch aus der Oberstufenbiologie kennen. Und Synapsen sind eigentlich Lücken zwischen Neuronen, in die Neurotransmitter ausgeschüttet werden, um die elektrischen Signale passieren zu lassen.

Wenngleich Wissenschaftler die Teile und Funktionen von Neuronen identifiziert haben, werden die Details der Funktionsweise biologischer neuronaler Netzwerke noch immer nicht gut verstanden. Wie verarbeiten sie Informationen? Wie formen sie eigenständige Gedanken? Ein Großteil unseres Wissens über das Gehirn stammt aus Betrachtungen auf der Makroebene. Funktionelle Magnetresonanztomografie-Scans (fMRT) des Gehirns zeigen, wo Blut fließt, wenn ein Mensch einer bestimmten Aktivität nachgeht oder bestimmte Gedanken hat (in Abbildung 7.1 gezeigt). Diese und andere Makroverfahren können zu Mutmaßungen darüber führen, wie die verschiedenen Teile verbunden sind, aber sie erklären nicht das Geheimnis, wie einzelne Neuronen zur Entwicklung neuer Gedanken beitragen.

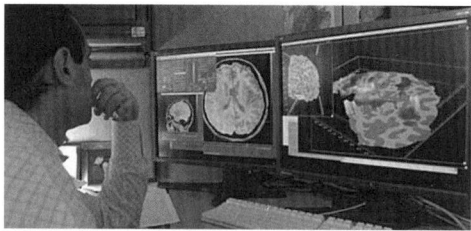

Abbildung 7.1 Ein Forscher studiert fMRT-Bilder des Gehirns. fMRT sagt nicht viel darüber aus, wie einzelne Neuronen funktionieren oder wie neuronale Netzwerke organisiert sind (Quelle: U. S. National Institute for Mental Health).

Wissenschaftlerteams rasen um die Welt, um die Geheimnisse des Gehirns aufzudecken, aber überlegen Sie Folgendes: Das menschliche Gehirn enthält schätzungsweise 100.000.000.000 Neuronen, und jedes von ihnen kann mit bis zu Zehntausenden anderen Neuronen verbunden sein. Selbst für einen Computer mit Milliarden von Logikgattern und Terabytes an Speicher wäre es unmöglich, mit heutiger Technologie ein einzelnes menschliches Gehirn zu modellieren. Für die absehbare Zukunft werden Menschen also sehr wahrscheinlich weiterhin die komplexesten Universal-Lerneinheiten sein.

> **Hinweis**
> Eine Universal-Lernmaschine, deren Fähigkeiten denjenigen von Menschen nahekommt, ist das Ziel der sogenannten *starken KI* (auch *allgemeine künstliche Intelligenz* oder auf Englisch *artificial general intelligence* genannt). An diesem Punkt der Geschichte ist sie noch der Stoff von Science-Fiction. *Schwache KI* ist dagegen der KI-Typ, dem Sie jeden Tag begegnen: Computer, die auf intelligente Weise spezifische Aufgaben erledigen, für deren Erledigung sie vorkonfiguriert wurden.

Wenn biologische neuronale Netzwerke nicht vollständig verstanden werden, wie konnte ihre Modellierung dann zu einem effektiven Verfahren in der Computeranwendung werden? Zwar wurden digitale neuronale Netzwerke, auch *künstliche neuronale Netzwerke* (KNN) genannt, von biologischen neuronalen Netzwerken inspiriert – aber diese Inspiration stellt das Ende der Gemeinsamkeiten dar. Moderne künstliche neuronale Netzwerke erheben nicht den Anspruch, wie ihre biologischen Gegenstücke zu arbeiten. Das wäre tatsächlich unmöglich, vor allem, weil wir eben nicht ganz verstehen, wie biologische neuronale Netzwerke funktionieren.

7.2 Künstliche neuronale Netzwerke

In diesem Abschnitt schauen wir uns den wahrscheinlich häufigsten Typ eines künstlichen neuronalen Netzwerks an, ein *Feedforward*-Netzwerk mit *Backpropagation* – genau diesen Typ werden wir später entwickeln. *Feedforward* bedeutet, dass das Signal sich im Allgemeinen in einer Richtung durch das Netzwerk bewegt. *Backpropagation* bedeutet, dass wir am Ende der Reise jedes Signals durch das Netzwerk Fehler feststellen und versuchen, Korrekturen für diese Fehler zu verteilen, was besonders diejenigen Neuronen betrifft, die für die Fehler am meisten verantwortlich waren. Es gibt viele andere Arten künstlicher neuronaler Netzwerke, und vielleicht weckt dieses Kapitel Ihr Interesse, diese weiter zu erforschen.

7.2.1 Neuronen

Die kleinste Einheit in einem künstlichen neuronalen Netzwerk ist ein Neuron. Es enthält einen Vektor von Gewichten, bei denen es sich um einfache Fließkommazahlen handelt. Ein Vektor von Eingaben (ebenfalls einfache Fließkommazahlen) wird an das Neuron übergeben. Es verknüpft diese Eingaben mithilfe eines Skalarprodukts mit seinen Gewichten. Dann führt es eine *Aktivierungsfunktion* auf diesem Produkt aus und gibt das Ergebnis als Ausgabe zurück. Diese Aktion kann man sich als Äquivalent zum Feuern eines echten Neurons vorstellen.

Eine Aktivierungsfunktion führt eine Transformation der Ausgabe des Neurons durch. Die Aktivierungsfunktion ist stets nicht linear, sodass neuronale Netzwerke Lösungen für nicht lineare Probleme darstellen können. Wenn es keine Aktivierungsfunktionen gäbe, wäre das gesamte neuronale Netzwerk einfach eine lineare Transformation. Abbildung 7.2 zeigt ein einzelnes Neuron und seine Operationen.

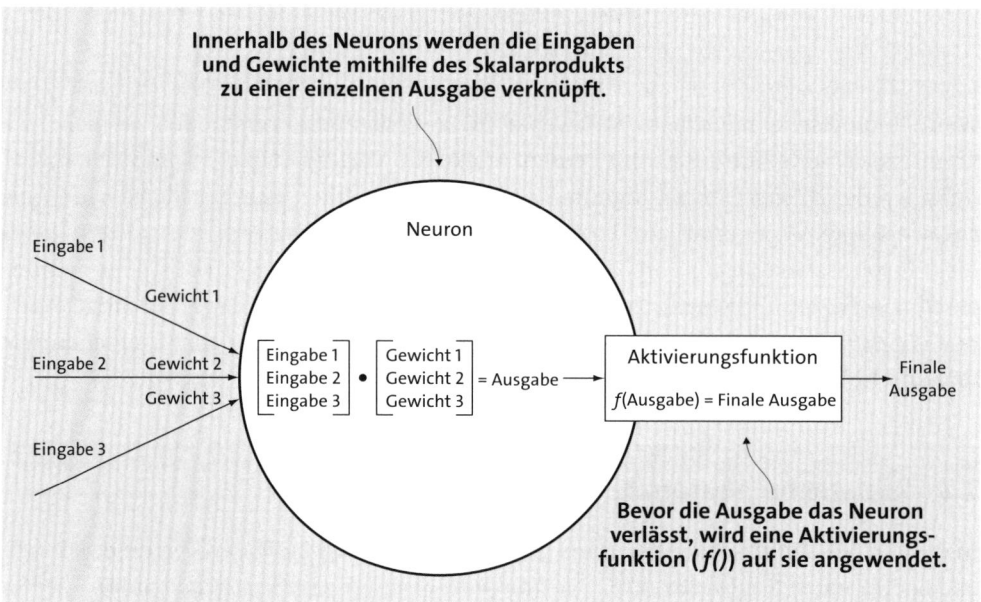

Abbildung 7.2 Ein einzelnes Neuron kombiniert seine Gewichte mit eingehenden Signalen, um ein Ausgabesignal zu produzieren, das durch eine Aktivierungsfunktion modifiziert wird.

> **Hinweis**
>
> In diesem Abschnitt kommen einige mathematische Begriffe vor, die Sie wahrscheinlich seit dem Mathematikunterricht oder einem Kurs über lineare Algebra nicht mehr gehört haben. Zu erklären, was Vektoren oder Skalarprodukte sind, geht über den Rahmen dieses Kapitels hinaus, aber Sie werden wahrscheinlich ein Gefühl dafür bekommen, was ein neuronales Netzwerk tut, wenn Sie diesem Kapitel einfach folgen, selbst wenn Sie nicht jedes mathematische Detail verstehen. Später im Kapitel gibt es etwas Analysis mitsamt Einsatz von Ableitungen und partiellen Ableitungen, aber selbst wenn Sie nicht die gesamte Mathematik verstehen, sollten Sie in der Lage sein, dem Code zu folgen. Tatsächlich wird dieses Kapitel nicht erklären, wie die Formeln durch Analysis abgeleitet werden. Stattdessen konzentriert es sich auf die Anwendung der Ableitungen.

7.2.2 Schichten

In einem typischen künstlichen neuronalen Feedforward-Netzwerk sind Neuronen in Schichten angeordnet. Jede Schicht besteht aus einer bestimmten Anzahl von Neuronen, die in einer Zeile oder Spalte aufgereiht sind (je nach Darstellung im Diagramm; beides ist äquivalent). In einem Feedforward-Netzwerk, wie wir es bauen, werden Signale stets in derselben Richtung von einer Schicht zur nächsten weitergegeben. Die Neuronen in jeder Schicht senden ihr Ausgabesignal an die Neuronen in der nächsten Schicht, denen es als Eingabe dient.

Die erste Schicht wird *Eingabeschicht* genannt, und sie erhält ihre Signale von irgendeiner äußeren Einheit. Die letzte Schicht wird *Ausgabeschicht* genannt, und ihre Ausgabe muss typischerweise von einem externen Akteur interpretiert werden, um ein intelligentes Ergebnis zu erhalten. Die Schichten zwischen Eingabe- und Ausgabeschicht heißen *versteckte Schichten*. In einfachen neuronalen Netzwerken wie demjenigen, das wir in diesem Kapitel bauen, gibt es nur eine versteckte Schicht, aber Netzwerke für tiefes Lernen haben viele. Abbildung 7.3 zeigt, wie die Schichten in einem einfachen Netzwerk zusammenarbeiten. Beachten Sie, wie die Ausgaben einer Schicht als Eingaben für jedes Neuron der nächsten Schicht verwendet werden.

Diese Schichten manipulieren einfach Fließkommazahlen. Die Eingaben in die Eingabeschichten sind Fließkommazahlen, und die Ausgaben aus der Ausgabeschicht sind Fließkommazahlen.

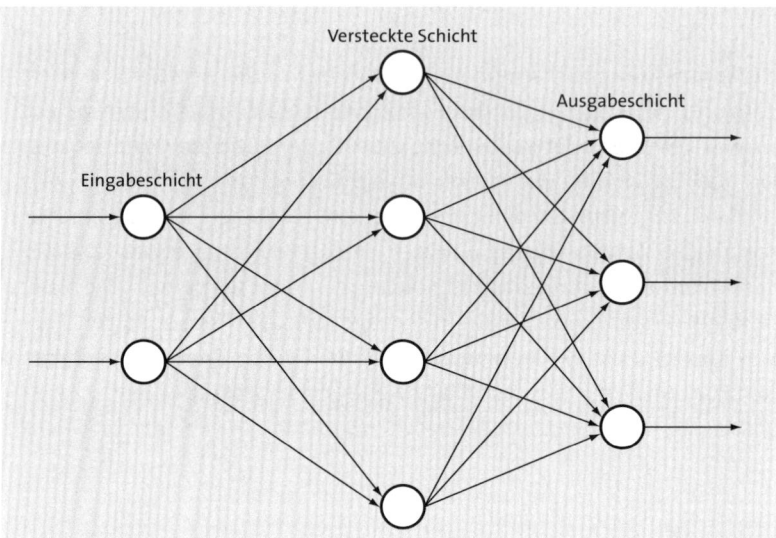

Abbildung 7.3 Ein einfaches neuronales Netzwerk mit einer Eingabeschicht aus zwei Neuronen, einer versteckten Schicht aus vier Neuronen und einer Ausgabeschicht von drei Neuronen. Die Anzahl der Neuronen jeder Schicht in dieser Abbildung kann beliebig sein.

Offensichtlich müssen diese Zahlen Werte mit einer bestimmten Bedeutung darstellen. Stellen Sie sich vor, das Netzwerk wurde eingerichtet, um kleine Schwarz-Weiß-Bilder von Tieren zu klassifizieren. Die Eingabeschicht hat vielleicht 100 Neuronen, die die Graustufenintensität jedes Pixels in einem 10 × 10 Pixel großen Tierbild darstellen, und die Ausgabeschicht hat 5 Neuronen, die die Wahrscheinlichkeit darstellen, dass es sich um das Bild eines Säugetiers, Reptils, Amphibiums, Fisches oder Vogels handelt. Die letztendliche Klassifizierung könnte durch das Ausgabeneuron mit der höchsten Fließkommazahl-Ausgabe bestimmt werden. Wenn die ausgegebenen Zahlen 0,24, 0,65, 0,70, 0,12 beziehungsweise 0,21 wären, würde das Bild als Amphibium eingestuft.

7.2.3 Backpropagation

Das letzte Stück des Puzzles und der konzeptionell schwierigste Teil ist die Backpropagation. Backpropagation findet den Fehler in der Ausgabe eines neuronalen Netzwerks und verwendet ihn, um die Gewichte der Neuronen zu modifizieren, und damit zur Fehlerreduktion in nachfolgenden Durchläufen. Die am meisten für den Fehler verantwortlichen Neuronen werden am stärksten modifiziert. Aber woher kommt der Fehler? Wie können wir den Fehler erkennen? Der Fehler stammt aus einer Phase in der Nutzung eines neuronalen Netzwerks, die als *Training* bezeichnet wird.

> **Hinweis**
>
> In diesem Abschnitt werden die Schritte für verschiedene mathematische Formeln einfach sprachlich ausgeschrieben. In den begleitenden Abbildungen befinden sich Pseudoformeln (die nicht die korrekte Notation verwenden). Dieser Ansatz macht die Formeln für alle lesbarer, die nicht mit mathematischer Notation vertraut (oder aus der Übung) sind. Wenn die formalere Notation (und die Ableitungen der Formeln) Sie interessieren, lesen Sie Kapitel 18 aus *Artificial Intelligence* von Norvig und Russell.[1]

Bevor sie verwendet werden können, müssen die meisten neuronalen Netzwerke trainiert werden. Wir müssen die richtigen Ausgaben für einige Eingaben kennen, damit wir die Unterschiede zwischen erwarteten Ausgaben und tatsächlichen Ausgaben verwenden können, um Fehler zu finden und Gewichte anzupassen. Neuronale Netzwerke wissen mit anderen Worten nichts, bis ihnen die korrekten Antworten für eine bestimmte Menge von Eingaben beigebracht werden, damit sie sich auf andere Eingaben vorbereiten können. Backpropagation findet nur während des Trainings statt.

> **Hinweis**
>
> Da die meisten neuronalen Netzwerke trainiert werden müssen, gelten sie als eine Art des *überwachten* maschinellen Lernens. Wie Sie vielleicht noch aus Kapitel 6, »k-Means-Clustering«, wissen, werden der k-Means-Algorithmus und andere Clusteralgorithmen als Formen des *unüberwachten* maschinellen Lernens bezeichnet, weil keine Einmischung von außen mehr erforderlich ist, sobald sie gestartet werden. Es gibt andere Arten von neuronalen Netzwerken als das in diesem Kapitel beschriebene, die kein Vorabtraining benötigen und daher als Formen des unüberwachten Lernens gelten.

Der erste Schritt bei der Backpropagation besteht darin, den Fehler zwischen der tatsächlichen und der erwarteten Ausgabe des neuronalen Netzwerks für eine Eingabe zu berechnen. Dieser Fehler wird auf alle Neuronen in der Ausgabeschicht verteilt. (Jedes Neuron hat eine erwartete Ausgabe und seine tatsächliche Ausgabe.) Die Ableitung der Aktivierungsfunktion des Neurons wird dann auf das angewendet, was vom Neuron ausgegeben wurde, bevor seine Aktivierungsfunktion angewendet wurde. (Wir cachen seine Ausgabe vor der Aktivierungsfunktion.) Dieses Ergebnis wird mit dem Fehler des Neurons multipliziert, um dessen *Delta* zu finden. Diese Formel zum Finden des Delta verwendet eine partielle Ableitung, und ihre Analysis-Herleitung geht über den Rahmen dieses Buchs hinaus. Im Prinzip berechnen wir aber, wie stark jedes ausgegebene Neuron

---

[1] Stuart Russell und Peter Norvig, *Artificial Intelligence: A Modern Approach*, 3. Auflage (Pearson, 2010).

für den Fehler verantwortlich ist. In Abbildung 7.4 sehen Sie ein Diagramm dieser Berechnung.

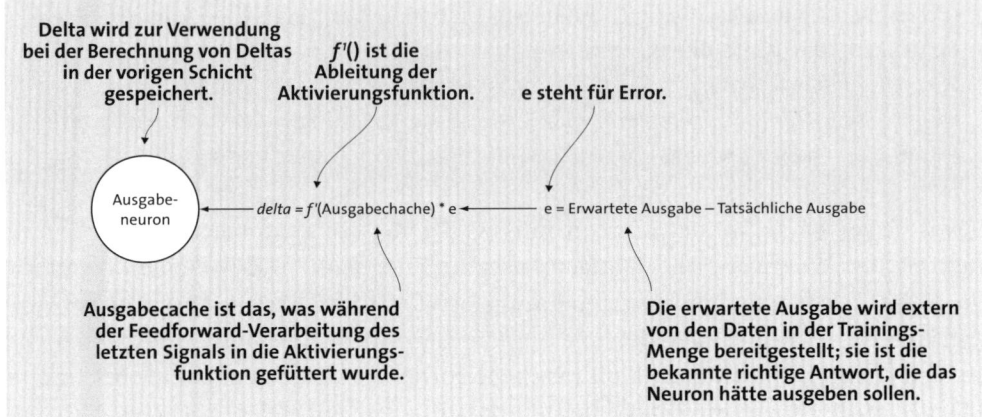

Abbildung 7.4 Der Mechanismus, mit dessen Hilfe der Delta-Wert eines ausgegebenen Neurons während der Backpropagation-Phase des Trainings berechnet wird

Deltas müssen dann für jedes Neuron in den versteckten Schichten des Netzwerks berechnet werden. Wir müssen bestimmen, wie stark jedes Neuron für die inkorrekte Ausgabe in der Ausgabeschicht verantwortlich war. Die Deltas in der Ausgabeschicht werden verwendet, um die Deltas in der vorhergehenden versteckten Schicht zu berechnen. Für jede vorige Schicht werden die Deltas kalkuliert, indem das Skalarprodukt der Gewichte der nächsten Schicht unter Berücksichtigung des jeweiligen Neurons und der bereits in der nächsten Schicht berechneten Deltas gebildet wird. Dieses Skalarprodukt wird mit der Ableitung der Aktivierungsfunktion multipliziert, die auf die letzte Ausgabe des Neurons angewendet wird (Letztere wurde gecacht, bevor die Aktivierungsfunktion angewendet wurde), um das Delta des Neurons zu erhalten. Diese Formel wird wiederum über eine partielle Ableitung hergeleitet, was Sie in stärker auf die Mathematik konzentrierten Texten nachlesen können.

Abbildung 7.5 zeigt die eigentliche Berechnung von Deltas für Neuronen in versteckten Schichten. In einem Netzwerk mit mehreren versteckten Schichten könnten die Neuronen O1, O2 und O3 auch Neuronen in der nächsten versteckten Schicht statt in der Ausgabeschicht sein.

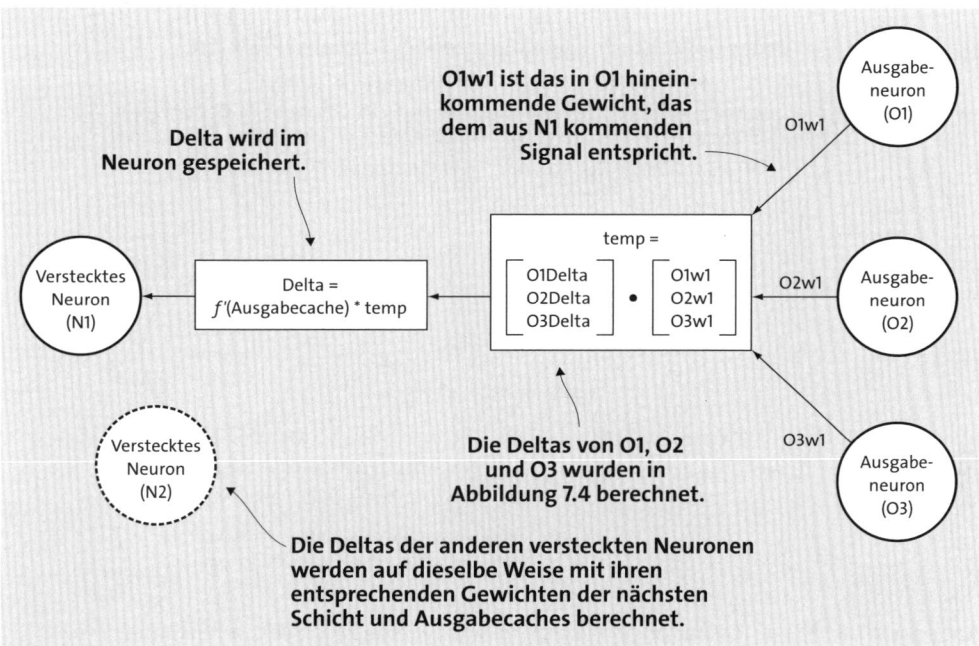

Abbildung 7.5 Das Gewicht jeder versteckten Schicht und der Ausgabeschicht wird mithilfe der in den vorigen Schritten berechneten Deltas, der vorigen Gewichte, der vorigen Eingaben und eines vom User bestimmten Lerntempos aktualisiert.

Der letzte, aber wichtigste Schritt besteht darin, alle Gewichte jedes Neurons im Netzwerk zu aktualisieren, indem die letzte Eingabe jedes einzelnen Gewichts mit dem Delta-Neuron und einem Wert namens *Lerntempo* multipliziert und zu diesem existierenden Gewicht addiert wird. Diese Methode der Modifikation eines Neurons wird als *Gradientenabstiegsverfahren* bezeichnet. Es ähnelt dem Abstieg von einem Hügel, der für die Fehlerfunktion des Neurons steht, in Richtung eines Punkts mit minimalem Fehler. Das Delta stellt die Richtung dar, in die wir klettern wollen, während das Lerntempo bestimmt, wie schnell wir klettern. Es ist schwierig, ohne Ausprobieren ein gutes Lerntempo für ein unbekanntes Problem zu finden. Abbildung 7.6 zeigt, wie jedes Gewicht in der versteckten Schicht und in der Ausgabeschicht aktualisiert wird.

Nach der Aktualisierung der Gewichte ist das neuronale Netzwerk bereit, mit einer weiteren Eingabe und erwarteten Ausgabe trainiert zu werden. Dieser Vorgang wird wiederholt, bis der Anwender das neuronale Netzwerk für ausreichend trainiert hält. Dies kann überprüft werden, indem Eingaben mit bekannten richtigen Ausgaben getestet werden.

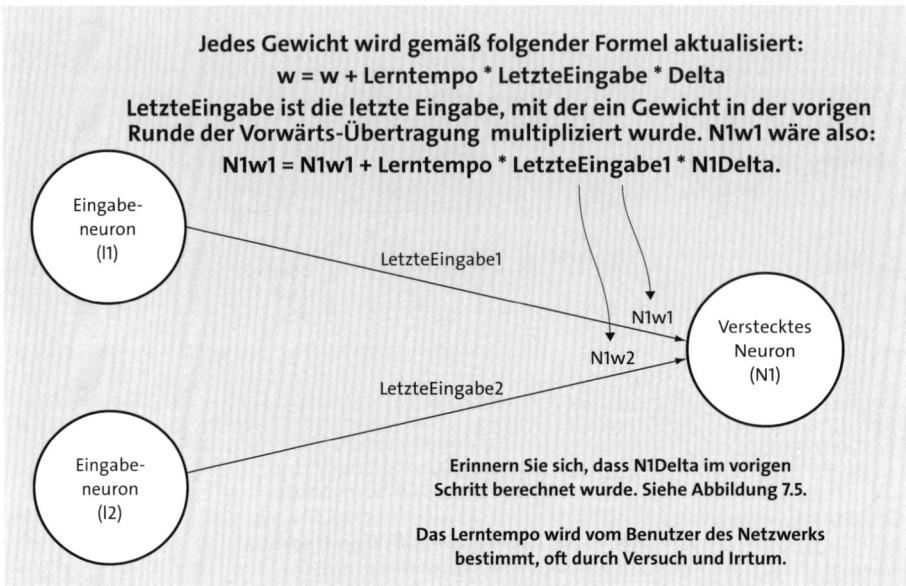

Abbildung 7.6 Wie ein Delta für ein Neuron in einer versteckten Schicht berechnet wird

Backpropagation ist kompliziert. Machen Sie sich keine Sorgen, wenn Sie noch nicht alle Details begreifen. Die Erläuterung in diesem Abschnitt ist möglicherweise nicht ausreichend. Idealerweise bringt die Implementierung der Backpropagation Ihr Verständnis auf die nächste Stufe. Während wir unser neuronales Netzwerk und Backpropagation implementieren, behalten Sie diese Hauptaufgabe im Kopf: Backpropagation ist eine Methode zur Anpassung jedes einzelnen Gewichts im Netzwerk gemäß seiner Verantwortung für eine inkorrekte Ausgabe.

7.2.4 Das große Ganze

Wir haben in diesem Abschnitt eine Menge Material behandelt. Selbst wenn die Details noch etwas kompliziert wirken, ist es wichtig, die Hauptmerkmale eines Feedforward-Netzwerks mit Backpropagation im Auge zu behalten:

▶ Signale (Fließkommazahlen) bewegen sich in einer Richtung durch Neuronen, die in Schichten angeordnet sind. Jedes Neuron in jeder Schicht ist mit jedem Neuron in der nächsten Schicht verbunden.

▶ Jedes Neuron (außer in der Eingabeschicht) verarbeitet die Signale, die es empfängt, indem es sie mit Gewichten kombiniert (ebenfalls Fließkommazahlen) und eine Aktivierungsfunktion anwendet.

- Während eines Prozesses namens Training werden Netzwerkausgaben mit erwarteten Ausgaben verglichen, um Fehler zu berechnen.
- Fehler werden mithilfe der Backpropagation durch das Netzwerk verteilt (dorthin zurück, woher sie kamen), um Gewichte so anzupassen, dass sie mit höherer Wahrscheinlichkeit korrekte Ausgaben erzeugen.

Es gibt noch andere Methoden für das Training neuronaler Netzwerke als die hier erläuterte. Es gibt auch viele andere Möglichkeiten für Signale, sich durch neuronale Netzwerke zu bewegen. Die hier erläuterte Methode, die wir auch implementieren werden, ist lediglich eine besonders häufige Form, die als vernünftige Einführung dient. Anhang B listet weitere Ressourcen auf, mit denen Sie mehr über neuronale Netzwerke (einschließlich anderer Typen) und ihre Mathematik lernen.

7.3 Vorbereitungen

Neuronale Netzwerke machen Gebrauch von mathematischen Mechanismen, die eine Menge Fließkommaoperationen benötigen. Bevor wir die eigentlichen Strukturen unseres einfachen neuronalen Netzwerks aufbauen, brauchen wir einige mathematische Grundfunktionen. Diese einfachen Grundfunktionen werden im nachfolgenden Code ausgiebig eingesetzt; wenn Sie also Wege finden können, sie zu beschleunigen, wird das die Performance Ihres neuronalen Netzwerks merklich verbessern.

> **Warnung**
> Die Komplexität des Codes in diesem Kapitel ist zweifellos höher als jede andere im Buch. Es findet eine Menge Aufbauarbeit statt, und tatsächliche Ergebnisse gibt es erst ganz am Ende zu sehen. Es gibt viele Ressourcen über neuronale Netzwerke, die Ihnen beibringen, mit sehr wenigen Codezeilen eines zu schreiben. Dieses Beispiel hat jedoch das Ziel, die Mechanik und die Zusammenarbeit der verschiedenen Komponenten in lesbarer und erweiterbarer Weise zu untersuchen. Das ist unser Ziel, auch wenn es den Code etwas länger und umständlicher macht.

7.3.1 Skalarprodukt

Wie Sie sich erinnern, werden Skalarprodukte sowohl für die Feedforward-Phase als auch für die Backpropagation-Phase verwendet. Wir speichern unsere statischen Hilfsfunktionen in einer Util-Klasse. Wie der übrige Code in diesem Kapitel ist auch diese Implementation zu Demonstrationszwecken sehr naiv gehalten und berücksichtigt keine Performance-Aspekte. Im produktiven Einsatz würde man Vektorinstruktionen verwenden (siehe Abschnitt 7.6, »Neuronale Netzwerke beschleunigen«).

```java
package chapter7;

import java.io.BufferedReader;
import java.io.IOException;
import java.io.InputStream;
import java.io.InputStreamReader;
import java.util.ArrayList;
import java.util.Arrays;
import java.util.Collections;
import java.util.List;
import java.util.stream.Collectors;

public final class Util {

    public static double dotProduct(double[] xs, double[] ys) {
        double sum = 0.0;
        for (int i = 0; i < xs.length; i++) {
            sum += xs[i] * ys[i];
        }
        return sum;
    }
}
```
Listing 7.1 Util.java

7.3.2 Die Aktivierungsfunktion

Erinnern Sie sich, dass die Aktivierungsfunktion die Ausgabe eines Neurons transformiert, bevor das Signal zur nächsten Schicht weitergegeben wird (siehe Abbildung 7.2)? Die Aktivierungsfunktion hat zwei Aufgaben: Sie ermöglicht es dem neuronalen Netzwerk, Lösungen darzustellen, die nicht einfach lineare Transformationen sind (solange die Aktivierungsfunktion selbst nicht einfach eine lineare Transformation ist), und sie kann die Ausgabe jedes Neurons innerhalb eines bestimmten Bereichs halten. Eine Aktivierungsfunktion sollte eine berechenbare Ableitung haben, damit sie für die Backpropagation eingesetzt werden kann.

Sigmoidfunktionen sind eine beliebte Gruppe von Aktivierungsfunktionen. Eine besonders beliebte Sigmoidfunktion (die oft einfach als »die Sigmoidfunktion« bezeichnet wird) wird in Abbildung 7.7 (dort als S(x) bezeichnet) zusammen mit ihrer Gleichung und ihrer Ableitung (S'(x)) veranschaulicht. Das Ergebnis der Sigmoidfunktion ist stets ein Wert zwischen 0 und 1. Das ist nützlich für das Netzwerk, wie Sie sehen werden. Sie sehen gleich die Formeln aus der Abbildung in Codedarstellung.

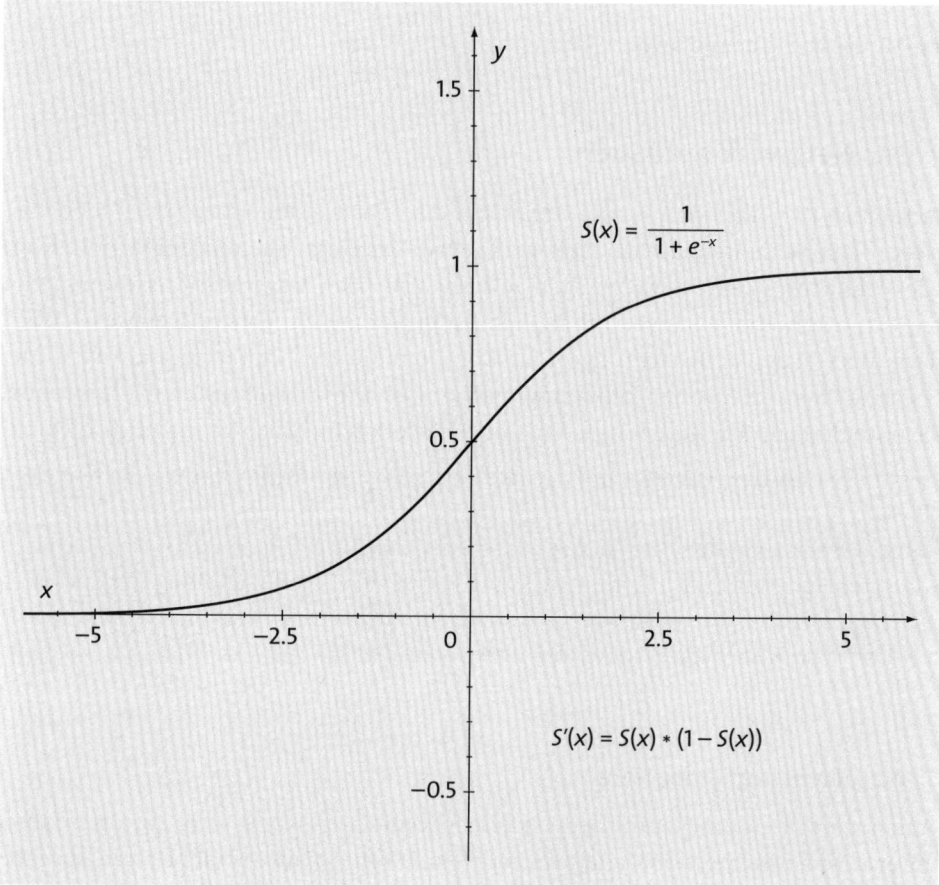

Abbildung 7.7 Die Sigmoid-Aktivierungsfunktion (S(x)) gibt stets einen Wert zwischen 0 und 1 zurück. Beachten Sie, dass ihre Ableitung ebenfalls leicht zu berechnen ist (S'(x)).

Es gibt noch andere Aktivierungsfunktionen, aber wir verwenden die Sigmoidfunktion. Hier eine einfache Umwandlung der Formeln aus Abbildung 7.7 in Code:

```
// Die klassische Sigmoid-Aktivierungsfunktion
    public static double sigmoid(double x) {
        return 1.0 / (1.0 + Math.exp(-x));
    }
```

```
public static double derivativeSigmoid(double x) {
    double sig = sigmoid(x);
    return sig * (1.0 - sig);
}
```
Listing 7.2 Util.java (Fortsetzung)

7.4 Das Netzwerk aufbauen

Wir schreiben Klassen, um alle drei Organisationseinheiten im Netzwerk zu modellieren: Neuronen, Schichten und das Netzwerk selbst. Der Einfachheit halber beginnen wir mit der kleinsten (Neuronen), machen mit der zentralen Organisationskomponente weiter (Schichten) und gelangen schließlich zur größten (dem ganzen Netzwerk). Während wir uns von der kleinsten zur größten Komponente vorarbeiten, kapseln wir die jeweils vorige Ebene. Neuronen kennen nur sich selbst. Schichten kennen die Neuronen, die sie enthalten, und andere Schichten. Das Netzwerk schließlich kennt alle Schichten.

> **Hinweis**
> Es gibt in diesem Kapitel viele lange Codezeilen, die nicht gut in den Satzspiegel eines gedruckten Buchs passen. Ich empfehle dringend, den Quellcode für dieses Kapitel von der Verlagswebsite herunterzuladen und ihm während des Lesens auf Ihrem Computerbildschirm zu folgen: *https://www.rheinwerk-verlag.de/5337*.

7.4.1 Neuronen implementieren

Beginnen wir mit einem Neuron. Ein einzelnes Neuron speichert viele Zustandsdaten, darunter seine Gewichte, sein Delta, sein Lerntempo, einen Cache seiner letzten Ausgabe und seine Aktivierungsfunktion sowie die Ableitung dieser Aktivierungsfunktion. Einige dieser Elemente könnten aus Effizienzgründen eine Ebene höher gespeichert werden (in der als Nächstes implementierten Klasse Layer), aber aus Anschaulichkeitsgründen sind sie in der nachfolgenden Klasse Neuron enthalten.

```
package chapter7;

import java.util.function.DoubleUnaryOperator;

public class Neuron {
    public double[] weights;
```

7.4 Das Netzwerk aufbauen

```java
    public final double learningRate;
    public double outputCache;
    public double delta;
    public final DoubleUnaryOperator activationFunction;
    public final DoubleUnaryOperator derivativeActivationFunction;

    public Neuron(double[] weights, double learningRate,
     DoubleUnaryOperator activationFunction,
     DoubleUnaryOperator derivativeActivationFunction) {
        this.weights = weights;
        this.learningRate = learningRate;
        outputCache = 0.0;
        delta = 0.0;
        this.activationFunction = activationFunction;
        this.derivativeActivationFunction = derivativeActivationFunction;
    }

    public double output(double[] inputs) {
        outputCache = Util.dotProduct(inputs, weights);
        return activationFunction.applyAsDouble(outputCache);
    }

}
```

Listing 7.3 Neuron.java

Die meisten dieser Parameter werden im Konstruktor initialisiert. Da delta und output-Cache unbekannt sind, wenn ein Neuron neu erzeugt wird, werden sie einfach mit 0.0 initialisiert. Einige dieser Variablen (learningRate, activationFunction, derivative-Activation-Function) scheinen bereits vordefiniert. Warum sollten sie also auf Neuronenebene konfigurierbar sein? Würde diese Neuron-Klasse für andere Arten neuronaler Netzwerke genutzt, dann wäre es möglich, dass sich einige dieser Werte von Neuron zu Neuron unterscheiden. Deshalb erzielen wir durch die Konfigurierbarkeit maximale Flexibilität. Es gibt sogar neuronale Netzwerke, bei denen sich das Lerntempo ändert, je näher sie der Lösung kommen, und die automatisch verschiedene Aktivierungsfunktionen durchprobieren. Unsere Variablen sind final und können nicht mittendrin geändert werden – der Code ließe sich aber leicht anpassen, um sie nicht final zu machen.

Die einzige andere Methode außer dem Konstruktor ist output(). output() nimmt die im Neuron ankommenden Eingabesignale (inputs) entgegen und wendet die zuvor in diesem Kapitel besprochene Formel (siehe Abbildung 7.2) auf sie an. Die Eingabesignale werden über ein Skalarprodukt mit den Gewichten kombiniert, und dies wird in `output`-`Cache` zwischengespeichert. Aus dem Abschnitt über die Backpropagation wissen Sie wahrscheinlich noch, dass dieser vor Anwendung der Aktivierungsfunktion erhaltene Wert verwendet wird, um Delta zu berechnen. Zum Schluss wird die Aktivierungsfunktion auf das Signal angewendet, bevor es an die nächste Schicht weitergegeben wird (indem es von `output()` zurückgegeben wird).

Das war's! Ein einzelnes Neuron in diesem Netzwerk ist ziemlich einfach. Es kann nicht viel tun, außer ein Eingabesignal entgegenzunehmen, es zu transformieren und es zur weiteren Verarbeitung auszusenden. Es verwaltet diverse Zustandselemente, die von den anderen Klassen verwendet werden.

7.4.2 Schichten implementieren

Eine Schicht in unserem Netzwerk muss drei Zustandswerte verwalten: ihre Neuronen, die vorangehende Schicht und einen Ausgabecache. Der Ausgabecache ähnelt demjenigen eines Neurons, aber auf der nächsthöheren Ebene. Er cacht die Ausgaben jedes Neurons in der Schicht (nachdem die Aktivierungsfunktionen angewendet wurden).

Zum Zeitpunkt der Objekterzeugung ist es Hauptaufgabe einer Schicht, ihre Neuronen zu initialisieren. Der Konstruktor unserer Klasse `Layer` muss daher wissen, wie viele Neuronen sie initialisieren soll, welche Aktivierungsfunktionen sie verwenden sollen und wie hoch ihre Lerntempos sein sollen. In diesem einfachen Netzwerk besitzt jedes Neuron einer Schicht dieselbe Aktivierungsfunktion und dasselbe Lerntempo.

```java
package chapter7;

import java.util.ArrayList;
import java.util.List;
import java.util.Optional;
import java.util.Random;
import java.util.function.DoubleUnaryOperator;

public class Layer {
    public Optional<Layer> previousLayer;
    public List<Neuron> neurons = new ArrayList<>();
    public double[] outputCache;

    public Layer(Optional<Layer> previousLayer, int numNeurons,
        double learningRate, DoubleUnaryOperator activationFunction,
```

```java
    DoubleUnaryOperator derivativeActivationFunction) {
    this.previousLayer = previousLayer;
    Random random = new Random();
    for (int i = 0; i < numNeurons; i++) {
        double[] randomWeights = null;
        if (previousLayer.isPresent()) {
            randomWeights =
    random.doubles(previousLayer.get().neurons.size()).toArray();
        }
        Neuron neuron = new Neuron(randomWeights, learningRate,
    activationFunction, derivativeActivationFunction);
        neurons.add(neuron);
    }
    outputCache = new double[numNeurons];
}
```

Listing 7.4 Layer.java

Während Signale vorwärts durch das Netzwerk geschickt werden, muss ein Layer sie durch jedes Neuron verarbeiten lassen. (Erinnern Sie sich, dass jedes Neuron in einer Schicht die Signale jedes Neurons in der vorigen Schicht erhält). outputs() tut genau das. outputs() gibt auch das Ergebnis der Verarbeitung zurück (damit das Netzwerk sie an die nächste Schicht weitergeben kann) und cacht die Ausgabe. Wenn es keine vorige Schicht gibt, zeigt dies an, dass es sich um die Eingabeschicht handelt, und die Signale werden einfach vorwärts an die nächste Schicht gesendet.

```java
public double[] outputs(double[] inputs) {
    if (previousLayer.isPresent()) {
        outputCache = neurons.stream().mapToDouble(n ->
    n.output(inputs)).toArray();
    } else {
        outputCache = inputs;
    }
    return outputCache;
}
```

Listing 7.5 Layer.java (Fortsetzung)

Es gibt bei der Backpropagation zwei verschiedene Typen von Deltas zu berechnen: Deltas für Neuronen in der Ausgabeschicht und Deltas für Neuronen in versteckten Schichten. Die Formeln werden in Abbildung 7.4 und Abbildung 7.5 beschrieben, und die folgenden beiden Methoden sind Routineumsetzungen dieser Formeln. Diese Methoden werden später während der Backpropagation vom Netzwerk aufgerufen.

```java
// Sollte nur für eine Ausgabeschicht aufgerufen werden
    public void calculateDeltasForOutputLayer(double[] expected) {
        for (int n = 0; n < neurons.size(); n++) {
            neurons.get(n).delta = neurons.get(n).derivativeActivationFunction
      .applyAsDouble(neurons.get(n).outputCache)
                    * (expected[n] - outputCache[n]);
        }
    }

    // Sollte nicht für eine Ausgabeschicht aufgerufen werden
    public void calculateDeltasForHiddenLayer(Layer nextLayer) {
        for (int i = 0; i < neurons.size(); i++) {
            int index = i;
            double[] nextWeights = nextLayer.neurons.stream()
      .mapToDouble(n -> n.weights[index]).toArray();
            double[] nextDeltas = nextLayer.neurons.stream()
      .mapToDouble(n -> n.delta).toArray();
            double sumWeightsAndDeltas =
    Util.dotProduct(nextWeights, nextDeltas);
            neurons.get(i).delta = neurons.get(i).derivativeActivationFunction
                    .applyAsDouble(neurons.get(i).outputCache) * sumWeightsAndDeltas;
        }
    }
}
```

Listing 7.6 Layer.java (Fortsetzung)

7.4.3 Das Netzwerk implementieren

Das Netzwerk selbst besitzt nur ein Zustandselement: die Schichten, die es verwaltet. Die Klasse Network ist für die Initialisierung ihrer zugehörigen Schichten zuständig.

Der Konstruktor nimmt ein int-Array entgegen, das die Struktur des Netzwerks beschreibt. Beispielsweise beschreibt das Array [2, 4, 3] ein Netzwerk mit 2 Neuronen in seiner Eingabeschicht, 4 Neuronen in seiner versteckten Schicht und 3 Neuronen in seiner Ausgabeschicht. In diesem einfachen Netzwerk gehen wir davon aus, dass alle Schichten im Netzwerk dieselbe Aktivierungsfunktion und dasselbe Lerntempo für ihre Neuronen verwenden.

```java
package chapter7;
import java.util.ArrayList;
import java.util.List;
import java.util.Optional;
import java.util.function.DoubleUnaryOperator;
import java.util.function.Function;
public class Network<T> {
    private List<Layer> layers = new ArrayList<>();
    public Network(int[] layerStructure, double learningRate,
     DoubleUnaryOperator activationFunction,
     DoubleUnaryOperator derivativeActivationFunction) {
        if (layerStructure.length < 3) {
            throw new IllegalArgumentException(
    "Error: Should be at least 3 layers (1 input, 1 hidden, 1 output).");
        }
        // Eingabeschicht
        Layer inputLayer = new Layer(Optional.empty(), layerStructure[0],
    learningRate, activationFunction, derivativeActivationFunction);
        layers.add(inputLayer);
        // Versteckte Schichten und Ausgabeschicht
        for (int i = 1; i < layerStructure.length; i++) {
            Layer nextLayer = new Layer(Optional.of(layers.get(i - 1)),
    layerStructure[i], learningRate, activationFunction,
    derivativeActivation-Function);
            layers.add(nextLayer);
        }
    }
```

Listing 7.7 Network.java

Hinweis

Der generische Typ T verknüpft das Netzwerk mit dem Typ der endgültigen Klassifikationskategorien aus dem Datensatz. Er wird nur in der finalen Methode der Klasse (validate()) verwendet.

Die Ausgaben des neuronalen Netzwerks sind das Ergebnis der Verarbeitung durch alle seine Schichten.

```java
// Füttert Eingabedaten in die erste Schicht, dann die Ausgabe der ersten
// als Eingabe in die zweite, aus der zweiten in die dritte usw.
    private double[] outputs(double[] input) {
        double[] result = input;
        for (Layer layer : layers) {
            result = layer.outputs(result);
        }
        return result;
    }
```

Listing 7.8 Network.java (Fortsetzung)

Die Methode backpropagate() ist dafür zuständig, Deltas für jedes Neuron im Netzwerk zu berechnen. Sie verwendet nacheinander die Layer-Methoden calculateDeltasForOutputLayer() und calculateDeltasForHiddenLayer(). (Bei der Backpropagation werden die Deltas rückwärts berechnet, wie Sie vielleicht noch wissen.) Sie übergibt die erwarteten Ausgabewerte für eine gegebene Eingabemenge an calculateDeltasForOutputLayer(). Diese Methode verwendet die erwarteten Werte, um den für die Delta-Berechnung benötigten Fehler zu finden.

```java
// Änderungen jedes Neurons anhand des Fehlers in der Ausgabe im Vergleich
// zum erwarteten Ergebnis ermitteln
    private void backpropagate(double[] expected) {
    // Delta für Neuronen der Ausgabeschicht berechnen
        int lastLayer = layers.size() - 1;
        layers.get(lastLayer).calculateDeltasForOutputLayer(expected);
    // Delta für jede versteckte Schicht in umgekehrter Reihenfolge berechnen
        for (int i = lastLayer - 1; i >= 0; i--) {
            layers.get(i).calculateDeltasForHiddenLayer(layers.get(i + 1));
        }
    }
```

Listing 7.9 Network.java (Fortsetzung)

backpropagate() ist für die Berechnung aller Deltas zuständig, modifiziert aber selbst keine Gewichte im Netzwerk. updateWeights() muss nach backpropagate() aufgerufen werden, weil die Gewichtsmodifikation von Deltas abhängt. Diese Methode folgt direkt aus der Formel in Abbildung 7.6.

```java
// backpropagate() verändert selbst keine Gewichte
// Diese Funktion verwendet die in backpropagate() berechneten Deltas,
// um tatsächlich Änderungen an den Gewichten durchzuführen
```

```java
    private void updateWeights() {
        for (Layer layer : layers.subList(1, layers.size())) {
            for (Neuron neuron : layer.neurons) {
                for (int w = 0; w < neuron.weights.length; w++) {
                    neuron.weights[w] = neuron.weights[w]
    + (neuron.learningRate * layer.previousLayer.get().outputCache[w]
    * neuron.delta);
                }
            }
        }
    }
```

Listing 7.10 Network.java (Fortsetzung)

Neuronengewichte werden am Ende jeder Trainingsrunde modifiziert. Trainingsdatensätze (Eingaben kombiniert mit erwarteten Ausgaben) müssen dem Netzwerk zur Verfügung gestellt werden. Die Methode `train()` nimmt eine Liste von Double-Arrays der Eingaben und eine Liste von Double-Arrays erwarteter Ausgaben entgegen. Sie lässt jede Eingabe durch das Netzwerk verarbeiten und aktualisiert anschließend dessen Gewichte, indem sie `backpropagate()` mit der erwarteten Ausgabe (und anschließend `updateWeights()`) aufruft. Versuchen Sie, in die folgende Trainingsfunktion Code einzufügen, der die Fehlerrate ausgibt, während das Netzwerk einen Trainingsdatensatz verarbeitet, und sehen Sie, wie das Netzwerk nach und nach seine Fehlerrate vermindert, die in einem graduellen Abstieg den Hügel hinabrollen.

```java
// train() vergleicht die Ausführungergebnisse von outputs() vieler Eingaben
// mit Erwartungswerten, um backpropagate() und updateWeights() zu füttern
    public void train(List<double[]> inputs, List<double[]> expecteds) {
        for (int i = 0; i < inputs.size(); i++) {
            double[] xs = inputs.get(i);
            double[] ys = expecteds.get(i);
            outputs(xs);
            backpropagate(ys);
            updateWeights();
        }
    }
```

Listing 7.11 Network.java (Fortsetzung)

Nachdem das Netzwerk trainiert wurde, müssen wir es am Ende testen. `validate()` nimmt Eingaben und erwartete Ausgaben entgegen (ähnlich wie `train()`), verwendet sie aber, um einen Exaktheitsprozentsatz zu berechnen, statt ein Training durchzuführen. Es wird angenommen, dass das Netzwerk bereits trainiert ist. validate() nimmt außerdem eine Funktion namens interpretOutput() entgegen, die für die Interpretation der Ausgabe des neuronalen Netzwerks im Vergleich zur erwarteten Ausgabe verwendet wird. Die erwartete Ausgabe ist vielleicht ein String wie "Amphibium" anstelle einer Menge von Fließkommazahlen. interpretOutput() muss die Fließkommazahlen, die sie als Ausgabe aus dem Netzwerk erhält, in etwas konvertieren, was mit den erwarteten Ausgaben verglichen werden kann. Es handelt sich um eine maßgeschneiderte Funktion, die an eine bestimmte Datenmenge angepasst ist. validate() gibt die Anzahl der korrekten Klassifikationen, die Gesamtzahl der getesteten Stichproben und den prozentualen Anteil der korrekten Klassifikationen zurück. Diese drei Werte befinden sich innerhalb des inneren Results-Typs.

```java
public class Results {
    public final int correct;
    public final int trials;
    public final double percentage;

    public Results(int correct, int trials, double percentage) {
        this.correct = correct;
        this.trials = trials;
        this.percentage = percentage;
    }
}

// Für verallgemeinerte Ergebnisse, die Klassifikation benötigen,
// gibt diese Funktion die Anzahl der korrekten Versuche und
// den prozentualen Anteil der korrekten Versuche an der Gesamtsumme zurück
public Results validate(List<double[]> inputs,
  List<T> expecteds, Function<double[], T> interpret) {
    int correct = 0;
    for (int i = 0; i < inputs.size(); i++) {
        double[] input = inputs.get(i);
        T expected = expecteds.get(i);
        T result = interpret.apply(outputs(input));
        if (result.equals(expected)) {
            correct++;
        }
    }
    double percentage = (double) correct / (double) inputs.size();
```

```
        return new Results(correct, inputs.size(), percentage);
    }
}
```

Listing 7.12 Network.java (Fortsetzung)

Das neuronale Netzwerk ist fertig! Es ist bereit für Tests mit ein paar echten Problemen. Wenngleich die Architektur, die wir gebaut haben, allgemeingültig genug ist, um mit Aufgaben verschiedener Art umgehen zu können, konzentrieren wir uns auf eine verbreitete Art von Problemen: Klassifikation.

7.5 Klassifikationsprobleme

In Kapitel 6, »k-Means-Clustering«, haben wir eine Datenmenge mithilfe des k-Means-Clusterings kategorisiert, ohne Vorabkenntnisse darüber, wohin jedes einzelne Datenelement gehörte. Beim Clustering wissen wir, dass wir Kategorien für Daten finden wollen, aber wir wissen nicht vorab, welche Kategorien das sind. Bei einem Kategorisierungsproblem versuchen wir ebenfalls, eine Datenmenge zu kategorisieren, aber es gibt vordefinierte Kategorien. Wenn wir beispielsweise versuchen würden, eine Gruppe von Tierbildern zu klassifizieren, könnten wir uns vorab für Kategorien wie Säugetier, Reptil, Amphibium, Fisch und Vogel entscheiden.

Es gibt viele Verfahren für maschinelles Lernen, die für Klassifikationsprobleme verwendet werden können. Vielleicht haben Sie von Support Vector Machines, Entscheidungsbäumen oder naiven Bayes-Klassifikatoren gehört. In letzter Zeit haben neuronale Netzwerke im Bereich der Klassifikation weite Verbreitung gefunden. Sie sind rechenintensiver als einige andere Klassifikationsalgorithmen, aber ihre Fähigkeit, scheinbar beliebige Arten von Daten zu klassifizieren, macht sie zu einem mächtigen Verfahren. Klassifikatoren auf der Basis neuronaler Netzwerke stecken hinter einem Großteil der interessanten Bildklassifikation, die eine Grundlage moderner Fotosoftware bildet.

Warum ist das Interesse am Einsatz neuronaler Netzwerke für Klassifikationsprobleme erneut aufgekommen? Hardware ist so schnell geworden, dass sich der benötigte zusätzliche Rechenaufwand im Vergleich zu anderen Algorithmen angesichts des Nutzens lohnt.

7.5.1 Daten normalisieren

Die Datenmengen, mit denen wir arbeiten wollen, benötigen im Allgemeinen etwas »Bereinigung«, bevor sie in unsere Algorithmen gefüttert werden. Zu dieser Bereinigung kann es gehören, überschüssige Zeichen zu entfernen, Duplikate zu löschen, Fehler zu beheben und andere stupide Arbeiten zu erledigen. Der Aspekt der Bereinigung, die wir für die beiden Datensätze durchführen müssen, mit denen wir hier arbeiten, ist Normalisierung. In Kapitel 6 haben wir das über die Methode zscoreNormalize() in der Klasse KMeans erledigt. Bei der Normalisierung geht es darum, auf verschiedenen Skalen gemessene Attribute auf eine gemeinsame Skala zu konvertieren.

Jedes Neuron in unserem Netzwerk gibt aufgrund der Sigmoid-Aktivierungsfunktion Werte zwischen 0 und 1 zurück. Es klingt logisch, dass für die Attribute in unserer Eingabedatenmenge ebenfalls eine Skala zwischen 0 und 1 sinnvoll wäre. Eine Skala aus einem beliebigen Bereich in den Bereich zwischen 0 und 1 zu konvertieren, ist nicht schwierig. Für jeden Wert V in einem bestimmten Attributwertebereich mit dem Maximum max und dem Minimum min lautet die Formel einfach newV = (oldV - min) / (max - min). Diese Operation wird als *Feature-Skalierung* bezeichnet. Hier sind eine Java-Implementierung, die der Klasse Util hinzugefügt wird, sowie zwei Hilfsmethoden zum Laden von Daten aus CSV-Dateien und zum Ermitteln der maximalen Anzahl in einem Array. Sie werden Ihnen im weiteren Verlauf des Kapitels nützlich sein.

```java
// Davon ausgehen, dass alle Zeilen dieselbe Länge haben,
// und jede Spalte auf den Wertebereich 0 - 1 Feature-skalieren
    public static void normalizeByFeatureScaling(List<double[]> dataset) {
        for (int colNum = 0; colNum < dataset.get(0).length; colNum++) {
            List<Double> column = new ArrayList<>();
            for (double[] row : dataset) {
                column.add(row[colNum]);
            }
            double maximum = Collections.max(column);
            double minimum = Collections.min(column);
            double difference = maximum - minimum;
            for (double[] row : dataset) {
                row[colNum] = (row[colNum] - minimum) / difference;
            }
        }
    }

    // Eine CSV-Datei in eine Liste von String-Arrays laden
    public static List<String[]> loadCSV(String filename) {
        try (InputStream inputStream =
     Util.class.getResourceAsStream(filename)) {
            InputStreamReader inputStreamReader =
     new InputStreamReader(inputStream);
```

```
            BufferedReader bufferedReader =
    new BufferedReader(inputStreamReader);
            return bufferedReader.lines().map(line -> line.split(","))
                    .collect(Collectors.toList());
        }
        catch (IOException e) {
            e.printStackTrace();
            throw new RuntimeException(e.getMessage(), e);
        }
    }

    // Das Maximum in einem Array von Doubles finden
    public static double max(double[] numbers) {
        return Arrays.stream(numbers)
                .max()
                .orElse(Double.MIN_VALUE);
    }

}
```

Listing 7.13 Util.java (Fortsetzung)

Schauen Sie sich den Parameter dataset in normalizeByFeatureScaling() an. Es handelt sich um eine Referenz auf eine Liste von Double-Arrays, die an Ort und Stelle modifiziert wird. normalizeByFeatureScaling() erhält mit anderen Worten keine Kopie der Datenmenge, sondern eine Referenz auf die Original-Datenmenge. Dies ist eine Situation, in der wir Änderungen an einem Wert vornehmen wollen, anstatt eine transformierte Kopie zurückzuerhalten. Java ist pass-by-Value, aber in diesem Fall übergeben wir eine Referenz und erhalten die Kopie einer Referenz auf dieselbe Liste.

Beachten Sie, dass unser Programm davon ausgeht, dass die Datenmengen tatsächlich zweidimensionale Listen mit als Listen von Double-Arrays angeordneten Gleitkommazahlen sind.

7.5.2 Die klassische Iris-Datenmenge

Genau wie es klassische Informatikaufgaben gibt, gibt es klassische Datenmengen für maschinelles Lernen. Diese Datenmengen werden verwendet, um neue Verfahren zu entwickeln und sie mit existierenden zu vergleichen. Sie dienen auch als guter Ausgangspunkt für Leute, die ihre ersten Erfahrungen mit maschinellem Lernen machen. Die vielleicht berühmteste von ihnen ist die Iris-Datenmenge. Die ursprünglich in den

1930ern gesammelte Datenmenge besteht aus 150 Exemplaren von Iris-Pflanzen (oder Schwertlilien, hübsche Blumen), die in drei verschiedene Spezies unterteilt sind (jeweils 50 Exemplare). Jede Pflanze wird anhand vier verschiedener Attribute gemessen: Kelchblattlänge, Kelchblattbreite, Blütenblattlänge und Blütenblattbreite.

Es ist wichtig, darauf hinzuweisen, dass es ein neuronales Netzwerk nicht interessiert, wofür die verschiedenen Attribute stehen. Sein Trainingsmodell macht bezüglich der Wichtigkeit keinen Unterschied zwischen Kelchblattlänge und Blütenblattlänge. Wenn ein solcher Unterschied gemacht werden soll, ist es Sache des Users des neuronalen Netzwerks, entsprechende Anpassungen vorzunehmen.

Das Quellcode-Repository, das zu diesem Buch gehört, enthält eine CSV-Datei (*Comma-Separated Values*, also durch Komma getrennte Werte), in der sich die Iris-Datenmenge befindet.[2] Die Iris-Datenmenge stammt aus dem UCI Machine Learning Repository der University of California.[3] Eine CSV-Datei ist einfach eine Textdatei mit Werten, die durch Kommas voneinander getrennt werden. Es handelt sich um ein verbreitetes Austauschformat für tabellarische Daten einschließlich Tabellenkalkulation.

Hier einige Zeilen aus *iris.csv*:

```
5.1,3.5,1.4,0.2,Iris-setosa
4.9,3.0,1.4,0.2,Iris-setosa
4.7,3.2,1.3,0.2,Iris-setosa
4.6,3.1,1.5,0.2,Iris-setosa
5.0,3.6,1.4,0.2,Iris-setosa
```

Jede Zeile steht für einen Datenpunkt. Die vier Zahlen stellen die vier Attribute dar (Kelchblattlänge, Kelchblattbreite, Blütenblattlänge und Blütenblattbreite), wobei es für uns – wie gesagt – völlig beliebig ist, wofür sie stehen. Der Name am Ende jeder Zeile steht für die jeweilige Iris-Spezies. Alle fünf Zeilen sind für dieselbe Spezies, weil dieser Ausschnitt vom Anfang der Datei stammt und die drei Spezies mit je 50 Zeilen zusammenhängen.

Um die CSV-Datei von der Festplatte zu lesen, verwenden wir einige Funktionen aus der Java-Standardbibliothek. Diese befinden sich in der Methode `loadCSV()`, die wir zuvor in der Klasse `Util` definiert haben. Über diese wenigen Zeilen hinaus arrangiert der Rest des Konstruktors für `IrisTest`, unserer Klasse für die eigentliche Ausführung der Klassifizie-

---

[2] Das Repository ist auf GitHub unter *https://github.com/davecom/ClassicComputerScienceProblems-InJava* verfügbar. [Der Rheinwerk Verlag stellt den Quellcode auf der Webseite zum Buch unter »Materialien zum Buch« zum Download bereit: *https://www.rheinwerk-verlag.de/5337*.

[3] M. Lichman, UCI Machine Learning Repository (Irvine, CA: University of California, School of Information and Computer Science, 2013), *http://archive.ics.uci.edu/ml*.

rung, die Daten aus der CSV-Datei einfach um, um sie als Trainings- und Validierungsmaterial für unser Netzwerk aufzubereiten.

```java
package chapter7;

import java.util.ArrayList;
import java.util.Arrays;
import java.util.Collections;
import java.util.List;

public class IrisTest {
    public static final String IRIS_SETOSA = "Iris-setosa";
    public static final String IRIS_VERSICOLOR = "Iris-versicolor";
    public static final String IRIS_VIRGINICA = "Iris-virginica";

    private List<double[]> irisParameters = new ArrayList<>();
    private List<double[]> irisClassifications = new ArrayList<>();
    private List<String> irisSpecies = new ArrayList<>();

    public IrisTest() {
        // Sicherstellen, dass iris.csv an der richtigen Stelle im Pfad liegt
        List<String[]> irisDataset = Util.loadCSV("/chapter7/data/iris.csv");
        // Datenzeilen in zufälliger Reihenfolge anordnen
        Collections.shuffle(irisDataset);
        for (String[] iris : irisDataset) {
            // Die ersten vier Elemente sind Parameter (doubles)
            double[] parameters = Arrays.stream(iris)
                    .limit(4)
                    .mapToDouble(Double::parseDouble)
                    .toArray();
            irisParameters.add(parameters);
            // Das letzte Element ist die Spezies
            String species = iris[4];
            switch (species) {
                case IRIS_SETOSA :
                    irisClassifications.add(new double[] { 1.0, 0.0, 0.0 });
                    break;
                case IRIS_VERSICOLOR :
                    irisClassifications.add(new double[] { 0.0, 1.0, 0.0 });
                    break;
                default :
```

```
            irisClassifications.add(new double[] { 0.0, 0.0, 1.0 });
            break;
        }
        irisSpecies.add(species);
    }
    Util.normalizeByFeatureScaling(irisParameters);
}
```

Listing 7.14 IrisTest.java

irisParameters stellt die Sammlung der vier Attribute der einzelnen Proben dar, die wir verwenden, um jede Iris zu klassifizieren. irisClassifications ist die tatsächliche Klassifizierung jeder Probe. Unser neuronales Netzwerk hat drei Ausgabeneuronen, die je eine mögliche Spezies darstellen. Eine Beispielmenge von Ausgaben mit den Werten {0.9, 0.3, 0.1} steht etwa für eine Klassifikation als Iris setosa, weil das erste Neuron diese Spezies darstellt und die größte Zahl enthält.

Für das Training kennen wir die korrekten Antworten bereits, sodass jede Iris eine vorbelegte Antwort hat. Für eine Blume, die Iris setosa sein sollte, hat der Eintrag in irisClassifications den Wert {1.0, 0.0, 0.0}. Diese Werte werden verwendet, um nach jedem Trainingsschritt den Fehler zu berechnen. irisSpecies korrespondiert direkt mit dem lateinischen Artnamen jeder Blume. Eine Iris setosa wird in der Datenmenge als "Iris-setosa" gekennzeichnet.

> **Warnung**
> Die nicht vorhandene Fehlerprüfung macht diesen Code ziemlich gefährlich. Er ist in dieser Form nicht für den Produktiveinsatz geeignet, aber zum Testen in Ordnung.

```
public String irisInterpretOutput(double[] output) {
    double max = Util.max(output);
    if (max == output[0]) {
        return IRIS_SETOSA;
    } else if (max == output[1]) {
        return IRIS_VERSICOLOR;
    } else {
        return IRIS_VIRGINICA;
    }
}
```

Listing 7.15 IrisTest.java (Fortsetzung)

irisInterpretOutput() ist eine Hilfsfunktion, die an die validate()-Methode des Netzwerks übergeben wird, um korrekte Klassifizierungen zu ermitteln.

Nun können wir das Netzwerk endlich erstellen. Lassen Sie uns eine classify()-Methode definieren. Diese richtet das Netzwerk ein, trainiert es und führt es aus.

```java
public Network<String>.Results classify() {
    // 4, 6, 3 Schichtstruktur; 0.3 Lernrate;
    // Sigmoid-Aktivierungsfunktion
    Network<String> irisNetwork = new Network<>(new int[]
{ 4, 6, 3 }, 0.3, Util::sigmoid, Util::derivativeSigmoid);
```

Listing 7.16 IrisTest.java (Fortsetzung)

Das Argument layerStructure des Network-Konstruktors spezifiziert ein Netzwerk mit drei Schichten (einer Eingabeschicht, einer versteckten Schicht und einer Ausgabeschicht) mit {4, 6, 3}. Die Eingabeschicht hat vier Neuronen, die versteckte Schicht sechs und die Ausgabeschicht drei. Die vier Neuronen in der Eingabeschicht bilden direkt die vier Parameter ab, die der Klassifikation jedes Exemplars dienen. Die drei Neuronen in der Ausgabeschicht bilden direkt die drei verschiedenen Spezies ab, in die wir jede Eingabe zu klassifizieren versuchen. Die sechs Neuronen der versteckten Schicht sind eher das Ergebnis von Ausprobieren als von irgendeiner Formel. Dasselbe gilt für learningRate. Mit diesen beiden Werten (der Anzahl der Neuronen in der versteckten Schicht und dem Lerntempo) kann experimentiert werden, wenn die Genauigkeit des Netzwerks suboptimal ist.

```java
// Mit den ersten 140 Irispflanzen im Datensatz 50 Mal trainieren
    List<double[]> irisTrainers = irisParameters.subList(0, 140);
    List<double[]> irisTrainersCorrects =
irisClassifications.subList(0, 140);
    int trainingIterations = 50;
    for (int i = 0; i < trainingIterations; i++) {
        irisNetwork.train(irisTrainers, irisTrainersCorrects);
    }
```

Listing 7.17 IrisTest.java (Fortsetzung)

Wir trainieren mit den ersten 140 Irispflanzen der insgesamt 150 in der Datenmenge. Erinnern Sie sich, dass die aus der CSV-Datei gelesenen Zeilen gemischt wurden. Dies sorgt dafür, dass wir bei jedem Durchlauf des Programms mit einer anderen Teilmenge der Datenmenge trainieren. Beachten Sie, dass wir 50 Mal mit den 140 Irispflanzen trainieren. Eine Änderung dieses Wertes hat großen Einfluss darauf, wie lange Ihr neuronales

Netzwerk zum Trainieren braucht. Im Allgemeinen gilt, dass das neuronale Netzwerk umso akkurater arbeitet, je mehr es trainiert wird, obwohl die Gefahr einer sogenannten Überanpassung (*Overfitting*) besteht. Der letztendliche Test besteht darin, die korrekte Klassifikation der 10 verbleibenden Irispflanzen aus der Datenmenge zu verifizieren. Wir tun dies am Ende von `classify()` und führen das Netzwerk von `main()` an aus.

```
    // Test mit den letzten 10 Irispflanzen in der Datenmenge
        List<double[]> irisTesters = irisParameters.subList(140, 150);
        List<String> irisTestersCorrects = irisSpecies.subList(140, 150);
        return irisNetwork.validate(irisTesters, irisTestersCorrects,
      this::irisInterpretOutput);
    }

    public static void main(String[] args) {
        IrisTest irisTest = new IrisTest();
        Network<String>.Results results = irisTest.classify();
        System.out.println(results.correct + " korrekt von " + results.trials +
    " = " + results.percentage * 100 + "%");
    }

}
```
Listing 7.18 IrisTest.java (Fortsetzung)

Die ganze Arbeit führt zu dieser finalen Frage: Wie viele von 10 zufällig ausgewählten Irispflanzen aus der Datenmenge kann unser neuronales Netzwerk korrekt klassifizieren? Da der Zufall bei der Wahl der Startgewichte jedes Neurons eine Rolle spielt, können verschiedene Durchläufe Ihnen unterschiedliche Ergebnisse liefern. Sie können versuchen, das Lerntempo, die Anzahl versteckter Neuronen und die Anzahl der Trainingsdurchläufe zu ändern, um Ihr Netzwerk akkurater zu machen.

Am Ende sollte Ihr Ergebnis diesem ähneln:

```
9 korrekt von 10 = 90.0%
```

7.5.3 Wein klassifizieren

Wir testen unser neuronales Netzwerk mit einer weiteren Datenmenge, die auf der chemischen Analyse von Weinrebsorten aus Italien basiert.[4] Es gibt in der Datenmenge 178

---
4 Siehe Fußnote 15.

7.5 Klassifikationsprobleme

Proben. Der Mechanismus der Arbeit mit ihnen gleicht demjenigen mit der Iris-Datenmenge, aber der Aufbau der CSV-Datei ist etwas anders. Hier ein Ausschnitt:

1,14.23,1.71,2.43,15.6,127,2.8,3.06,.28,2.29,5.64,1.04,3.92,1065
1,13.2,1.78,2.14,11.2,100,2.65,2.76,.26,1.28,4.38,1.05,3.4,1050
1,13.16,2.36,2.67,18.6,101,2.8,3.24,.3,2.81,5.68,1.03,3.17,1185
1,14.37,1.95,2.5,16.8,113,3.85,3.49,.24,2.18,7.8,.86,3.45,1480
1,13.24,2.59,2.87,21,118,2.8,2.69,.39,1.82,4.32,1.04,2.93,735

Der erste Wert in jeder Zeile ist jeweils ein Integer von 1 bis 3, der eine von drei Rebsorten darstellt, der die Probe angehören kann. Aber beachten Sie, wie viele Parameter für die Klassifikation es außerdem gibt. In der Iris-Datenmenge gab es nur vier, hier sind es 13.

Unser neuronales Netzwerkmodell skaliert problemlos. Wir müssen lediglich die Anzahl der Eingabeneuronen erhöhen. *WineTest.java* ähnelt *IrisTest.java*, aber es wurden einige kleine Änderungen vorgenommen, um auf den unterschiedlichen Aufbau der jeweiligen Dateien einzugehen.

```java
package chapter7;

import java.util.ArrayList;
import java.util.Arrays;
import java.util.Collections;
import java.util.List;

public class WineTest {
    private List<double[]> wineParameters = new ArrayList<>();
    private List<double[]> wineClassifications = new ArrayList<>();
    private List<Integer> wineSpecies = new ArrayList<>();

    public WineTest() {
        // Sicherstellen, dass wine.csv an der richtigen Stelle im Pfad liegt
        List<String[]> wineDataset = Util.loadCSV("/chapter7/data/wine.csv");
        // Datenzeilen in eine zufällige Reihenfolge bringen
        Collections.shuffle(wineDataset);
        for (String[] wine : wineDataset) {
            // Letzte dreizehn Elemente sind Parameter (doubles)
            double[] parameters = Arrays.stream(wine)
                    .skip(1)
                    .mapToDouble(Double::parseDouble)
                    .toArray();
```

```
            wineParameters.add(parameters);
            // Erstes Element ist die Spezies
            int species = Integer.parseInt(wine[0]);
            switch (species) {
                case 1 :
                    wineClassifications.add(new double[] { 1.0, 0.0, 0.0 });
                    break;
                case 2 :
                    wineClassifications.add(new double[] { 0.0, 1.0, 0.0 });
                    break;
                default :
                    wineClassifications.add(new double[] { 0.0, 0.0, 1.0 });
                    break;
            }
            wineSpecies.add(species);
        }
        Util.normalizeByFeatureScaling(wineParameters);
    }
```

Listing 7.19 WineTest.java

wineInterpretOutput() verhält sich analog zu irisInterpretOutput(). Da wir keine Namen für die Weinsorten haben, arbeiten wir nur mit der Integer-Zuordnung im ursprünglichen Datensatz.

```
    public Integer wineInterpretOutput(double[] output) {
        double max = Util.max(output);
        if (max == output[0]) {
            return 1;
        } else if (max == output[1]) {
            return 2;
        } else {
            return 3;
        }
    }
}
```

Listing 7.20 WineTest.java

Die Schichtenkonfiguration für das Wein-Klassifikations-Netzwerk benötigt, wie bereits erwähnt, 13 Eingabeneuronen (eins für jeden Parameter). Sie braucht außerdem drei Ausgabeneuronen. Interessanterweise funktioniert das Netzwerk mit weniger Neuronen in der versteckten Schicht als in der Eingabeschicht gut. Eine mögliche intuitive Erklärung ist, dass einige der Eingabeparameter nicht sonderlich hilfreich sind, sodass es sinnvoll ist, sie während der Verarbeitung wegzulassen. Das Arbeiten mit weniger Neuronen in der versteckten Schicht funktioniert eigentlich nicht ganz so, aber es ist ein interessanter intuitiver Gedanke.

```java
public Network<Integer>.Results classify() {
    // 13, 7, 3 Ebenenstruktur; 0.9 Lernrate; Sigmoid-Aktivierungsfunktion
    Network<Integer> wineNetwork = new Network<>(new int[]
 { 13, 7, 3 }, 0.9, Util::sigmoid, Util::derivativeSigmoid);
```

Listing 7.21 WineTest.java (Fortsetzung)

Wieder kann es interessant sein, mit einer anderen Anzahl von Neuronen der versteckten Schicht oder einem anderen Lerntempo zu experimentieren.

```java
// 50 Mal mit den ersten 150 Weinen trainieren
    List<double[]> wineTrainers = wineParameters.subList(0, 150);
    List<double[]> wineTrainersCorrects = wineClassifications.subList(0, 150);
    int trainingIterations = 10;
    for (int i = 0; i < trainingIterations; i++) {
        wineNetwork.train(wineTrainers, wineTrainersCorrects);
    }
```

Listing 7.22 WineTest.java (Fortsetzung)

Wir trainieren mit den ersten 150 Proben in der Datenmenge, was 28 für die Validierung übrig lässt. Wir trainieren zehnmal mit den Proben, erheblich weniger als fünfzigmal bei der Iris-Datenmenge. Aus irgendeinem Grund (vielleicht inhärente Qualitäten der Datenmenge oder gute Einstellungen für Parameter wie Lerntempo und Anzahl der versteckten Neuronen) benötigt diese Datenmenge weniger Training als die Iris-Datenmenge, um eine passable Genauigkeit zu erlangen.

```java
// Mit den letzten 28 Weinen in der Datenmenge testen
        List<double[]> wineTesters = wineParameters.subList(150, 178);
        List<Integer> wineTestersCorrects = wineSpecies.subList(150, 178);
        return wineNetwork.validate(wineTesters, wineTestersCorrects,
      this::wineInterpretOutput);
    }

    public static void main(String[] args) {
        WineTest wineTest = new WineTest();
```

```
            Network<Integer>.Results results = wineTest.classify();
            System.out.println(results.correct + " korrekt von " + results.trials +
    " = " + results.percentage * 100 + "%");
    }

}
```
Listing 7.23 WineTest.java (Fortsetzung)

Mit ein wenig Glück sollte Ihr neuronales Netzwerk in der Lage sein, die 28 Proben ziemlich akkurat zu klassifizieren.

```
27 korrekt von 28 = 96.42857142857143%
```

7.6 Neuronale Netzwerke beschleunigen

Neuronale Netzwerke benötigen eine Menge Vektor-/Matrixrechnung. Im Wesentlichen geht es darum, eine Liste von Zahlen entgegenzunehmen und eine Operation mit allen gleichzeitig durchzuführen. Bibliotheken für optimierte, performante Vektor-/Matrixrechnung werden immer wichtiger, da maschinelles Lernen unsere Gesellschaft immer weiter durchdringt. Viele dieser Bibliotheken nutzen die Vorteile von GPUs, weil GPUs für diese Rolle optimiert sind. (Vektoren/Matrizen bilden das Herzstück von Computergrafiken.) Eine ältere Bibliotheksspezifikation, von der Sie vielleicht gehört haben, ist BLAS (Basic Linear Algebra Subprograms). Eine BLAS-Implementierung liegt vielen Numerikbibliotheken zugrunde, zum Beispiel der Java-Bibliothek ND4J.

Von der GPU abgesehen haben auch CPUs Erweiterungen, die die Vektor-/Matrixverarbeitung beschleunigen können. BLAS-Implementationen enthalten oft Funktionen, die von SIMD-Instruktionen (*Single Instruction, Multiple Data*) Gebrauch machen. SIMD-Instruktionen sind spezielle Mikroprozessorinstruktionen, die die Verarbeitung mehrerer Datenelemente zur selben Zeit erlauben. Sie werden manchmal als *Vektorinstruktionen* bezeichnet.

Verschiedene Mikroprozessoren enthalten unterschiedliche SIMD-Instruktionen. Die SIMD-Erweiterung für den G4 (ein Prozessor mit PowerPC-Architektur, der in Macs der frühen 2000er Verwendung fand) wurde als AltiVec bezeichnet. ARM-Mikroprozessoren wie diejenigen in iPhones besitzen eine Erweiterung namens NEON. Und moderne Intel-Mikroprozessoren enthalten SIMD-Erweiterungen namens MMX, SSE, SSE2 und SSE3. Glücklicherweise brauchen Sie die Unterschiede nicht zu kennen. Eine gut geschriebene Numerikbibliothek wird automatisch die richtigen Instruktionen auswählen, um auf der zugrunde liegenden Architektur, auf der Ihr Programm läuft, effizient zu rechnen.

Es ist daher keine Überraschung, dass praxisorientierte Bibliotheken für neuronale Netzwerke (anders als unsere Spielzeugbibliothek in diesem Kapitel) spezielle Typen als Basisdatenstruktur benutzen und keine Java-Standardbibliotheks-Listen oder -Arrays. Aber sie gehen sogar noch weiter. Populäre Bibliotheken für neuronale Netzwerke wie TensorFlow und PyTorch machen nicht nur Gebrauch von SIMD-Instruktionen, sondern auch ausgiebig von GPU-Computing. Da GPUs explizit für schnelle Vektorberechnungen konstruiert wurden, beschleunigt dies neuronale Netzwerke im Vergleich zur Ausführung nur auf einer CPU um etliche Größenordnungen.

Stellen wir eins klar: Sie sollten niemals naiv ein neuronales Netzwerk für den Produktiveinsatz implementieren, das ausschließlich die Java-Standardbibliothek verwendet wie in diesem Kapitel. Stattdessen sollten Sie eine wohloptimierte, SIMD- und GPU-fähige Bibliothek wie TensorFlow einsetzen. Die einzigen Ausnahmen wären eine neuronale Netzwerkbibliothek für den Lehreinsatz oder eine, die auf einem Embedded Device ohne SIMD-Instruktionen oder GPU laufen müsste.

7.7 Probleme und Erweiterungen neuronaler Netzwerke

Dank großer Fortschritte im tiefen Lernen sind neuronale Netzwerke gerade der letzte Schrei, aber sie haben einige beträchtliche Mängel. Das größte Problem ist, dass eine Problemlösung mit einem neuronalen Netzwerk eine Art Blackbox darstellt. Selbst wenn neuronale Netzwerke gut funktionieren, geben sie dem User nicht viel Einblick, wie sie das Problem lösen. Beispielsweise zeigt der Iris-Daten-Klassifikator, an dem wir in diesem Kapitel gearbeitet haben, nicht deutlich, wie stark jeder der vier Parameter in der Eingabe die Ausgabe beeinflusst. War die Kelchblattlänge für die Klassifikation jeder Probe wichtiger als die Kelchblattbreite?

Es ist möglich, dass eine gründliche Analyse der finalen Gewichte für das trainierte Netzwerk einen gewissen Einblick bieten könnte, aber eine solche Analyse ist nicht trivial und bietet nicht das Maß an Einblick, das etwa lineare Regression in Bezug auf die Bedeutung jeder Variablen in der modellierten Funktion bietet. Ein neuronales Netzwerk kann mit anderen Worten ein Problem lösen, aber es erklärt nicht, wie das Problem gelöst wird.

Ein weiteres Problem mit neuronalen Netzwerken besteht darin, dass sie oft sehr große Datenmengen benötigen, um akkurat zu werden. Stellen Sie sich einen Bild-Klassifikator für Landschaften vor. Er muss wahrscheinlich Tausende verschiedene Arten von Bildern klassifizieren (Wälder, Täler, Berge, Flüsse, Steppen und so weiter). Es braucht wahrscheinlich Millionen von Trainingsbildern. Solche riesigen Datenmengen sind nicht nur schwer zu finden, sondern könnten für manche Anwendungen gar nicht existieren. Es sind typischerweise große Konzerne und Regierungen, die über die Data-Warehousing- und technischen Einrichtungen für das Sammeln und Speichern so gewaltiger Datenmengen verfügen.

Schließlich sind neuronale Netzwerke teuer in puncto Rechenintensität. Schon das Trainieren mit einer mäßig großen Datenmenge kann Ihren Computer in die Knie zwingen. Und das gilt nicht nur für naive neuronale Netzwerkimplementierungen – bei jeder Computerplattform, auf der neuronale Netzwerke verwendet werden, ist es die schiere Anzahl von Berechnungen, die beim Training des Netzwerks anfällt und mehr Zeit als alles andere benötigt. Es gibt viele Tricks, neuronale Netzwerke performanter zu machen (etwa die Verwendung von SIMD-Instruktionen oder GPUs), aber letztlich braucht das Trainieren eines neuronalen Netzwerks immer zahlreiche Fließkommaoperationen.

Die gute Nachricht ist, dass das Training erheblich rechenintensiver ist als der tatsächliche Einsatz des Frameworks. Einige Anwendungen brauchen kein fortlaufendes Training. In diesen Fällen kann einfach ein trainiertes Netzwerk in eine Anwendung eingefügt werden, um ein Problem zu lösen. Beispielsweise unterstützte die erste Version von Apples Framework Core ML überhaupt kein Training. Sie hilft App-Entwicklern lediglich dabei, vortrainierte neuronale Netzwerk-Modelle in ihren Apps auszuführen. Wenn Sie also eine eine Foto-App entwickeln, können Sie ein frei lizenziertes Bild-Klassifikations-Modell herunterladen, in Core ML einfügen und sofort beginnen, performantes maschinelles Lernen in einer App zu verwenden.

In diesem Kapitel haben wir nur mit einem einzigen Typ von neuronalem Netzwerk gearbeitet: einem Feedforward-Netzwerk mit Backpropagation. Wie bereits erwähnt existieren noch viele andere Arten neuronaler Netzwerke. Konvolutionelle neuronale Netzwerke verwenden ebenfalls Feedforward, haben jedoch viele verschiedene Arten versteckter Schichten, unterschiedliche Mechanismen zur Verteilung von Gewichten und andere interessante Eigenschaften, durch die sie sich besonders gut für die Bild-Klassifikation eignen. In rekurrenten neuronalen Netzwerken bewegen sich Signale nicht nur in eine Richtung. Sie ermöglichen Feedback-Schleifen und haben sich für Anwendungen mit kontinuierlicher Eingabe wie Handschriften- oder Stimmerkennung als nützlich erwiesen.

Eine einfache Erweiterung unseres neuronalen Netzwerks, die es performanter machen würde, wäre die Einführung von Bias-Neuronen. Ein Bias-Neuron ist wie ein Dummy-Neuron in einer Schicht, die es der nächsten Schicht ermöglicht, weitere Funktionen anzuwenden, indem es dieser eine kontinuierliche (immer noch durch ein Gewicht modifizierte) Eingabe zukommen lässt. Selbst einfache neuronale Netzwerke, die für praktische Aufgaben eingesetzt werden, enthalten üblicherweise Bias-Neuronen. Wenn Sie bei unserem bestehenden Netzwerk zusätzlich mit Bias-Neuronen arbeiten, merken Sie wahrscheinlich, dass es weniger Training benötigt, um ein ähnliches Genauigkeitsniveau zu erreichen.

7.8 Neuronale Netzwerke im Alltag

Wenngleich sie bereits in der Mitte des 20. Jahrhunderts erfunden wurden, fanden künstliche neuronale Netzwerke vor der Jahrtausendwende keine große Verbreitung. Ihr großflächiger Einsatz wurde durch einen Mangel an ausreichend performanter Hardware behindert. Heute sind künstliche neuronale Netzwerke zum am schnellsten wachsenden Gebiet im Bereich des maschinellen Lernens geworden, weil sie funktionieren!

Künstliche neuronale Netzwerke haben einige der spannendsten Enduser-Anwendungen seit Jahrzehnten ermöglicht. Dazu gehören praktische Stimmerkennung (praktisch im Sinne ausreichender Genauigkeit), Bilderkennung und Handschriftenerkennung. Stimmerkennung kommt in Tipphelfern wie Dragon NaturallySpeaking und digitalen Assistentinnen wie Siri, Alexa und Cortana zum Einsatz. Ein praktisches Beispiel für Bilderkennung ist das automatische Tagging von Personen in einem Bild mithilfe der Gesichtserkennung bei Facebook. In neueren Versionen von iOS können Sie per Handschriftenerkennung Texte in Ihren Notizen finden, obwohl sie handgeschrieben sind.

Eine ältere Erkennungstechnik, die durch neuronale Netzwerke unterstützt werden kann, ist OCR (*Optical Character Recognition*). OCR kommt immer dann zum Einsatz, wenn Sie ein Dokument einscannen und auswählbaren Text statt eines Bildes zurückerhalten. OCR ermöglicht es Straßengebührenstellen, Nummernschilder zu lesen, und Postdiensten, Umschläge schnell zu sortieren.

In diesem Kapitel haben Sie den erfolgreichen Einsatz neuronaler Netzwerke bei Klassifikationsproblemen gesehen. Ähnliche Anwendungen, in denen neuronale Netzwerke gut funktionieren, sind Empfehlungssysteme. Denken Sie daran, wie Netflix einen Film vorschlägt, den Sie vielleicht sehen möchten, oder wie Amazon ein Buch vorschlägt, das Sie vielleicht lesen möchten. Es gibt auch andere Verfahren für maschinelles Lernen, die gut für Empfehlungssysteme geeignet sind (Amazon und Netflix verwenden nicht unbedingt neuronale Netzwerke zu diesem Zweck; die Details ihrer Systeme sind wahrscheinlich selbst entwickelt), sodass neuronale Netzwerke nur gewählt werden sollten, nachdem alle anderen Optionen versucht wurden.

Neuronale Netzwerke können in jeder Situation verwendet werden, in der eine Annäherung an eine unbekannte Funktion erforderlich ist. Dies macht sie nützlich für Voraussagen. Neuronale Netzwerke können eingesetzt werden, um die Ergebnisse eines Sportereignisses, einer Wahl oder des Aktienmarkts vorherzusagen (und das werden sie). Natürlich hängt ihre Genauigkeit davon ab, wie gut sie trainiert wurden, und das hat damit zu tun, wie groß eine für das Ereignis mit unbekanntem Ausgang relevante Datenmenge ist, wie gut die Parameter des neuronalen Netzwerks austariert wurden und wie viele Iterationen des Trainings wir durchführen. Bei Vorhersagen besteht einer der schwierigsten Schritte wie bei den meisten Anwendungen neuronaler Netze darin, die Struktur des Netzwerks selbst zu entscheiden, was oft durch Versuch und Irrtum bestimmt wird.

7.9 Übungsaufgaben

1. Verwenden Sie das in diesem Kapitel entwickelte Framework für neuronale Netzwerke, um Elemente in einer anderen Datenmenge zu klassifizieren.
2. Versuchen Sie, die Beispiele mit einer anderen Aktivierungsfunktion auszuführen. (Denken Sie daran, auch ihre Ableitung zu finden.) Wie beeinflusst die Änderung der Aktivierungsfunktion die Genauigkeit des Netzwerks? Benötigt es mehr oder weniger Training?
3. Lösen Sie die Aufgaben aus diesem Kapitel mithilfe eines verbreiteten Frameworks für neuronale Netzwerke wie TensorFlow erneut.
4. Schreiben Sie die Klassen `Network`, `Layer` und `Neuron` unter Verwendung einer Drittanbieter-Java-Numerikbibliothek neu, um die Ausführung des in diesem Kapitel entwickelten neuronalen Netzwerks zu beschleunigen.

Kapitel 8
Adversarial Search

Ein Zwei-Spieler-Nullsummenspiel mit perfekter Information ist ein Spiel, in dem beide Gegner alle Informationen über den Zustand des Spiels zur Verfügung haben und in dem jeder Zuwachs an Vorteilen für den einen mit einem Verlust an Vorteilen für den anderen einhergeht. Zu diesen Spielen gehören Tic Tac Toe, Vier gewinnt, Dame und Schach. In diesem Kapitel untersuchen wir, wie man einen künstlichen Gegner programmiert, der solche Spiele mit großem Geschick spielen kann. Tatsächlich können die in diesem Kapitel besprochenen Verfahren in Verbindung mit moderner Rechenleistung künstliche Gegner erschaffen, die einfache Spiele dieser Klasse perfekt und komplexe Spiele über die Fähigkeiten eines menschlichen Gegners hinaus spielen können.

8.1 Grundkomponenten von Brettspielen

Wie bei den meisten der komplexesten Aufgaben in diesem Buch versuchen wir, unsere Lösung so generisch wie möglich zu machen. Im Fall von Adversarial Search bedeutet das, unseren Suchalgorithmus nicht spielspezifisch zu programmieren. Beginnen wir mit der Definition einiger einfacher Interfaces mit allen von unseren Suchalgorithmen benötigten Möglichkeiten des Zustandszugriffs. Später können wir diese Interfaces für die speziellen Spiele implementieren, die wir entwickeln möchten (Tic Tac Toe und Vier gewinnt), und die Implementationen in die Suchalgorithmen hineinfüttern, um sie die Spiele »spielen« zu lassen. Hier sind die besagten Interfaces:

```java
package chapter8;

public interface Piece {
    Piece opposite();
}
```

Listing 8.1 Piece.java

Piece ist ein Interface für einen Spielstein auf einem Spielbrett. Es dient auch als Indikator für einen Spielzug. Dafür wird die Eigenschaft opposite benötigt. Wir müssen wissen, wessen Zug auf einen gegebenen Zug folgt.

> **Tipp**
> Da Tic Tac Toe und Vier gewinnt nur eine Art von Spielsteinen haben, kann eine einzelne Piece-Implementation in diesem Kapitel gleichzeitig als Kennzeichen dafür dienen, wer an der Reihe ist. Bei einem komplexeren Spiel wie Schach mit verschiedenen Arten von Spielfiguren kann durch einen Integer oder Boolean festgelegt werden, wer an der Reihe ist. Alternativ könnte einfach das Attribut »Farbe« eines komplexeren Piece-Typs verwendet werden, um zu bestimmen, wer dran ist.

```java
package chapter8;

import java.util.List;

public interface Board<Move> {
    Piece getTurn();

    Board<Move> move(Move location);

    List<Move> getLegalMoves();

    boolean isWin();

    default boolean isDraw() {
        return !isWin() && getLegalMoves().isEmpty();
    }

    double evaluate(Piece player);
}
```

Listing 8.2 Board.java

Board beschreibt das Interface für eine Klasse, die der eigentliche Verwalter von Positionszuständen ist. Für jedes gegebene Spiel, das unsere Suchalgorithmen berechnen sollen, müssen wir vier Fragen beantworten können:

▶ Wer ist an der Reihe?

▶ Welche gültigen Züge können an der aktuellen Position gespielt werden?

- Wurde das Spiel gewonnen?
- Endet das Spiel unentschieden?

Diese letzte Frage nach dem Unentschieden ist bei vielen Spielen eigentlich eine Kombination aus den beiden vorhergehenden Fragen. Wenn das Spiel nicht gewonnen wurde, es aber auch keine gültigen Züge mehr gibt, dann endet es unentschieden. Deshalb kann unser Interface Board bereits eine konkrete Standard-Implementierung der Methode isDraw() enthalten. Zusätzlich gibt es einige weitere Aktionen, deren Durchführung möglich sein muss:

- einen Zug machen, um von der aktuellen Position zu einer neuen Position zu gelangen
- die Position auswerten, um zu sehen, welcher Spieler einen Vorteil hat

Jede der Methoden und Eigenschaften in Board ist ein Platzhalter für eine der vorangehenden Fragen oder Aktionen. Das Interface Board könnte gemäß dem Spielejargon auch »Position« heißen, aber wir verwenden diesen Begriff in jeder unserer Unterklassen für etwas Spezifischeres.

Board verfügt über den generischen Typ Move. Dieser repräsentiert einen Zug in einem Spiel. In diesem Kapitel kann es sich einfach um ein Integer handeln. In Spielen wie Tic Tac Toe und Vier gewinnt kann ein Integer einen Zug darstellen, indem ein Feld oder eine Spalte angegeben wird, in der eine Figur platziert werden kann. In komplexeren Spielen kann mehr als ein Integer erforderlich sein, um einen Zug zu beschreiben. Durch den generischen Typ Move eignet sich Board für eine größere Vielfalt von Spielen.

8.2 Tic Tac Toe

Tic Tac Toe ist ein einfaches Spiel, aber es kann verwendet werden, um denselben Minimax-Algorithmus zu veranschaulichen, der auch in komplexeren Strategiespielen wie Vier gewinnt, Dame und Schach zum Einsatz kommen kann. Wir bauen eine Tic-Tac-Toe-KI, die mithilfe von Minimax perfekt spielt.

> **Hinweis**
> Dieser Abschnitt geht davon aus, dass Sie mit dem Spiel Tic Tac Toe und seinen Standardregeln vertraut sind. Falls nicht, sollte eine schnelle Suche im Web Sie auf diesen Stand bringen.

8.2.1 Den Zustand von Tic Tac Toe verwalten

Entwickeln wir zunächst einige Strukturen, um uns den Zustand eines Tic-Tac-Toe-Spiels in seinem Verlauf zu merken.

Als Erstes brauchen wir eine Möglichkeit, jedes Feld auf dem Tic-Tac-Toe-Spielbrett darzustellen. Wir verwenden eine Enum namens TTTPiece, die das Interface Piece implementiert. Ein Tic-Tac-Toe-Spielstein kann X, O oder leer sein (in der Enum durch E für »empty« dargestellt).

```java
package chapter8;

public enum TTTPiece implements Piece {
    X, O, E; // e ist Platzhalter für leer

    @Override
    public TTTPiece opposite() {
        switch (this) {
        case X:
            return TTTPiece.O;
        case O:
            return TTTPiece.X;
        default: // E, empty
            return TTTPiece.E;
        }
    }

    @Override
    public String toString() {
        switch (this) {
        case X:
            return "X";
        case O:
            return "O";
        default: // E, empty
            return " ";
        }
    }

}
```
Listing 8.3 TTTPiece.java

Die Enum TTTPiece hat eine Methode opposite, die ein weiteres TTTPiece zurückgibt. Das wird nützlich sein, um nach dem Tic-Tac-Toe-Zug eines Spielers zum Zug des anderen Spielers umzuschalten. Um Züge darzustellen, verwenden wir einfach einen Integer, der einem Feld auf dem Brett entspricht, wo ein Spielstein platziert wird. Wie Sie sich erinnern, war Move ein generischer Typ in Board. Wir werden bei der Definition von TTTBoard festlegen, dass Move ein Integer ist.

Ein Tic-Tac-Toe-Spielbrett hat neun Positionen, die in drei Zeilen und drei Spalten angeordnet sind. Aus Gründen der Einfachheit können diese neun Positionen mithilfe eines eindimensionalen Arrays dargestellt werden. Welche Felder welche numerische Bezeichnung (das heißt, welchen Index im Array) erhalten, ist beliebig, aber wir folgen dem in Abbildung 8.1 gezeigten Schema.

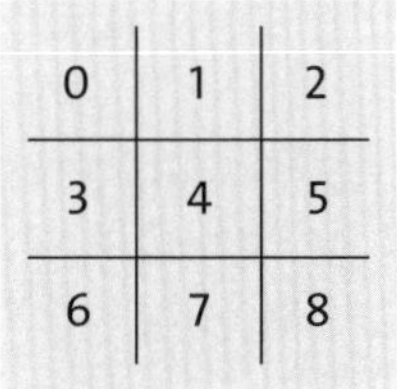

0	1	2
3	4	5
6	7	8

Abbildung 8.1 Das eindimensionale Array, das mit jedem Feld auf dem Tic-Tac-Toe-Spielbrett korrespondiert

Als Hauptverwalter für Zustände dient die Klasse TTTBoard. TTTBoard merkt sich zwei verschiedene Zustandselemente: die Position (dargestellt durch die bereits erwähnte eindimensionale Liste) und den Spieler, der an der Reihe ist.

```
package chapter8;

import java.util.ArrayList;
import java.util.Arrays;
import java.util.List;

public class TTTBoard implements Board<Integer> {
    private static final int NUM_SQUARES = 9;
    private TTTPiece[] position;
    private TTTPiece turn;

    public TTTBoard(TTTPiece[] position, TTTPiece turn) {
        this.position = position;
        this.turn = turn;
    }
```

```java
    public TTTBoard() {
        // Mit leerem Vorgabe-Spielbrett starten
        position = new TTTPiece[NUM_SQUARES];
        Arrays.fill(position, TTTPiece.E);
        // X kommt zuerst
        turn = TTTPiece.X;
    }

    @Override
    public Piece getTurn() {
        return turn;
    }
```
Listing 8.4 TTTBoard.java

Ein Vorgabe-Spielbrett ist eins, auf dem noch keine Züge gemacht wurden (ein leeres Brett). Der parameterlose Konstruktor für TTTBoard initialisiert eine solche Position, mit X am Zug (standardmäßig der erste Spieler bei Tic Tac Toe). getTurn() bestimmt, ob X oder O an der aktuellen Position am Zug ist.

TTTBoard ist eine informell veränderliche Datenstruktur; TTTBoard sollte nicht modifiziert werden. Stattdessen wird jedes Mal, wenn ein Zug gespielt werden muss, ein neues TTTBoard erzeugt, dessen veränderte Position dem Zug entspricht. Das hilft später bei unserem Suchalgorithmus. Wenn die Suche verzweigt, ändern wir nicht unbeabsichtigt die Position eines Spielbretts, dessen mögliche Züge noch analysiert werden.

```java
    @Override
    public TTTBoard move(Integer location) {
        TTTPiece[] tempPosition = Arrays.copyOf(position, position.length);
        tempPosition[location] = turn;
        return new TTTBoard(tempPosition, turn.opposite());
    }
```
Listing 8.5 TTTBoard.java (Fortsetzung)

Ein gültiger Zug in Tic Tac Toe ist ein leeres Feld. getLegalMoves sucht nach allen leeren Feldern auf dem Spielbrett und gibt eine Liste davon zurück.

```java
    @Override
    public List<Integer> getLegalMoves() {
        ArrayList<Integer> legalMoves = new ArrayList<>();
        for (int i = 0; i < NUM_SQUARES; i++) {
```

```java
        // Leere Quadrate sind gültige Züge
        if (position[i] == TTTPiece.E) {
            legalMoves.add(i);
        }
    }
    return legalMoves;
}
```

Listing 8.6 TTTBoard.java (Fortsetzung)

Es gibt viele Möglichkeiten, die Zeilen, Spalten und Diagonalen eines Tic-Tac-Toe-Spielbretts nach Siegen zu durchsuchen. Die folgende Implementierung der Methode is-Win() und ihrer Hilfsmethode checkPos() tut dies mit einer hartcodierten, scheinbar endlosen Reihe von and, or und ==. Nicht der hübscheste Code, aber er erledigt die Aufgabe auf einfache Art.

```java
@Override
public boolean isWin() {
// Drei Zeilen, drei Spalten und dann zwei Diagonalen prüfen
    return
      checkPos(0, 1, 2) || checkPos(3, 4, 5) || checkPos(6, 7, 8)
      || checkPos(0, 3, 6) || checkPos(1, 4, 7) || checkPos(2, 5, 8)
      || checkPos(0, 4, 8) || checkPos(2, 4, 6);
}

private boolean checkPos(int p0, int p1, int p2) {
    return position[p0] == position[p1] && position[p0] == position[p2]
        && position[p0] != TTTPiece.E;
}
```

Listing 8.7 TTTBoard.java (Fortsetzung)

Wenn alle Felder einer Zeile, Spalte oder Diagonale nicht leer sind und denselben Spielstein enthalten, wurde das Spiel gewonnen.

Ein Spiel ist unentschieden, wenn es nicht gewonnen wurde und keine gültigen Züge mehr übrig sind; diese Eigenschaft wurde bereits von der Standardmethode isDraw() des Board-Interface selbst abgehandelt. Zum Schluss brauchen wir eine Möglichkeit, eine bestimmte Position zu bewerten und das Spielbrett formatiert auszugeben.

```java
    @Override
    public double evaluate(Piece player) {
        if (isWin() && turn == player) {
            return -1;
        } else if (isWin() && turn != player) {
            return 1;
        } else {
            return 0.0;
        }
    }

    @Override
    public String toString() {
        StringBuilder sb = new StringBuilder();
        for (int row = 0; row < 3; row++) {
            for (int col = 0; col < 3; col++) {
                sb.append(position[row * 3 + col].toString());
                if (col != 2) {
                    sb.append("|");
                }
            }
            sb.append(System.lineSeparator());
            if (row != 2) {
                sb.append("-----");
                sb.append(System.lineSeparator());
            }
        }
        return sb.toString();
    }

}
```

Listing 8.8 TTTBoard.java (Fortsetzung)

Bei den meisten Spielen muss die Bewertung einer Position eine Annäherung sein, weil wir das Spiel nicht bis zum Ende durchsuchen und mit Sicherheit herausfinden können, wer gewinnt oder verliert, je nachdem, welche Züge gespielt werden. Aber Tic Tac Toe hat einen ausreichend kleinen Suchraum, um von jeder Position aus bis ganz zum Ende zu suchen. Deshalb kann die Methode evaluate() einfach eine Zahl zurückgeben, wenn der Spieler gewinnt, eine schlechtere Zahl bei einem Unentschieden und eine noch schlechtere beim Verlieren.

8.2.2 Minimax

Minimax ist ein klassischer Algorithmus für das Finden des besten Zugs in einem Zweispieler-Nullsummenspiel mit perfekter Information wie Tic Tac Toe, Dame oder Schach. Der Algorithmus wurde auch für andere Arten von Spielen erweitert und modifiziert. Minimax wird üblicherweise mithilfe einer rekursiven Funktion implementiert, in der jeder Spieler entweder zum maximierenden oder zum minimierenden Spieler bestimmt wird.

Der maximierende Spieler versucht, den Zug zu finden, der zum maximalen Vorteil führt. Allerdings muss der maximierende Spieler mit Zügen des minimierenden Spielers rechnen. Nach jedem Versuch des maximierenden Spielers, den Vorteil zu maximieren, wird Minimax rekursiv aufgerufen, um den Konterzug des Gegners zu finden, der die Vorteile des Spielers minimiert. Das geht weiter hin und her (maximieren, minimieren, maximieren und so weiter), bis eine Abbruchbedingung in der rekursiven Funktion erfüllt wird. Die Abbruchbedingung ist eine Endposition (Sieg oder Unentschieden) oder eine maximale Suchtiefe.

Minimax gibt eine Bewertung der Startposition für den maximierenden Spieler zurück. Bei der Methode `evaluate()` der Klasse `TTTBoard` wird eine Punktzahl von 1 zurückgegeben, wenn das beste mögliche Spiel beider Seiten in einem Sieg für den maximierenden Spieler endet. Wenn selbst das beste Spiel mit einer Niederlage endet, wird -1 zurückgegeben. Eine 0 wird zurückgegeben, wenn das beste Spiel ein Unentschieden ist.

Diese Zahlen werden zurückgegeben, wenn eine Abbruchbedingung erfüllt wird. Sie steigen dann hinauf durch alle rekursiven Aufrufe, die zu der Abbruchbedingung geführt haben. Für jeden rekursiven Aufruf zum Maximieren steigen die besten Bewertungen aus der nächstniedrigeren Ebene auf. Für jeden rekursiven Aufruf zum Minimieren steigen die schlechtesten Bewertungen aus der nächstniedrigeren Ebene auf. Auf diese Weise wird ein Entscheidungsbaum aufgebaut. Abbildung 8.2 veranschaulicht einen solchen Baum, der das Aufsteigen für ein Spiel ermöglicht, in dem noch zwei Züge übrig sind.

Bei Spielen, deren Suchraum zu tief ist, um eine Endposition zu erreichen (wie etwa Dame und Schach), stoppt Minimax nach einer bestimmten Tiefe (der Anzahl der zu durchsuchenden Züge, manchmal *Halbzug* genannt). Dann kommt die Bewertungsfunktion ins Spiel und verwendet Heuristiken, um den Zustand des Spiels zu bewerten. Je besser das Spiel für den aktuellen Spieler aussieht, desto höher die vergebene Punktzahl. Wir kommen bei Vier gewinnt, das einen erheblich größeren Suchraum hat als Tic Tac Toe, auf dieses Konzept zurück.

8 Adversarial Search

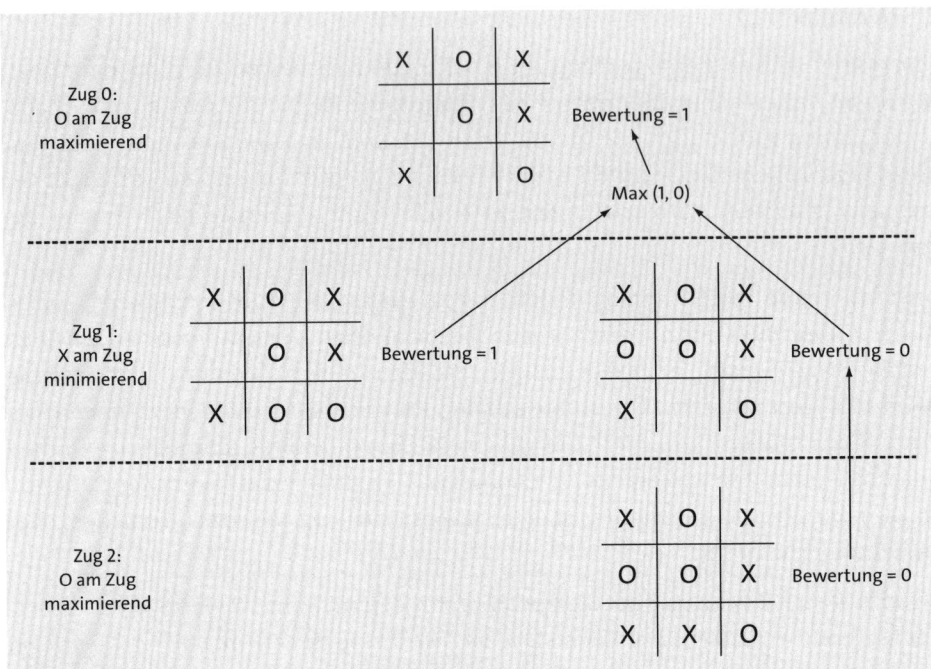

Abbildung 8.2 Ein Minimax-Entscheidungsbaum für ein Tic-Tac-Toe-Spiel, in dem noch zwei Züge übrig sind. Um die Wahrscheinlichkeit des Siegs zu maximieren, entscheidet sich der in diesem Stadium zuerst am Zug befindliche Spieler O, das O in der Mitte unten zu spielen. Pfeile zeigen die Positionen, aus denen eine Entscheidung getroffen wurde.

Hier sehen Sie minimax() in seiner Gesamtheit:

```
package chapter8;

public class Minimax {
// Das beste mögliche Ergebnis für den ursprünglichen Spieler finden
    public static <Move> double minimax(Board<Move> board, boolean maximizing,
      Piece originalPlayer, int maxDepth) {
    // Endposition oder maximale Tiefe erreicht
        if (board.isWin() || board.isDraw() || maxDepth == 0) {
            return board.evaluate(originalPlayer);
        }
    // Rekursionsbedingung - eigene Vorteile maximieren/gegnerische minimieren
        if (maximizing) {
            // Beliebig niedriger Startwert
            double bestEval = Double.NEGATIVE_INFINITY;
```

```java
            for (Move move : board.getLegalMoves()) {
                double result = minimax(board.move(move), false,
        originalPlayer, maxDepth - 1);
                bestEval = Math.max(result, bestEval);
            }
            return bestEval;
        } else { // Minimieren
            double worstEval = Double.POSITIVE_INFINITY;
            for (Move move : board.getLegalMoves()) {
                double result = minimax(board.move(move), true,
        originalPlayer, maxDepth - 1);
                worstEval = Math.min(result, worstEval);
            }
            return worstEval;
        }
    }
```

Listing 8.9 Minimax.java

Bei jedem rekursiven Aufruf müssen wir uns merken, was die Spielbrettposition ist, ob wir maximieren oder minimieren und für wen wir versuchen, die Position zu bewerten (originalPlayer). Die ersten paar Zeilen von minimax() kümmern sich um den günstigsten Fall: ein Endknoten (Sieg, Niederlage oder Unentschieden) oder das Erreichen der maximalen Tiefe. Den Rest der Funktion bilden die Rekursionsbedingungen.

Eine Rekursionsbedingung ist die Maximierung. In dieser Situation suchen wir einen Zug, der die höchste mögliche Bewertung erzielt. Die andere Rekursionsbedingung ist Minimierung, bei der wir den Zug suchen, der die niedrigste mögliche Bewertung ergibt. Jedenfalls alternieren die beiden Fälle, bis wir einen Endzustand oder die maximale Tiefe erreichen (Abbruchbedingung).

Leider können wir unsere Implementierung von minimax() nicht einfach so für eine gegebene Position verwenden. Sie gibt eine Bewertung (einen double-Wert) zurück. Sie sagt uns nicht, welcher beste erste Zug zu dieser Bewertung führte.

Stattdessen erstellen wir eine Helferfunktion, findBestMove(), die minimax()-Aufrufe für jeden gültigen Zug an einer Position in einer Schleife durchgeht, um den Zug zu finden, dessen Bewertung den höchsten Wert ergibt. Sie können sich findBestMove() wie den ersten Maximierungsaufruf von minimax() vorstellen, außer dass wir uns diese ersten Züge merken.

```java
// Den besten möglichen Zug an der aktuellen Position finden
// und bis zu maxDepth Züge vorausblicken
    public static <Move> Move findBestMove(Board<Move> board, int maxDepth) {
        double bestEval = Double.NEGATIVE_INFINITY;
        Move bestMove = null; // Bleibt nicht null
        for (Move move : board.getLegalMoves()) {
            double result = minimax(board.move(move), false,
    board.getTurn(), maxDepth);
            if (result > bestEval) {
                bestEval = result;
                bestMove = move;
            }
        }
        return bestMove;
    }
}
```

Listing 8.10 minimax.java (Fortsetzung)

Wir haben jetzt alles vorbereitet, um den besten möglichen Zug für jede Tic-Tac-Toe-Position zu finden.

8.2.3 Minimax mit Tic Tac Toe testen

Tic Tac Toe ist ein so einfaches Spiel, dass es für uns Menschen leicht ist, den definitiv korrekten Zug für jede erdenkliche Position herauszubekommen. Dies macht es einfach, Unit-Tests zu entwickeln. Im folgenden Codeschnipsel fordern wir unseren Minimax-Algorithmus heraus, den korrekten nächsten Zug an drei verschiedenen Tic-Tac-Toe-Positionen zu finden. Der erste ist einfach und erfordert für einen Sieg nur, dass der Algorithmus bis zum nächsten Zug denkt. Der zweite erfordert eine Blockade; die KI muss ihren Gegner daran hindern, einen Sieg davonzutragen. Der letzte ist etwas aufwendiger und erfordert, dass die KI zwei Züge in die Zukunft denkt.

> **Warnung**
>
> Zu Beginn dieses Buchs hatte ich Ihnen versprochen, dass alle Beispiele nur die Java-Standardbibliothek verwenden würden. Und auch beim nächsten Codeschnipsel habe ich mich (leider) an mein Versprechen gehalten. In der Praxis sollte man für Unit-Tests am besten ein ausgereiftes Framework wie JUnit verwenden, anstatt wie hier ein eigenes zu entwickeln. Dieses Beispiel ist jedoch interessant, weil es die Reflexion veranschaulicht.

```java
package chapter8;

import java.lang.annotation.Retention;
import java.lang.annotation.RetentionPolicy;
import java.lang.reflect.Method;

// Annotation für Unit-Tests
@Retention(RetentionPolicy.RUNTIME)
@interface UnitTest {
    String name() default "";
}
public class TTTMinimaxTests {
    // Prüfen, ob zwei Werte gleich sind
    public static <T> void assertEquality(T actual, T expected) {
        if (actual.equals(expected)) {
            System.out.println("Bestanden!");
        } else {
            System.out.println("Nicht bestanden!");
            System.out.println("Tatsächlich: " + actual.toString());
            System.out.println("Erwartet: " + expected.toString());
        }
    }
    @UnitTest(name = "Easy Position")
    public void easyPosition() {
        TTTPiece[] toWinEasyPosition = new TTTPiece[] {
                TTTPiece.X, TTTPiece.O, TTTPiece.X,
                TTTPiece.X, TTTPiece.E, TTTPiece.O,
                TTTPiece.E, TTTPiece.E, TTTPiece.O };
        TTTBoard testBoard1 = new TTTBoard(toWinEasyPosition, TTTPiece.X);
        Integer answer1 = Minimax.findBestMove(testBoard1, 8);
        assertEquality(answer1, 6);
    }
    @UnitTest(name = "Block Position")
    public void blockPosition() {
        TTTPiece[] toBlockPosition = new TTTPiece[] {
                TTTPiece.X, TTTPiece.E, TTTPiece.E,
                TTTPiece.E, TTTPiece.E, TTTPiece.O,
                TTTPiece.E, TTTPiece.X, TTTPiece.O };
        TTTBoard testBoard2 = new TTTBoard(toBlockPosition, TTTPiece.X);
        Integer answer2 = Minimax.findBestMove(testBoard2, 8);
```

```java
        assertEquality(answer2, 2);
    }

    @UnitTest(name = "Hard Position")
    public void hardPosition() {
        TTTPiece[] toWinHardPosition = new TTTPiece[] {
                TTTPiece.X, TTTPiece.E, TTTPiece.E,
                TTTPiece.E, TTTPiece.E, TTTPiece.O,
                TTTPiece.O, TTTPiece.X, TTTPiece.E };
        TTTBoard testBoard3 = new TTTBoard(toWinHardPosition, TTTPiece.X);
        Integer answer3 = Minimax.findBestMove(testBoard3, 8);
        assertEquality(answer3, 1);
    }

    // Alle Methoden mit der UnitTest-Annotation ausführen
    public void runAllTests() {
        for (Method method : this.getClass().getMethods()) {
            for (UnitTest annotation :
method.getAnnotationsByType(UnitTest.class)) {
                System.out.println("Test ausführen: " + annotation.name());
                try {
                    method.invoke(this);
                } catch (Exception e) {
                    e.printStackTrace();
                }
                System.out.println("_____");
            }
        }
    }

    public static void main(String[] args) {
        new TTTMinimaxTests().runAllTests();
    }
}
```

Listing 8.11 TTTMinimaxTests.java

Wie bereits im vorherigen Hinweis erwähnt, ist es wahrscheinlich keine gute Idee, ein eigenes Unit-Testing-Framework zu entwickeln, anstatt etwa JUnit zu verwenden. Abgesehen davon ist es dank der Möglichkeiten der Reflexion API in Java auch gar nicht so schwer. Jede Methode, die einen Test repräsentiert, wird mit einer eigenen Annotation namens UnitTest versehen, die am Anfang der Datei definiert wird. Die Methode runAll-Tests() sucht nach allen Methoden mit dieser Annotation und führt sie einschließlich einiger Ausgaben aus. assertEquality() prüft, ob zwei Elemente übereinstimmen, und gibt sie aus, wenn dies nicht der Fall ist. Auch wenn es vielleicht nicht sinnvoll ist, ein eigenes Unit-Testing-Framework zu definieren, ist es doch interessant zu sehen, wie so etwas funktionieren könnte. Um unser Framework auszubauen, würden wir wohl eine Basisklasse mit runAllTests() und assertEquality() definieren, die andere Testklassen erweitern könnten.

Alle drei Tests sollten bestanden werden, wenn Sie *TTTMinimaxTests.java* ausführen.

> **Tipp**
> Es wird nicht viel Code benötigt, um Minimax zu implementieren, und der Algorithmus funktioniert mit mehr Spielen als nur Tic Tac Toe. Wenn Sie planen, Minimax für ein anderes Spiel zu implementieren, ist es wichtig, Datenstrukturen zu erstellen, die gut mit der Art und Weise funktionieren, wie Minimax entworfen wurde, etwa die Klasse Board. Ein gängiger Fehler, den Studierende beim Erlernen von Minimax machen, ist die Verwendung einer veränderlichen Datenstruktur, die durch einen rekursiven Aufruf von Minimax verändert wird und dann nicht für weitere Aufrufe in ihren Originalzustand zurückversetzt werden kann.

8.2.4 Eine Tic-Tac-Toe-KI entwickeln

Nach der Vorbereitung aller Zutaten ist der nächste Schritt trivial: einen vollständigen künstlichen Gegner zu entwickeln, der ein ganzes Tic-Tac-Toe-Spiel spielen kann. Anstatt eine Testposition zu bewerten, bewertet die KI einfach die durch den Zug jedes Gegners erzeugte Position. Im folgenden kurzen Codeschnipsel spielt die KI gegen einen menschlichen Gegner, der anfängt:

```java
package chapter8;

import java.util.Scanner;

public class TicTacToe {

    private TTTBoard board = new TTTBoard();
    private Scanner scanner = new Scanner(System.in);

    private Integer getPlayerMove() {
        Integer playerMove = -1;
```

```java
            while (!board.getLegalMoves().contains(playerMove)) {
                System.out.println("Ein gültiges Feld eingeben (0-8):");
                Integer play = scanner.nextInt();
                playerMove = play;
            }
            return playerMove;
        }

        private void runGame() {
            // Spiel-Hauptschleife
            while (true) {
                Integer humanMove = getPlayerMove();
                board = board.move(humanMove);
                if (board.isWin()) {
                    System.out.println("Der Mensch gewinnt!");
                    break;
                } else if (board.isDraw()) {
                    System.out.println("Unentschieden!");
                    break;
                }
                Integer computerMove = Minimax.findBestMove(board, 9);
                System.out.println("Zug des Computers ist " + computerMove);
                board = board.move(computerMove);
                System.out.println(board);
                if (board.isWin()) {
                    System.out.println("Der Computer gewinnt!");
                    break;
                } else if (board.isDraw()) {
                    System.out.println("Unentschieden!");
                    break;
                }
            }
        }

        public static void main(String[] args) {
            new TicTacToe().runGame();
        }

}
```

Listing 8.12 TicTacToe.java

Da der `maxDepth`-Standardwert von `findBestMove()` 9 ist (es können tatsächlich auch 8 sein), schaut diese Tic-Tac-Toe-KI immer bis ganz zum Ende des Spiels voraus. (Die maximale Anzahl von Zügen in Tic Tac Toe ist neun, und die KI ist als zweite an der Reihe.) Deshalb sollte sie jedes Mal perfekt spielen. Ein perfektes Spiel ist eines, in dem beide Gegner in jeder Runde den bestmöglichen Zug spielen. Das Ergebnis eines perfekten Tic-Tac-Toe-Spiels ist ein Unentschieden. Insofern sollten Sie niemals in der Lage sein, die Tic-Tac-Toe-KI zu besiegen. Wenn Sie so gut wie möglich spielen, endet es unentschieden. Wenn Sie einen Fehler machen, gewinnt die KI. Probieren Sie es selbst. Sie sollten es nicht schaffen, sie zu schlagen. Hier ein exemplarischer Durchlauf unseres Programms:

```
Ein gültiges Feld eingeben (0-8):
4
Zug des Computers ist 0
O| |
-----
 |X|
-----
 | |

Ein gültiges Feld eingeben (0-8):
2
Zug des Computers ist 6
O| |X
-----
 |X|
-----
O| |

Ein gültiges Feld eingeben (0-8):
3
Zug des Computers ist 5
O| |X
-----
X|X|O
-----
O| |

Ein gültiges Feld eingeben (0-8):
1
```

```
Zug des Computers ist 7
O|X|X
-----
X|X|O
-----
O|O|

Ein gültiges Feld eingeben (0-8):
8
Unentschieden!
```

8.3 Vier gewinnt

Bei Vier gewinnt[1] wechseln sich zwei Spieler ab, verschiedenfarbige Steine in ein vertikales Gitter mit sieben Spalten und sechs Zeilen zu werfen. Die Steine fallen von oben nach unten in das Gitter, bis sie entweder den Boden oder einen anderen Stein erreichen. Im Prinzip besteht die einzige Entscheidung des Spielers darin, in welche der sieben Spalten er einen Stein wirft. Der Spieler darf ihn nicht in eine volle Spalte werfen. Der erste Spieler, der vier Steine seiner Farbe in einer Zeile, Spalte oder Diagonalen nebeneinander ohne Unterbrechungen hat, gewinnt. Wenn das keinem Spieler gelingt und das Gitter vollständig gefüllt ist, endet das Spiel unentschieden.

8.3.1 Der Vier-gewinnt-Spielmechanismus

Vier gewinnt ist Tic Tac Toe in vielerlei Hinsicht ähnlich. Beide Spiele werden in einem Gitter gespielt und erfordern, dass der Spieler Steine aufreiht, um zu gewinnen. Aber da das Gitter bei Vier gewinnt größer ist und mehr Gewinnmöglichkeiten hat, ist die Bewertung jeder Position erheblich komplexer.

Ein Teil des folgenden Codes wird sehr vertraut aussehen, aber die Datenstrukturen und die Bewertungsmethode sind ganz anders als bei Tic Tac Toe. Beide Spiele werden mithilfe von Klassen programmiert mit denselben Unterklassen derselben Piece- und Board-Interfaces, die Sie am Anfang des Kapitels gesehen haben, was minimax() für beide Spiele nutzbar macht.

---

[1] Vier gewinnt ist ein Warenzeichen von Hasbro, Inc. Es wird hier ausschließlich in beschreibender und positiver Weise verwendet.

```java
package chapter8;

public enum C4Piece implements Piece {
    B, R, E; // E steht für leer

    @Override
    public C4Piece opposite() {
        switch (this) {
        case B:
            return C4Piece.R;
        case R:
            return C4Piece.B;
        default: // E, empty
            return C4Piece.E;
        }
    }

    @Override
    public String toString() {
        switch (this) {
        case B:
            return "B";
        case R:
            return "R";
        default: // E, empty
            return " ";
        }
    }

}
```

Listing 8.13 C4Piece.java

Die Klasse C4Piece ist fast identisch mit der Klasse TTTPiece.

Die Hilfsklasse C4Location hält eine Position auf dem Spielbrett fest (ein Spalten-/Zeilenpaar). Da Vier gewinnt ein spaltenorientiertes Spiel ist, implementieren wir den gesamten Code für das Raster im ungewöhnlichen spaltenweisen Format, um eine Position auf dem Spielbrett (ein Spalten-/Zeilenpaar) festzuhalten.

```java
package chapter8;

public final class C4Location {
    public final int column, row;

    public C4Location(int column, int row) {
        this.column = column;
        this.row = row;
    }
}
```

Listing 8.14 C4Location.java

Kommen wir nun zum Herzstück unserer Vier-gewinnt-Implementierung, der Klasse C4Board. Diese definiert mehrere statische Konstanten und eine statische Methode. Die statische Methode generateSegments() gibt eine Liste von Arrays mit Rasterpositionen (C4Locations) zurück. Jedes Array in der Liste enthält vier Gitterpositionen. Wir nennen jedes dieser Arrays aus vier Gitterpositionen ein *Segment*. Wenn irgendein Segment auf dem Spielbrett vollständig dieselbe Farbe hat, dann hat diese Farbe das Spiel gewonnen.

Alle Segmente auf dem Brett schnell durchsuchen zu können, ist sowohl für die Prüfung, ob das Spiel beendet ist (jemand hat gewonnen), als auch für die Bewertung einer Position nützlich. Daher werden Sie im nächsten Codeschnipsel bemerken, dass wir die Segmente für das Spielbrett als Klassenvariable namens SEGMENTS in der Klasse C4Board cachen.

```java
package chapter8;

import java.util.ArrayList;
import java.util.Arrays;
import java.util.List;

public class C4Board implements Board<Integer> {
    public static final int NUM_COLUMNS = 7;
    public static final int NUM_ROWS = 6;
    public static final int SEGMENT_LENGTH = 4;
    public static final ArrayList<C4Location[]> SEGMENTS = generateSegments();

    // Alle Segmente für ein gegebenes Brett generieren
    // Diese statische Methode wird nur einmal ausgeführt
    private static ArrayList<C4Location[]> generateSegments() {
```

```java
ArrayList<C4Location[]> segments = new ArrayList<>();
// Vertikal
for (int c = 0; c < NUM_COLUMNS; c++) {
    for (int r = 0; r <= NUM_ROWS - SEGMENT_LENGTH; r++) {
        C4Location[] bl = new C4Location[SEGMENT_LENGTH];
        for (int i = 0; i < SEGMENT_LENGTH; i++) {
            bl[i] = new C4Location(c, r + i);
        }
        segments.add(bl);
    }
}
// Horizontal
for (int c = 0; c <= NUM_COLUMNS - SEGMENT_LENGTH; c++) {
    for (int r = 0; r < NUM_ROWS; r++) {
        C4Location[] bl = new C4Location[SEGMENT_LENGTH];
        for (int i = 0; i < SEGMENT_LENGTH; i++) {
            bl[i] = new C4Location(c + i, r);
        }
        segments.add(bl);
    }
}
// Diagonal von unten links nach rechts oben
for (int c = 0; c <= NUM_COLUMNS - SEGMENT_LENGTH; c++) {
    for (int r = 0; r <= NUM_ROWS - SEGMENT_LENGTH; r++) {
        C4Location[] bl = new C4Location[SEGMENT_LENGTH];
        for (int i = 0; i < SEGMENT_LENGTH; i++) {
            bl[i] = new C4Location(c + i, r + i);
        }
        segments.add(bl);
    }
}
// Diagonal von unten rechts nach oben links
for (int c = NUM_COLUMNS - SEGMENT_LENGTH; c >= 0; c--) {
    for (int r = SEGMENT_LENGTH - 1; r < NUM_ROWS; r++) {
        C4Location[] bl = new C4Location[SEGMENT_LENGTH];
        for (int i = 0; i < SEGMENT_LENGTH; i++) {
            bl[i] = new C4Location(c + i, r - i);
        }
        segments.add(bl);
    }
```

```
        }
    
        return segments;
    }
```

Listing 8.15 C4Board.java (Fortsetzung)

Wir speichern die aktuelle Position in einem zweidimensionalen Array von C4Piece mit dem Namen position. In den meisten Fällen werden zweidimensionale Arrays zeilenweise indiziert. Aber es ist konzeptionell sinnvoll und macht das Schreiben der restlichen C4Board-Klasse etwas einfacher, sich das Vier-gewinnt-Spielbrett als eine Gruppe von sieben Spalten vorzustellen. Das zugehörige Array columnCount registriert zum Beispiel, wie viele Steine sich jeweils in einer bestimmten Spalte befinden. Und dadurch wird es einfach, gültige Züge zu erzeugen, da jeder Zug im Grunde die Auswahl einer nicht gefüllten Spalte ist.

Die nächsten vier Methoden sind ihren Tic-Tac-Toe-Äquivalenten recht ähnlich.

```
private C4Piece[][] position; // Erst Spalte, dann Zeile
private int[] columnCount; // Anzahl der Steine in jeder Spalte
private C4Piece turn;

public C4Board() {
    // Zuerst die Spalten
    position = new C4Piece[NUM_COLUMNS][NUM_ROWS];
    for (C4Piece[] col : position) {
        Arrays.fill(col, C4Piece.E);
    }
    // ints werden standardmäßig mit 0 initialisiert
    columnCount = new int[NUM_COLUMNS];
    turn = C4Piece.B; // Zuerst Schwarz
}

public C4Board(C4Piece[][] position, C4Piece turn) {
    this.position = position;
    columnCount = new int[NUM_COLUMNS];
    for (int c = 0; c < NUM_COLUMNS; c++) {
        int piecesInColumn = 0;
        for (int r = 0; r < NUM_ROWS; r++) {
            if (position[c][r] != C4Piece.E) {
                piecesInColumn++;
```

```
            }
        }
        columnCount[c] = piecesInColumn;
    }
    this.turn = turn;
}

@Override
public Piece getTurn() {
    return turn;
}

@Override
public C4Board move(Integer location) {
    C4Piece[][] tempPosition = Arrays.copyOf(position, position.length);
    for (int col = 0; col < NUM_COLUMNS; col++) {
        tempPosition[col] = Arrays.copyOf(position[col], position[col]
.length);
    }
    tempPosition[location][columnCount[location]] = turn;
    return new C4Board(tempPosition, turn.opposite());
}

@Override
public List<Integer> getLegalMoves() {
    List<Integer> legalMoves = new ArrayList<>();
    for (int i = 0; i < NUM_COLUMNS; i++) {
        if (columnCount[i] < NUM_ROWS) {
            legalMoves.add(i);
        }
    }
    return legalMoves;
}
```

Listing 8.16 C4Board.java (Fortsetzung)

Die private Helfermethode countSegment() liefert die Anzahl der schwarzen oder roten Steine in einem bestimmten Segment zurück. Darauf folgt die Siegprüfungsmethode isWin(), die sich alle Segmente auf dem Brett anschaut und einen Sieg mithilfe von countSegment() ermittelt, indem sie prüft, ob irgendwelche Segmente vier Steine derselben Farbe enthalten.

```java
    private int countSegment(C4Location[] segment, C4Piece color) {
        int count = 0;
        for (C4Location location : segment) {
            if (position[location.column][location.row] == color) {
                count++;
            }
        }
        return count;
    }

    @Override
    public boolean isWin() {
        for (C4Location[] segment : SEGMENTS) {
            int blackCount = countSegment(segment, C4Piece.B);
            int redCount = countSegment(segment, C4Piece.R);
            if (blackCount == SEGMENT_LENGTH || redCount == SEGMENT_LENGTH) {
                return true;
            }
        }
        return false;
    }
```

Listing 8.17 C4Board.java (Fortsetzung)

Genau wie TTTBoard kann auch C4Board die Standardmethode isDraw des Board-Interface ohne Änderung verwenden.

Um schließlich eine Position zu bewerten, bewerten wir alle ihre zugehörigen Segmente, eins nach dem anderen, und summieren diese Bewertungen, um ein Ergebnis zurückzugeben. Ein Segment, das sowohl rote als auch schwarze Steine enthält, wird als wertlos eingestuft. Ein Segment, das zwei Elemente derselben Farbe und zwei leere Felder enthält, wird mit einer Punktzahl von 1 bewertet. Ein Segment mit drei Steinen derselben Farbe erzielt 100 Punkte. Ein Segment mit vier Steinen derselben Farbe schließlich (ein Sieg) ist 1.000.000 Punkte wert. Diese evaluate-Zahlen sind absolut gesehen beliebig, ihre Aussagekraft liegt jedoch in ihrer relativen Gewichtung zueinander. Wenn das Segment dem Gegner gehört, negieren wir seine Punktzahl. evaluateSegment() ist eine private Hilfsmethode, die ein einzelnes Segment mithilfe der zuvor gezeigten Formel bewertet. Die Gesamtpunktzahl aller mittels evaluateSegment() bewerteten Segmente wird durch evaluate() erzeugt.

```java
    private double evaluateSegment(C4Location[] segment, Piece player) {
        int blackCount = countSegment(segment, C4Piece.B);
        int redCount = countSegment(segment, C4Piece.R);
        if (redCount > 0 && blackCount > 0) {
            return 0.0; // Gemischte Segmente sind neutral
        }
        int count = Math.max(blackCount, redCount);
        double score = 0.0;
        if (count == 2) {
            score = 1.0;
        } else if (count == 3) {
            score = 100.0;
        } else if (count == 4) {
            score = 1000000.0;
        }
        C4Piece color = (redCount > blackCount) ? C4Piece.R : C4Piece.B;
        if (color != player) {
            return -score;
        }
        return score;
    }

    @Override
    public double evaluate(Piece player) {
        double total = 0.0;
        for (C4Location[] segment : SEGMENTS) {
            total += evaluateSegment(segment, player);
        }
        return total;
    }

    @Override
    public String toString() {
        StringBuilder sb = new StringBuilder();
        for (int r = NUM_ROWS - 1; r >= 0; r--) {
            sb.append("|");
            for (int c = 0; c < NUM_COLUMNS; c++) {
                sb.append(position[c][r].toString());
                sb.append("|");
            }
```

```
            sb.append(System.lineSeparator());
        }
        return sb.toString();
    }

}
```
Listing 8.18 C4Board.java (Fortsetzung)

8.3.2 Eine Vier-gewinnt-KI

Interessanterweise können dieselben `minimax()`- und `findBestMove()`-Funktionen, die wir für Tic Tac Toe entwickelt haben, unverändert für unsere Vier-gewinnt-Implementierung verwendet werden. Im folgenden Codeschnipsel gibt es nur wenige Änderungen gegenüber dem Code unserer Tic-Tac-Toe-KI. Der größte Unterschied besteht darin, dass `maxDepth` nun auf 5 gesetzt wurde. Das ermöglicht es, die Bedenkzeit des Computers pro Zug vertretbar zu machen. Unsere Vier-gewinnt-KI betrachtet (bewertet) mit anderen Worten Positionen bis zu fünf Züge in der Zukunft.

```
package chapter8;
import java.util.Scanner;
public class ConnectFour {
    private C4Board board = new C4Board();
    private Scanner scanner = new Scanner(System.in);

    private Integer getPlayerMove() {
        Integer playerMove = -1;
        while (!board.getLegalMoves().contains(playerMove)) {
            System.out.println("Gültige Spalte eingeben (0-6):");
            Integer play = scanner.nextInt();
            playerMove = play;
        }
        return playerMove;
    }

    private void runGame() {
        // Spiel-Hauptschleife
        while (true) {
            Integer humanMove = getPlayerMove();
            board = board.move(humanMove);
            if (board.isWin()) {
```

```java
                System.out.println("Mensch gewinnt!");
                break;
            } else if (board.isDraw()) {
                System.out.println("Unentschieden!");
                break;
            }
            Integer computerMove = Minimax.findBestMove(board, 5);
            System.out.println("Computerzug ist " + computerMove);
            board = board.move(computerMove);
            System.out.println(board);
            if (board.isWin()) {
                System.out.println("Computer gewinnt!");
                break;
            } else if (board.isDraw()) {
                System.out.println("Unentschieden!");
                break;
            }
        }
    }

    public static void main(String[] args) {
        new ConnectFour().runGame();
    }

}
```

Listing 8.19 ConnectFour.java

Versuchen Sie, gegen die Vier-gewinnt-KI zu spielen. Sie werden bemerken, dass sie anders als die Tic-Tac-Toe-KI einige Sekunden braucht, um jeden Zug zu generieren. Sie wird Sie wahrscheinlich trotzdem besiegen, es sei denn, Sie denken sehr sorgfältig über Ihre Züge nach. Zumindest macht sie keine ganz offensichtlichen Fehler. Wir können ihr Spiel verbessern, indem wir ihre Suchtiefe erhöhen, aber die Berechnung jedes Computerzugs dauert exponentiell länger. Hier sind die ersten paar Züge eines Spiels gegen unsere KI.

```
Gültige Spalte eingeben (0-6):
3
Computerzug ist 3
| | | | | | | |
| | | | | | | |
```

```
| | | | | | | |
| | | | | | | |
| | | |R| | | |
| | | |B| | | |
```

Gültige Spalte eingeben (0-6):
4
Computerzug ist 5
```
| | | | | | | |
| | | | | | | |
| | | | | | | |
| | | | | | | |
| | | |R| | | |
| | | |B|B|R| |
```

Gültige Spalte eingeben (0-6):
4
Computerzug ist 4
```
| | | | | | | |
| | | | | | | |
| | | | | | | |
| | | | |R| | |
| | | |R|B| | |
| | | |B|B|R| |
```

> **Tipp**
> Wussten Sie, dass Vier gewinnt von Informatikern »gelöst« wurde? Ein Spiel zu lösen, bedeutet, den besten Spielzug in jeder Position zu kennen. Der beste erste Zug in Vier gewinnt besteht darin, Ihren Stein in der mittleren Spalte zu platzieren.

8.3.3 Minimax mit Alpha-Beta-Suche verbessern

Minimax funktioniert gut, aber wir erhalten im Moment kein besonders tiefes Suchergebnis. Es gibt eine kleine Erweiterung für Minimax, die *Alpha-Beta-Suche* (auch *Alpha-Beta-Pruning* oder *Alpha-Beta-Cut*) genannt wird. Diese kann die Suchtiefe verbessern, indem sie Positionen aus der Suche ausschließt, die gegenüber bereits durchsuchten Positionen keine Verbesserung ergeben. Dieser Trick wird ermöglicht, indem wir uns zwischen rekursiven Minimax-Aufrufen zwei Werte merken: Alpha und Beta. *Alpha* stellt die Bewertung des besten bis zu diesem Zeitpunkt im Suchbaum gefundenen maximierenden Zugs dar, und *Beta* steht für die Bewertung des bisher besten für den Gegner gefundenen minimierenden Zugs. Wenn Beta je kleiner oder gleich Alpha ist, lohnt es sich nicht, diesen Pfad der Suche weiter zu erforschen, weil bereits ein Zug gefunden wurde, der besser als oder gleich gut wie das ist, was sich weiter unten in diesem Zweig finden lässt. Diese Heuristik verkleinert den Suchraum erheblich.

Hier ist die Funktion alphabeta(), wie gerade beschrieben. Sie sollte in unsere existierende Datei *Minimax.java* eingefügt werden.

```java
// alpha und beta für den ersten Aufruf festlegen
public static <Move> double alphabeta(Board<Move> board, boolean maximizing,
    Piece originalPlayer, int maxDepth) {
    return alphabeta(board, maximizing, originalPlayer, maxDepth, Double.
  NEGATIVE_INFINITY, Double.POSITIVE_INFINITY);
}

// Evaluiert Board b
private static <Move> double alphabeta(Board<Move> board, boolean maximizing,
    Piece originalPlayer, int maxDepth,
        double alpha,
        double beta) {
    // Endposition oder maximale Suchtiefe erreicht
    if (board.isWin() || board.isDraw() || maxDepth == 0) {
        return board.evaluate(originalPlayer);
    }

    // Rekursionsfall - eigene Vorteile maximieren/gegnerische minimieren
    if (maximizing) {
        for (Move m : board.getLegalMoves()) {
            alpha = Math.max(alpha, alphabeta(board.move(m),
  false, originalPlayer, maxDepth - 1, alpha, beta));
            if (beta <= alpha) {
                break;
            }
        }
        return alpha;
    } else { // Minimieren
        for (Move m : board.getLegalMoves()) {
            beta = Math.min(beta, alphabeta(board.move(m),
  true, originalPlayer, maxDepth - 1, alpha, beta));
```

```
                if (beta <= alpha) {
                    break;
                }
            }
            return beta;
        }
    }
```

Listing 8.20 Minimax.java (Fortsetzung)

Nun können Sie zwei sehr kleine Änderungen vornehmen, um die Vorteile unserer neuen Funktion zu nutzen. Ändern Sie `findBestMove()` in *Minimax.java* so, dass `alphabeta()` statt `minimax()` verwendet wird, und ändern Sie die Suchtiefe in *ConnectFour.java* von 5 in 7. Mit diesen Änderungen wird ein durchschnittlicher Vier-gewinnt-Spieler nicht in der Lage sein, unsere KI zu schlagen. Auf meinem Computer benötigt unsere Vier-gewinnt-KI unter Verwendung von `minimax()` mit der Suchtiefe 7 etwa 20 Sekunden pro Zug, während die Verwendung von `alphabeta()` mit derselben Tiefe nur ein paar Sekunden benötigt. Das ist ein Sechstel der Zeit! Eine wirklich unglaubliche Verbesserung.

8.4 Minimax-Verbesserungen über die Alpha-Beta-Suche hinaus

Die in diesem Kapitel gezeigten Algorithmen wurden gründlich untersucht, und im Laufe der Jahre wurden viele Verbesserungen gefunden. Einige dieser Verbesserungen sind spielspezifisch, etwa »Bitboards« beim Schach, die die Dauer der Erzeugung gültiger Züge verkürzen, aber die meisten sind allgemeine Verfahren, die für jedes Spiel verwendet werden können.

Ein gängiges Verfahren ist die iterative Tiefensuche. Bei der iterativen Tiefensuche wird die Suchfunktion zuerst mit der maximalen Suchtiefe 1 ausgeführt. Dann wird sie mit der maximalen Suchtiefe 2 ausgeführt. Anschließend wird sie mit der maximalen Suchtiefe 3 ausgeführt und so weiter. Wenn ein vorgegebenes Zeitlimit erreicht wurde, wird die Suche beendet. Das Ergebnis der zuletzt vollendeten Tiefe wird zurückgegeben.

Die Beispiele in diesem Kapitel wurden für eine bestimmte Tiefe hartcodiert. Das ist in Ordnung, wenn das Spiel ohne Stoppuhr und Zeitlimits gespielt wird oder wenn es uns egal ist, wie lange der Computer zum Nachdenken braucht. Iterative Tiefensuche ermöglicht es einer KI, eine fest vorgegebene Zeit zu brauchen, um ihren nächsten Zug zu finden, anstatt eine festgelegte Suchtiefe mit variabler Ausführungsdauer zu verwenden.

Eine weitere potenzielle Verbesserung ist die Ruhesuche (Englisch *quiescence search*). Bei diesem Verfahren wird der Minimax-Suchbaum entlang derjenigen Routen, die große Änderungen der Spielposition verursachen (etwa das Schlagen einer Figur beim Schach), weiter vergrößert als entlang von Routen mit relativ »ruhigen« Positionen. Auf diese Weise verschwendet die Suche idealerweise keine Rechenzeit für langweilige Positionen, die dem Spieler wahrscheinlich keinen sonderlichen Vorteil bringen.

Die beiden besten Arten, die Minimax-Suche zu verbessern, bestehen darin, in der verfügbaren Zeit in einer größeren Tiefe suchen zu können oder die Bewertungsfunktion zur Einschätzung einer Situation zu verbessern. Mehr Positionen in derselben Zeit zu durchsuchen, macht es erforderlich, weniger Zeit für jede Position zu verbrauchen. Das kann durch effizienteren Code oder durch schnellere Hardware erreicht werden, aber es kann auch zulasten des anderen genannten Verbesserungsverfahrens gehen – der Verbesserung der Bewertung jeder Position. Mehr Parameter oder Heuristiken zu verwenden, um eine Position zu bewerten, mag länger dauern, aber es kann letztlich zu einer besseren Engine führen, die eine geringere Suchtiefe benötigt, um einen guten Zug zu finden.

Einige Bewertungsfunktionen, die für die Minimax-Suche mit Alpha-Beta-Pruning beim Schach benutzt werden, haben Dutzende von Heuristiken. Es wurden sogar genetische Algorithmen eingesetzt, um diese Heuristiken zu justieren. Wie viele Punkte sollte das Schlagen eines Springers beim Schach wert sein? Sollte es so viel wert sein wie das Schlagen eines Läufers? Diese Heuristiken können die Geheimzutat sein, die eine großartige Schach-Engine von einer guten unterscheidet.

8.5 Adversarial Search im Alltag

Minimax in Kombination mit Erweiterungen wie Alpha-Beta-Suche ist die Basis der meisten modernen Schach-Engines. Der Algorithmus wurde mit großem Erfolg auf eine Vielzahl verschiedener Strategiespiele angewendet. In der Tat benutzen die meisten künstlichen Brettspiel-Gegner, gegen die Sie auf Ihrem Computer spielen, wahrscheinlich irgendeine Form von Minimax.

Minimax (mit seinen Erweiterungen wie Alpha-Beta-Suche) ist so effektiv beim Schach, dass er 1997 die berühmte Niederlage des menschlichen Schachweltmeisters Gary Kasparov gegen Deep Blue, einen schachspielenden Computer von IBM, herbeiführte. Die Partie war ein mit Spannung erwartetes und bahnbrechendes Ereignis. Schach wurde als eine der höchsten intellektuellen Leistungen angesehen. Die Tatsache, dass ein Computer menschliche Fähigkeiten im Schach übertreffen konnte, bedeutete für einige, dass man künstliche Intelligenz ernst nehmen müsse.

Zwei Jahrzehnte später basieren die allermeisten Schach-Engines immer noch auf Minimax. Die heutigen Minimax-basierten Schach-Engines übertreffen die Stärke der weltbesten menschlichen Schachspieler bei Weitem. Neue Verfahren für maschinelles Lernen beginnen, rein auf Minimax (mit Erweiterungen) basierende Schach-Engines infrage zu stellen, aber ihre definitive Überlegenheit im Schach müssen sie noch unter Beweis stellen.

Je höher der Verzweigungsfaktor eines Spiels, desto weniger effektiv wird Minimax. Der Verzweigungsfaktor ist die durchschnittliche Anzahl potenzieller Züge an jeder Position eines Spiels. Deshalb erforderten neuere Ansätze für Computer, die das Brettspiel Go spielen, die Untersuchung anderer Verfahren wie maschinelles Lernen. Eine auf maschinellem Lernen basierende Go-KI hat inzwischen den besten menschlichen Go-Spieler besiegt. Der Verzweigungsfaktor (und damit der Suchraum) für Go ist einfach zu gewaltig für Minimax-basierte Algorithmen, die versuchen, Bäume zukünftiger Positionen zu erzeugen. Aber Go ist eher die Ausnahme als die Regel. Die Suchräume der meisten traditionellen Brettspiele (Dame, Schach, Vier gewinnt, Scrabble und ähnliche) sind klein genug, dass Minimax-basierte Verfahren gut funktionieren können.

Wenn Sie einen neuen künstlichen Brettspielgegner oder sogar eine KI für ein rundenbasiertes reines Computerspiel implementieren, ist Minimax wahrscheinlich der erste Algorithmus, den Sie ausprobieren sollten. Minimax kann auch für wirtschaftliche und politische Simulationen sowie für Experimente in der Spieltheorie verwendet werden. Eine Alpha-Beta-Suche sollte mit jeder Form von Minimax funktionieren.

8.6 Übungsaufgaben

1. Fügen Sie Unit-Tests zu Tic Tac Toe hinzu, die überprüfen, ob die Methoden `getLegalMoves()`, `isWin()` und `isDraw()` korrekt funktionieren.
2. Erstellen Sie Minimax-Unit-Tests für Vier gewinnt.
3. Der Code in *Tictactoe.java* und *ConnectFour.java* ist beinahe identisch. Führen Sie ein Refactoring durch, um zwei Methoden zu erhalten, die für beide Spiele eingesetzt werden können.
4. Ändern Sie *ConnectFour.java* so, dass der Computer gegen sich selbst spielt. Gewinnt der erste Spieler oder der zweite? Ist es jedes Mal derselbe Spieler?
5. Können Sie (durch Profiling des existierenden Codes oder auf andere Weise) die Bewertungsmethode in *ConnectFour.java* optimieren, um eine höhere Suchtiefe mit derselben Dauer zu ermöglichen?

6. Verwenden Sie die in diesem Kapitel entwickelte Funktion `alphabeta()` zusammen mit einer Java-Bibliothek für gültige Schachzüge und zur Verwaltung der Zustände eines Schachspiels, um eine Schach-KI zu entwickeln.

Kapitel 9
Weitere Aufgaben

Im Laufe dieses Buchs haben wir eine Vielzahl von Problemlösungsverfahren besprochen, die für moderne Softwareentwicklungsaufgaben relevant sind. Um jedes Verfahren zu studieren, haben wir berühmte Informatikaufgaben erforscht. Aber nicht jedes berühmte Problem passt ins Schema der vorherigen Kapitel. Betrachten Sie diese Aufgaben als Bonus: mehr interessante Probleme mit weniger Theorie drumherum.

9.1 Das Rucksackproblem

Das Rucksackproblem ist ein Optimierungsproblem, das aus einer gängigen Berechnungsanforderung – dem Finden der besten Einsatzmöglichkeit beschränkter Ressourcen mit einer endlichen Menge von Kombinationsmöglichkeiten – eine amüsante Geschichte spinnt. Ein Dieb betritt eine Wohnung mit der Absicht zu stehlen. Er hat einen Rucksack, und die Kapazität des Rucksacks begrenzt, was er stehlen kann. Wie entscheidet er, was er in den Rucksack packen soll? Das Problem wird in Abbildung 9.1 veranschaulicht.

Abbildung 9.1 Der Einbrecher muss entscheiden, welche Gegenstände er stehlen soll, weil die Kapazität des Rucksacks begrenzt ist.

Wenn der Dieb jede beliebige Menge jedes Gegenstands mitnehmen könnte, dann könnte er einfach den Wert jedes Gegenstands durch dessen Gewicht teilen, um die wertvollsten Gegenstände für die verfügbare Kapazität zu finden. Aber um das Szenario realistischer zu machen, sagen wir, der Dieb kann nicht die Hälfte eines Gegenstands (wie etwa 2,5 Fernseher) mitnehmen. Stattdessen finden wir einen Lösungsweg für die 0/1-Variante der Aufgabe, die so genannt wird, weil sie eine weitere Regel erzwingt: Der Dieb kann entweder ein Exemplar jedes Gegenstands mitnehmen oder keins.

Definieren wir zuerst eine innere Klasse namens Item, um unsere Gegenstände zu speichern.

```java
package chapter9;

import java.util.ArrayList;
import java.util.List;

public final class Knapsack {

    public static final class Item {
        public final String name;
        public final int weight;
        public final double value;

        public Item(String name, int weight, double value) {
            this.name = name;
            this.weight = weight;
            this.value = value;
        }
    }
```

Listing 9.1 Knapsack.java

Wenn wir versuchen würden, dieses Problem mit einem Brute-Force-Ansatz zu lösen, würden wir uns jede Kombination von Gegenständen anschauen, die in den Rucksack gesteckt werden könnten. Für mathematisch Interessierte: Es handelt sich um eine *Potenzmenge*, und die Potenzmenge einer Menge (in unserem Fall der Menge von Gegenständen) hat 2^n verschiedene mögliche Teilmengen, wobei *n* die Anzahl der Gegenstände ist. Deshalb müssten wir 2^n Kombinationen analysieren ($O(2^n)$). Das geht für eine kleine Anzahl von Elementen in Ordnung, ist aber für eine große Anzahl untragbar. Jeder Ansatz, der ein Problem mithilfe einer exponentiellen Anzahl von Schritten löst, ist ein Ansatz, den wir vermeiden sollten.

9.1 Das Rucksackproblem

Stattdessen verwenden wir ein Verfahren, das *dynamische Programmierung* genannt wird und konzeptionell der Memoisation (Kapitel 1, »Kleine Aufgaben«) ähnelt. Anstatt ein Problem direkt mit einem Brute-Force-Ansatz zu lösen, löst man bei der dynamischen Programmierung Teilprobleme, aus denen das größere Problem besteht, speichert diese Ergebnisse und verwendet die gespeicherten Ergebnisse, um das größere Problem zu lösen. Solange die Kapazität des Rucksacks in diskreten (unstetigen) Schritten betrachtet wird, kann das Problem durch dynamische Programmierung gelöst werden.

Um das Problem beispielsweise für einen Rucksack mit einer Kapazität von 3 Pfund[1] und drei Gegenständen zu lösen, können wir es zunächst für die Kapazität von 1 Pfund mit einem möglichen Gegenstand, die Kapazität von 2 Pfund mit zwei möglichen Gegenständen und die Kapazität von 3 Pfund mit zwei Möglichkeiten lösen. Schließlich können wir es für alle drei möglichen Gegenstände lösen.

Auf dem Weg befüllen wir eine Tabelle, die uns die bestmögliche Lösung für jede Kombination aus Gegenständen und Kapazität verrät. Unsere Funktion befüllt zuerst die Tabelle und findet dann anhand der Tabelle die Lösung heraus.[2]

```java
public static List<Item> knapsack(List<Item> items, int maxCapacity) {
    // Eine Tabelle für dynamische Programmierung aufbauen
    double[][] table = new double[items.size() + 1][maxCapacity + 1];
    for (int i = 0; i < items.size(); i++) {
        Item item = items.get(i);
        for (int capacity = 1; capacity <= maxCapacity; capacity++) {
            double prevItemValue = table[i][capacity];
            if (capacity >= item.weight) { // Gegenstand passt in Rucksack
                double valueFreeingWeightForItem = table[i][capacity - item.weight];
                // Nur nehmen, wenn wertvoller als voriger Gegenstand
                table[i + 1][capacity] = Math.max(valueFreeingWeightForItem + item.value, prevItemValue);
            } else { // Kein Platz für diesen Gegenstand
                table[i + 1][capacity] = prevItemValue;
            }
        }
```

---

1 Englisches Pfund, entspricht ca. 454 g.
2 Ich habe diverse Ressourcen studiert, um diese Lösung zu schreiben. Die maßgeblichste von ihnen war *Algorithms* (Addison-Wesley, 1988), 2. Auflage, von Robert Sedgewick (Seite 596). Ich habe mir mehrere Beispiele des 0/1-Rucksackproblems auf Rosetta Code angeschaut, besonders die Python-Lösung mit dynamischer Programmierung (http://mng.bz/kx8C). Diese Lösung ist im Wesentlichen ein Backport aus der Swift-Version dieses Buchs. (Sie wechselte von Python zu Swift, wieder zurück zu Python und dann zu Java.)

```java
            }
        }
        // Lösung aus der Tabelle heraussuchen
        List<Item> solution = new ArrayList<>();
        int capacity = maxCapacity;
        for (int i = items.size(); i > 0; i--) { // Rückwärts arbeiten
            // Wurde dieser Gegenstand verwendet?

            if (table[i - 1][capacity] != table[i][capacity]) {
                solution.add(items.get(i - 1));
                // Wenn der Gegenstand verwendet wurde, sein Gewicht abziehen
                capacity -= items.get(i - 1).weight;
            }
        }
        return solution;
    }
```

Listing 9.2 Knapsack.java (Fortsetzung)

Die innere Schleife des ersten Teils dieser Funktion wird $N \times C$ Mal ausgeführt, wobei N die Anzahl der Gegenstände und C die maximale Kapazität des Rucksacks ist. Deshalb wird der Algorithmus in der Zeit O($N \times C$) ausgeführt – eine signifikante Verbesserung gegenüber dem Brute-Force-Ansatz für eine große Anzahl von Gegenständen. Für die folgenden 11 Gegenstände müsste ein Brute-Force-Algorithmus beispielsweise 2^{11} oder 2.048 Kombinationen untersuchen. Die gerade gezeigte Funktion mit dynamischer Programmierung wird 825 Mal ausgeführt, weil die maximale Kapazität des Rucksacks 75 (beliebige) Maßeinheiten groß ist (11 × 75). Dieser Unterschied würde für mehr Gegenstände exponentiell wachsen.

Schauen wir uns die Lösung in Aktion an.

```java
    public static void main(String[] args) {
        List<Item> items = new ArrayList<>();
        items.add(new Item("Fernseher", 50, 500));
        items.add(new Item("Kerzenhalter", 2, 300));
        items.add(new Item("Stereoanlage", 35, 400));
        items.add(new Item("Laptop", 3, 1000));
        items.add(new Item("Essen", 15, 50));
        items.add(new Item("Kleidung", 20, 800));
        items.add(new Item("Schmuck", 1, 4000));
        items.add(new Item("Bücher", 100, 300));
        items.add(new Item("Drucker", 18, 30));
```

```java
        items.add(new Item("Kühlschrank", 200, 700));
        items.add(new Item("Gemälde", 10, 1000));
        List<Item> toSteal = knapsack(items, 75);
        System.out.println(
  "Der Dieb sollte am besten folgende Gegenstände stehlen:");
        System.out.printf(
  "%-15.15s %-15.15s %-15.15s%n", "Name", "Weight", "Value");
        for (Item item : toSteal) {
            System.out.printf(
  "%-15.15s %-15.15s %-15.15s%n", item.name, item.weight, item.value);
        }
    }
}
```

Listing 9.3 Knapsack.java (Fortsetzung)

Wenn Sie sich die auf der Konsole ausgegebenen Ergebnisse anschauen, sehen Sie, dass die optimalen Gegenstände zum Stehlen das Gemälde, der Schmuck, die Kleidung, der Laptop, die Stereoanlage und die Kerzenhalter sind. Hier eine Beispielausgabe, die die wertvollsten Gegenstände zeigt, die der Dieb angesichts der beschränkten Kapazität des Rucksacks stehlen kann:

```
Der Dieb sollte am besten folgende Gegenstände stehlen:
Name            Weight          Value
Gemälde         10              1000.0
Schmuck         1               4000.0
Kleidung        20              800.0
Laptop          3               1000.0
Stereoanlage    35              400.0
Kerzenhalter    2               300.0
```

Um besser zu verstehen, wie das alles funktioniert, betrachten wir einige Besonderheiten der Methode `knapsack()`:

```java
for (int i = 0; i < items.size(); i++) {
    Item item = items.get(i);
    for (int capacity = 1; capacity <= maxCapacity; capacity++) {
```

Für jede mögliche Anzahl von Gegenständen gehen wir alle Kapazitäten bis zur maximalen Kapazität des Rucksacks auf lineare Weise in einer Schleife durch. Beachten Sie, dass ich »jede mögliche Anzahl von Gegenständen« und nicht »jeden Gegenstand« geschrieben habe. Wenn i gleich 2 ist, steht es nicht für den zweiten Gegenstand. Es steht für die mögliche Kombination der ersten beiden Gegenstände für jede untersuchte Kapazität. item ist der nächste Gegenstand, den wir zu stehlen erwägen:

```
double prevItemValue = table[i][capacity];
if (capacity >= item.weight) { // Gegenstand passt in Rucksack
```

previousItemValue ist der Wert der letzten Kombination von Gegenständen, die für die aktuelle capacity untersucht wird. Für jede mögliche Kombination von Gegenständen überprüfen wir, ob das Hinzufügen des letzten »neuen« Gegenstandes überhaupt möglich ist.

Wenn der Gegenstand mehr wiegt als die Rucksackkapazität, die wir prüfen, kopieren wir einfach den Wert der letzten Kombination von Gegenständen, die wir für die fragliche Kapazität geprüft haben.

```
else { // Kein Platz für diesen Gegenstand
    table[i + 1][capacity] = prevItemValue;
}
```

Andernfalls prüfen wir, ob das Hinzufügen des »neuen« Gegenstandes einen höheren Wert erzielen wird als die letzte Kombination von Gegenständen, die wir für diese Kapazität geprüft haben. Das tun wir, indem wir den Wert des Gegenstandes zu dem Wert addieren, der in der Tabelle bereits für frühere Kombinationen von Gegenständen berechnet wurde, deren Kapazität dem Gewicht des Gegenstandes entspricht, abgezogen von der aktuellen Kapazität, die wir prüfen. Wenn dieser Wert höher ist als die letzte Kombination von Gegenständen für die aktuelle Kapazität, fügen wir ihn ein; andernfalls fügen wir den letzten Wert ein:

```
double valueFreeingWeightForItem = table[i][capacity - item.weight];
// Nur nehmen, wenn wertvoller als voriger Gegenstand
table[i + 1][capacity] =
  Math.max(valueFreeingWeightForItem + item.value, prevItemValue);
```

Das schließt den Aufbau der Tabelle ab. Um jedoch tatsächlich herauszufinden, welche Gegenstände zur Lösung gehören, müssen wir von der höchsten Kapazität und der zuletzt erforschten Kombination von Gegenständen aus rückwärts arbeiten.

```
for (int i = items.size(); i > 0; i--) { // Rückwärts arbeiten
    // Wurde dieser Gegenstand verwendet?
    if (table[i - 1][capacity] != table[i][capacity]) {
```

Wir beginnen am Ende, durchlaufen unsere Tabelle von rechts nach links in einer Schleife und überprüfen bei jedem Schritt, ob es eine Änderung an dem in die Tabelle eingefügten Wert gab. Wenn das der Fall war, bedeutet dies, dass wir den neuen Gegenstand, der in einer bestimmten Kombination berücksichtigt wurde, hinzugefügt haben, weil die Kombination wertvoller war als die vorherige. Deshalb fügen wir diesen Gegenstand zur Lösung hinzu. Außerdem wird die Kapazität um das Gewicht des Gegenstandes vermindert, was man sich als Hochklettern in der Tabelle vorstellen kann:

```
solution.add(items.get(i - 1));
// Wenn der Gegenstand verwendet wurde, sein Gewicht abziehen
capacity -= items.get(i - 1).weight;
```

> **Hinweis**
>
> Sowohl während des Aufbaus der Tabelle als auch während der Lösungssuche haben Sie vielleicht einige Manipulationen von Iteratoren und Tabellengröße um 1 gesehen. Das geschieht aus Komfortgründen von einer Programmierperspektive aus betrachtet. Denken Sie daran, wie das Problem von unten auf konstruiert wird. Wenn das Problem beginnt, haben wir es mit einem Rucksack mit der Kapazität null zu tun. Wenn Sie in einer Tabelle von unten nach oben arbeiten, wird klar, wofür Sie die zusätzliche Zeile und Spalte benötigen.

Sind Sie immer noch verwirrt? Tabelle 9.1 ist die Tabelle, die die Funktion knapsack() aufbaut. Es wäre eine ziemlich große Tabelle für die Aufgabe von eben, also schauen wir uns stattdessen eine Tabelle für einen Rucksack mit 3 Pfund Kapazität und drei Gegenständen an: Streichhölzer (1 Pfund), Taschenlampe (2 Pfund) und Buch (1 Pfund). Angenommen, diese Gegenstände sind 5 $, 10 $ beziehungsweise 15 $ wert.

	0 Pfund	1 Pfund	2 Pfund	3 Pfund
Streichhölzer (1 Pfund, 5 $)	0	05	05	05
Taschenlampe (2 Pfund, 10 $)	0	05	10	15
Buch (1 Pfund, 15 $)	0	15	20	25

Tabelle 9.1 Ein Beispiel für ein Rucksackproblem mit drei Gegenständen

Wenn Sie die Tabelle von links nach rechts betrachten, steigt der Wert (wie viel Sie versuchen, in den Rucksack zu packen). Wenn Sie die Tabelle von oben nach unten betrachten, steigt die Anzahl der Gegenstände, die Sie einzupacken versuchen. In der ersten Zeile versuchen Sie nur die Streichhölzer einzupacken. In der zweiten Zeile versuchen

Sie, die wertvollste Kombination aus Streichhölzern und Taschenlampe einzupacken, die in den Rucksack passt. In der dritten Reihe fügen Sie die wertvollste Kombination aller drei Gegenstände hinzu.

Als Übung, um Ihr Verständnis zu verbessern, versuchen Sie selbst, eine leere Version dieser Tabelle auszufüllen, indem Sie den in der Methode `knapsack()` beschriebenen Algorithmus auf diese drei Gegenstände anwenden. Verwenden Sie dann den Algorithmus am Ende der Funktion, um wieder die richtigen Gegenstände aus der Tabelle auszulesen. Diese Tabelle entspricht der Variablen `table` in der Methode.

9.2 Das Problem des Handlungsreisenden

Das Problem des Handlungsreisenden ist eine klassische und eine der meistbesprochenen Aufgaben in der gesamten Informatik. Ein Handlungsreisender muss alle Städte auf einer Karte genau einmal besuchen und am Ende der Reise zu der Stadt zurückkehren, in der er gestartet ist. Es gibt eine direkte Verbindung von jeder Stadt zu jeder anderen Stadt, und der Handlungsreisende kann die Städte in jeder beliebigen Reihenfolge besuchen. Was ist der kürzeste Pfad für den Handlungsreisenden?

Das Problem kann man sich als Graphenproblem (Kapitel 4, »Graphenprobleme«) vorstellen, wobei die Städte die Knoten und die Verbindungen zwischen ihnen die Kanten sind. Ihr erster Impuls könnte es sein, den minimalen Spannbaum zu finden, wie er in Kapitel 4 beschrieben wurde. Unglücklicherweise ist die Lösung für das Problem des Handlungsreisenden nicht so einfach. Der minimale Spannbaum ist der kürzeste Weg, alle Städte miteinander zu verbinden, aber er liefert nicht den kürzesten Pfad, um sie alle genau einmal zu besuchen.

Auch wenn die Beschreibung des Problems recht einfach klingt, gibt es keinen Algorithmus, der es für eine beliebige Anzahl von Städten schnell lösen kann. Was meine ich mit »schnell«? Ich meine, dass das Problem als *NP-komplex* bezeichnet wird. Ein NP-komplexes Problem (von nicht deterministischer polynomieller Komplexität) ist ein Problem, für das kein in polynomieller Zeit lösbarer Algorithmus bekannt ist (also ein Algorithmus, für den die Zeit, die er benötigt, eine Polynomfunktion der Eingabe ist). Während die Anzahl der Städte, die der Handlungsreisende besuchen muss, steigt, wächst die Schwierigkeit, das Problem zu lösen, schnell exponentiell. Es ist viel schwerer, das Problem für 20 Städte als für 10 zu lösen. Es ist (nach aktuellem Forschungsstand) unmöglich, es in vertretbarer Zeit perfekt (optimal) für Millionen von Städten zu lösen.

9.2 Das Problem des Handlungsreisenden

> **Hinweis**
> Der naive Ansatz für das Problem des Handlungsreisenden hat die Komplexität $O(n!)$. Warum das der Fall ist, wird in Abschnitt 9.2.2, »Die nächste Stufe erklimmen«, besprochen. Ich empfehle jedoch, Abschnitt 9.2.1 vor Abschnitt 9.2.2 zu lesen, weil die Implementierung einer naiven Lösung des Problems seine Komplexität offensichtlich macht.

9.2.1 Der naive Ansatz

Der naive Ansatz für das Problem besteht einfach darin, jede mögliche Kombination von Städten durchzuprobieren. Das Ausprobieren des naiven Ansatzes veranschaulicht die Schwierigkeit des Problems und die Untauglichkeit dieses Ansatzes für Brute-Force-Ansätze mit einem größeren Maßstab.

Unsere Beispieldaten

In unserer Version des Problems des Handlungsreisenden ist der Handlungsreisende daran interessiert, fünf der größten Städte von Vermont zu besuchen. Wir legen keine Startstadt (und daher auch keine Zielstadt) fest. Abbildung 9.2 veranschaulicht die fünf Städte und die Reiseentfernungen in Meilen[3] zwischen ihnen. Beachten Sie, dass eine Entfernung für die Route zwischen jedem Paar von Städten angegeben wird.

Vielleicht haben Sie schon einmal Reiseentfernungen in Tabellenform gesehen. In einer Reiseentfernungstabelle kann man leicht die Entfernungen zwischen zwei beliebigen Städten nachschlagen. Tabelle 9.2 listet die Reiseentfernungen für die fünf Städte in der Aufgabe auf.

	Rutland	Burlington	White River Junction	Bennington	Brattleboro
Rutland	00	067	46	055	075
Burlington	67	000	91	122	153
White River Junction	46	091	00	098	065
Bennington	55	122	98	000	040
Brattleboro	75	153	65	040	000

Tabelle 9.2 Reiseentfernungen zwischen Städten in Vermont

---

[3] 1 Meile = 1609,344 Meter.

9 Weitere Aufgaben

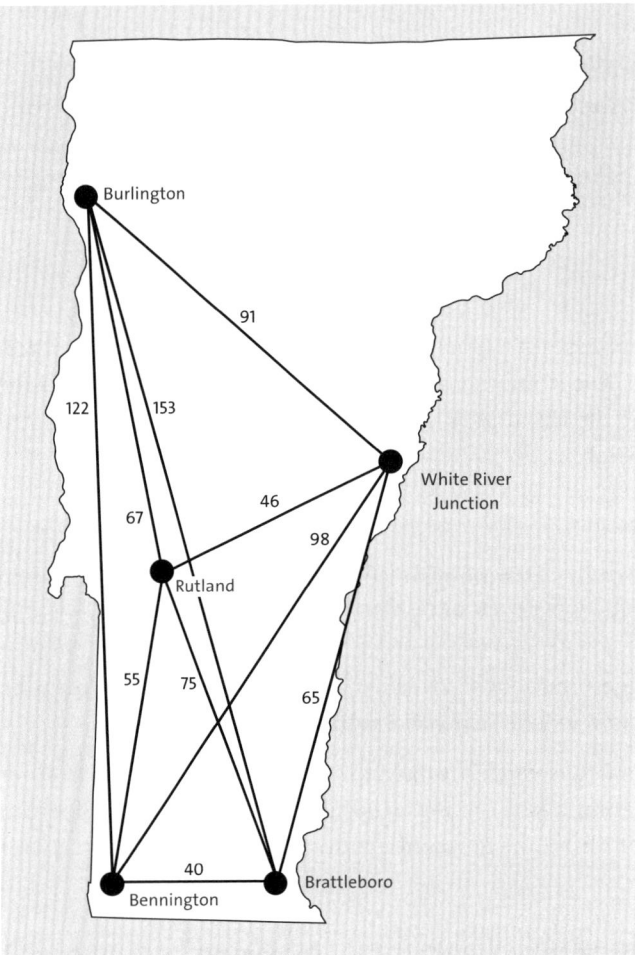

Abbildung 9.2 Fünf Städte in Vermont und die Reiseentfernungen zwischen ihnen

Wir müssen für unser Problem sowohl die Städte als auch die Entfernungen zwischen ihnen in Code darstellen. Um die Entfernungen zwischen Städten leicht nachschlagen zu können, verwenden wir eine Map of Maps, in der die äußere Schlüsselmenge die erste Hälfte eines Paars und die innere Schlüsselmenge die zweite darstellt. Das ist der Typ Map<String, Map<String, Integer>>, der es ermöglicht, Entfernungen wie vtDistances.get("Rutland").get("Burlington") nachzuschlagen, was 67 zurückgeben sollte. Wir werden die vtDistances-Map benötigen, wenn wir die Aufgabe für Vermont lösen, aber zuerst müssen wir einige Einstellungen vornehmen. Unsere Klasse enthält die Map und verfügt über eine Hilfsmethode, mit der wir später die Elemente an zwei Stellen innerhalb eines Arrays austauschen können.

```java
package chapter9;

import java.util.ArrayList;
import java.util.Arrays;
import java.util.List;
import java.util.Map;

public class TSP {
    private final Map<String, Map<String, Integer>> distances;

    public TSP(Map<String, Map<String, Integer>> distances) {
        this.distances = distances;
    }

    public static <T> void swap(T[] array, int first, int second) {
        T temp = array[first];
        array[first] = array[second];
        array[second] = temp;
    }
}
```

Listing 9.4 TSP.java

Alle Permutationen finden

Der naive Ansatz, um das Problem des Handlungsreisenden zu lösen, besteht darin, jede mögliche Permutation von Städten zu generieren. Es gibt viele Algorithmen zur Erzeugung von Permutationen; sie sind einfach genug auszudenken, sodass Sie fast sicher Ihren eigenen finden könnten.

Ein gängiger Ansatz ist Backtracking. Sie haben Backtracking zuerst in Kapitel 3, »Bedingungserfüllungsprobleme«, im Kontext eines Bedingungserfüllungsproblems gesehen. Bei der Lösung von Bedingungserfüllungsproblemen wird Backtracking oft verwendet, nachdem eine Teillösung gefunden wurde, die nicht alle Bedingungen des Problems erfüllt. In einem solchen Fall gehen Sie zu einem früheren Zustand zurück und setzen die Suche auf einem anderen Pfad als demjenigen fort, der zu der inkorrekten Teillösung führte.

Um alle Permutationen der Elemente in einem Array (letztlich unseren Städten) zu finden, verwenden wir ebenfalls Backtracking. Nach der Ausführung eines Tauschs zwischen Elementen, um einen Pfad weiterer Permutationen entlangzugehen, kehren wir per Backtracking zum Zustand vor diesem Tausch zurück, um einen anderen Tausch durchzuführen und einen anderen Pfad entlangzugehen.

```java
    private static <T> void permutationsHelper(T[] permutation,
  List<T[]> permutations, int n) {
      // Abbruchbedingung
      if (n <= 0) {
          permutations.add(permutation);
          return;
      }
      // Rekursionsfall - weitere Permutationen durch Austauschen finden
      T[] tempPermutation = Arrays.copyOf(permutation, permutation.length);
      for (int i = 0; i < n; i++) {
          // Element bei i ans Ende verschieben
          swap(tempPermutation, i, n - 1);
          // Alles andere verschieben, Ende bleibt konstant
          permutationsHelper(tempPermutation, permutations, n - 1);
          swap(tempPermutation, i, n - 1); // Backtracking
      }
  }
```

Listing 9.5 TSP.java (Fortsetzung)

Diese rekursive Funktion wird als »Helper« bezeichnet, weil sie letztlich von einer anderen Funktion aufgerufen wird, die weniger Argumente erwartet. Die Parameter von permutationsHelper() sind die Ausgangspermutation, die bisher erzeugten Permutationen und die Anzahl der verbleibenden Elemente, die ausgetauscht werden sollen.

Ein gängiges Muster für rekursive Funktionen, die mehrere Zustandsdaten über Aufrufe hinweg speichern müssen, ist eine einfacher anwendbare, separate, nach außen gerichtete Funktion mit weniger Parametern – in diesem Fall permutations().

```java
  private static <T> List<T[]> permutations(T[] original) {
      List<T[]> permutations = new ArrayList<>();
      permutationsHelper(original, permutations, original.length);
      return permutations;
  }
```

Listing 9.6 TSP.java (Fortsetzung)

permutations() benötigt nur ein einziges Argument: das Array, für das die Permutationen erzeugt werden sollen. Es ruft permutationsHelper() auf, um diese Permutationen zu finden. Dies erspart bei permutations() die Übergabe der Parameter permutations und n an permutationsHelper().

Der hier vorgestellte Backtracking-Ansatz zum Ermitteln aller Permutationen ist ziemlich effizient. Um alle Permutationen zu finden, sind nur zwei Tauschvorgänge innerhalb des Arrays erforderlich. Es ist jedoch auch möglich, alle Permutationen eines Arrays mit nur einem Tausch pro Permutation zu finden. Eine effiziente Möglichkeit, diese Aufgabe zu lösen, ist der Heap-Algorithmus (nicht zu verwechseln mit der Heap-Datenstruktur – Heap ist in diesem Fall der Name des Erfinders des Algorithmus).[4] Dieser Leistungsunterschied kann bei sehr großen Datensätzen wichtig sein (womit wir es hier nicht zu tun haben).

Brute-Force-Suche

Wir können nun alle Permutationen der Liste von Städten erzeugen, aber das ist nicht ganz dasselbe wie ein Pfad für das Problem des Handlungsreisenden. Denken Sie daran, dass der Handlungsreisende am Ende in dieselbe Stadt zurückkehren muss, in der er gestartet ist. Wir können die Entfernung von der letzten zur ersten besuchten Stadt hinzufügen, wenn wir berechnen, welcher Weg der kürzeste ist. Das werden wir in Kürze tun.

Nun sind wir bereit, die permutierten Pfade durchzuprobieren. Eine Brute-Force-Suche schaut sich gewissenhaft jeden Pfad in einer Liste von Pfaden an und verwendet die Nachschlagetabelle für die Entfernung zwischen den zwei Städten (distances), um die Gesamtlänge jedes Pfads zu berechnen. Sie gibt sowohl den kürzesten Pfad als auch die Gesamtlänge dieses Pfads aus.

```java
public int pathDistance(String[] path) {
    String last = path[0];
    int distance = 0;
    for (String next : Arrays.copyOfRange(path, 1, path.length)) {
        distance += distances.get(last).get(next);
        // Distanz von der letzten zur ersten Stadt
        last = next;
    }
    return distance;
}

public String[] findShortestPath() {
    String[] cities = distances.keySet().toArray(String[]::new);
    List<String[]> paths = permutations(cities);
    String[] shortestPath = null;
    int minDistance = Integer.MAX_VALUE; // Beliebige, sehr hohe Zahl
    for (String[] path : paths) {
```

---

[4] Robert Sedgewick, »Permutation Generation Methods« (Princeton University), *http://mng.bz/87Te*.

```java
            int distance = pathDistance(path);
            // Distanz von der lettzen zur ersten hinzufügen
            distance += distances.get(path[path.length - 1]).get(path[0]);
            if (distance < minDistance) {
                minDistance = distance;
                shortestPath = path;
            }
        }
    }
    shortestPath = Arrays.copyOf(shortestPath, shortestPath.length + 1);
    shortestPath[shortestPath.length - 1] = shortestPath[0];
    return shortestPath;
}

public static void main(String[] args) {
    Map<String, Map<String, Integer>> vtDistances = Map.of(
            "Rutland", Map.of(
                    "Burlington", 67,
                    "White River Junction", 46,
                    "Bennington", 55,
                    "Brattleboro", 75),
            "Burlington", Map.of(
                    "Rutland", 67,
                    "White River Junction", 91,
                    "Bennington", 122,
                    "Brattleboro", 153),
            "White River Junction", Map.of(
                    "Rutland", 46,
                    "Burlington", 91,
                    "Bennington", 98,
                    "Brattleboro", 65),
            "Bennington", Map.of(
                    "Rutland", 55,
                    "Burlington", 122,
                    "White River Junction", 98,
                    "Brattleboro", 40),
            "Brattleboro", Map.of(
                    "Rutland", 75,
                    "Burlington", 153,
                    "White River Junction", 65,
                    "Bennington", 40));
    TSP tsp = new TSP(vtDistances);
    String[] shortestPath = tsp.findShortestPath();
```

```
        int distance = tsp.pathDistance(shortestPath);
        System.out.println("Der kürzeste Pfad ist " + Arrays.toString(
    shortestPath) + " mit " +
                distance + " Meilen.");
    }
}
```

Listing 9.7 TSP.java (Fortsetzung)

Wir können schließlich die Städte von Vermont per Brute Force durchsuchen, um den kürzesten Pfad zu finden, der alle fünf erreicht. Die Ausgabe sollte etwa so aussehen wie folgt, und der beste Pfad wird in Abbildung 9.3 veranschaulicht.

```
Der kürzeste Pfad ist [White River Junction, Burlington, Rutland, Bennington,
Brattleboro, White River Junction] mit 318 Meilen.
```

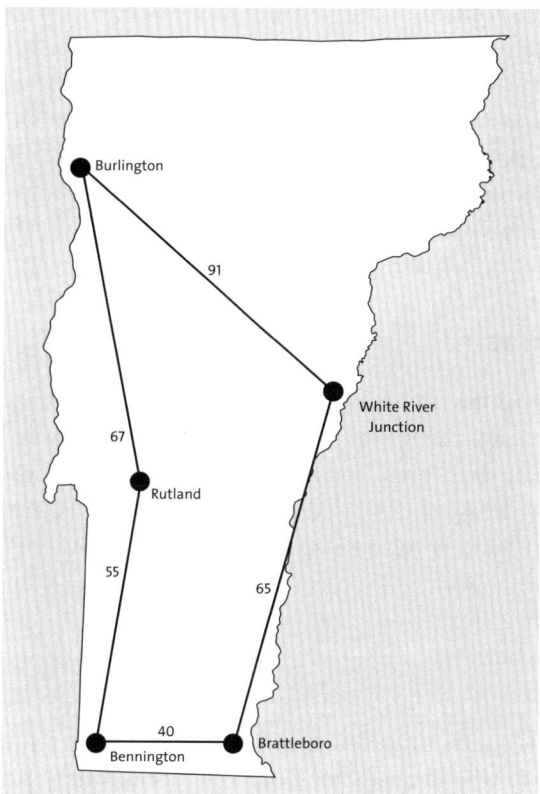

Abbildung 9.3 Der kürzeste Pfad für den Handlungsreisenden, um alle fünf Städte in Vermont zu besuchen, wird dargestellt.

9.2.2 Die nächste Stufe erklimmen

Es gibt keine einfache Lösung für das Problem des Handlungsreisenden. Unser naiver Ansatz wird schnell untragbar. Die Anzahl der erzeugten Permutationen ist n Fakultät ($n!$), wobei n die Anzahl der Städte in der Aufgabe ist. Wenn wir nur eine weitere Stadt einfügten (sechs anstelle von fünf), würde die Anzahl ausgewerteter Pfade um den Faktor sechs steigen. Und es wäre siebenmal so schwer, das Problem für noch eine weitere Stadt zu lösen. Das ist kein skalierbarer Ansatz!

In der Praxis wird der naive Ansatz für das Problem des Handlungsreisenden selten verwendet. Die meisten Algorithmen für Instanzen des Problems mit einer großen Anzahl von Städten verwenden Annäherungen. Sie versuchen, eine fast optimale Lösung für das Problem zu finden. Die fast optimale Lösung kann sich innerhalb eines kleinen Umkreises um die perfekte Lösung befinden. (Beispielsweise wäre sie höchstens 5 % weniger effizient.)

Zwei Verfahren, die in diesem Buch bereits vorkamen, wurden bereits verwendet, um zu versuchen, das Problem des Handlungsreisenden für große Datenmengen zu lösen. Dynamische Programmierung, die wir für das Rucksackproblem am Anfang dieses Kapitels verwendet haben, ist ein Ansatz. Ein weiterer ist ein genetischer Algorithmus, wie in Kapitel 5, »Genetische Algorithmen«, beschrieben. In Fachzeitschriften wurden viele Artikel veröffentlicht, die genetische Algorithmen zur Lösung des Problems des Handlungsreisenden mit großen Anzahlen von Städten einsetzen.

9.3 Merkhilfen für Telefonnummern

Bevor es Smartphones mit eingebauten Adressbüchern gab, enthielten Telefone Buchstaben auf jeder Zifferntaste. Sinn dieser Buchstaben war es, einfache Merkhilfen für Telefonnummern zur Verfügung zu stellen. In den Vereinigten Staaten hatte die 1 üblicherweise keine Buchstaben, die 2 hatte ABC, 3 DEF, 4 GHI, 5 JKL, 6 MNO, 7 PQRS, 8 TUV, 9 WXYZ und 0 wieder keine Buchstaben. Beispielsweise entspricht 1-800-MY-APPLE der Telefonnummer 1-800-69-27753. Manchmal finden Sie solche Merkhilfen noch in Werbeanzeigen, sodass diese Zahlen auf dem Ziffernfeld es auch in moderne Smartphone-Apps geschafft haben, wie Abbildung 9.4 beweist.

Wie findet man eine neue Merkhilfe für eine Telefonnummer? In den 1990ern gab es eine beliebte Shareware, um bei dieser Aufgabe zu helfen. Diese Software erzeugte alle möglichen geordneten Kombinationen für die Buchstaben einer Telefonnummer und suchte dann in einem Wörterbuch nach Wörtern, die in diesen Kombinationen enthalten waren.

9.3 Merkhilfen für Telefonnummern

Abbildung 9.4 Die Telefon-App in iOS behält die Buchstaben auf den Tasten bei, die ihre Telefonvorfahren enthielten.

Dann zeigte sie dem User die Kombinationen mit den vollständigsten Wörtern. Wir bearbeiten die erste Hälfte der Aufgabe. Das Nachschlagen im Wörterbuch wird Ihnen als Übungsaufgabe überlassen.

In der letzten Aufgabe haben wir uns mit der Erzeugung von Permutationen beschäftigt und die Antworten generiert, indem wir aus einer bestehenden Permutation durch Vertauschen eine neue erzeugt haben – so als würden Sie mit einem fertigen Produkt beginnen und sich rückwärts bewegen. Bei dieser Aufgabe tauschen wir nicht die Positionen in einer bestehenden Lösung, um eine neue zu generieren, sondern wir erzeugen jede Lösung von Grund auf neu und beginnen mit einer leeren Zeichenfolge. Dazu betrachten wir die Buchstaben, die auf jede Ziffer der Telefonnummer passen könnten, und fügen nach und nach weitere Optionen am Ende hinzu, während wir die Ziffern weiter durchgehen. Dies ist eine Art kartesisches Produkt.

Was ist ein kartesisches Produkt? In der Mengenlehre handelt es sich dabei um die Menge aller Kombinationen von Elementen einer Menge und einer anderen Menge. Wenn zum Beispiel eine Menge die Buchstaben »A« und »B« enthält und eine andere Menge die Buchstaben »C« und »D«, dann wäre das kartesische Produkt die Menge »AC«, »AD«, »BC« und »BD«. »A« wurde mit jedem möglichen Buchstaben der zweiten Menge kombiniert, und »B« wurde mit jedem möglichen Buchstaben der zweiten Menge kombiniert.

Wäre unsere Telefonnummer 234, müssten wir das kartesische Produkt von »A«, »B«, »C« mit »D«, »E« und »F« finden. Sobald wir dieses Ergebnis gefunden haben, müssten wir sein kartesisches Produkt mit »G«, »H« und »I« finden. Und dieses Produkt eines Produkts wäre unsere Lösung.

Wir werden nicht mit Mengen arbeiten, sondern mit Arrays. Das ist einfach bequemer für unsere Datendarstellung.

Zuerst definieren wir die Zuordnung zwischen Ziffern und potenziellen Buchstaben.

```java
package chapter9;

import java.util.ArrayList;
import java.util.Arrays;
import java.util.Map;
import java.util.Scanner;

public class PhoneNumberMnemonics {
    Map<Character, String[]> phoneMapping = Map.of(
            '1', new String[] { "1" },
            '2', new String[] { "a", "b", "c" },
            '3', new String[] { "d", "e", "f" },
            '4', new String[] { "g", "h", "i" },
            '5', new String[] { "j", "k", "l" },
            '6', new String[] { "m", "n", "o" },
            '7', new String[] { "p", "q", "r", "s" },
            '8', new String[] { "t", "u", "v" },
            '9', new String[] { "w", "x", "y", "z" },
            '0', new String[] { "0", });
    private final String phoneNumber;

    public PhoneNumberMnemonics(String phoneNumber) {
        this.phoneNumber = phoneNumber;
    }
```

Listing 9.8 PhoneNumberMnemonics.java

9.3 Merkhilfen für Telefonnummern

Die nächste Methode führt ein kartesisches Produkt zweier `String`-Arrays durch, indem sie einfach alle Elemente des ersten Arrays zu allen Elementen des zweiten Arrays addiert und diese Ergebnisse aggregiert.

```java
public static String[] cartesianProduct(String[] first, String[] second) {
    ArrayList<String> product =
  new ArrayList<>(first.length * second.length);
    for (String item1 : first) {
        for (String item2 : second) {
            product.add(item1 + item2);
        }
    }
    return product.toArray(String[]::new);
}
```

Listing 9.9 PhoneNumberMnemonics.java

Nun können wir alle denkbaren Merkhilfen für eine Telefonnummer finden. `getMnemonics()` nimmt dazu nacheinander das kartesische Produkt aus jedem vorherigen Produkt (beginnend mit einem Array mit einer leeren Zeichenkette) und dem Array mit den Buchstaben, die die nächste Ziffer bezeichnen. `main()` führt `getMnemonics()` für alle vom Benutzer angegebenen Rufnummern aus.

```java
public String[] getMnemonics() {
    String[] mnemonics = { "" };
    for (Character digit : phoneNumber.toCharArray()) {
        String[] combo = phoneMapping.get(digit);
        if (combo != null) {
            mnemonics = cartesianProduct(mnemonics, combo);
        }
    }
    return mnemonics;
}

public static void main(String[] args) {
    System.out.println("Geben Sie eine Telefonnummer ein:");
    Scanner scanner = new Scanner(System.in);
    String phoneNumber = scanner.nextLine();
    scanner.close();
    System.out.println("Hier sind die potenziellen Merkhilfen:");
    PhoneNumberMnemonics pnm = new PhoneNumberMnemonics(phoneNumber);
```

```
            System.out.println(Arrays.toString(pnm.getMnemonics()));
    }

}
```

Listing 9.10 PhoneNumberMnemonics.java

Es stellt sich heraus, dass die Telefonnummer 1440787 auch als 1GHOSTS geschrieben werden kann. Das kann man sich einfacher merken.

9.4 Anwendungen im Alltag

Dynamische Programmierung, wie wir sie für das Rucksackproblem verwendet haben, ist ein weithin anwendbares Verfahren, das scheinbar unlösbare Probleme lösbar macht, indem es sie in kleinere Teilprobleme zerlegt und eine Lösung aus diesen Teilen aufbaut. Das Rucksackproblem selbst ist mit anderen Optimierungsproblemen verwandt, in denen eine endliche Menge von Ressourcen (die Kapazität des Rucksacks) einer ebenfalls endlichen, aber größeren Menge von Optionen (den zu stehlenden Gegenständen) zugeordnet werden muss. Stellen Sie sich eine Universität vor, die ihr Sportbudget aufteilen muss. Sie hat nicht genug Geld, um jedes Team zu finanzieren, und sie hat realistische Erwartungen, wie viele Spenden das jeweilige Team einbringen wird. Sie kann eine dem Rucksackproblem ähnelnde Lösung zur Optimierung der Budgetverteilung anwenden. Probleme wie dieses kommen im Alltag häufig vor.

Das Problem des Handlungsreisenden ist eine Alltagsaufgabe für Speditions- und Versandunternehmen wie UPS und FedEx. Paketlieferdienste wollen, dass ihre Fahrer die kürzesten möglichen Routen fahren. Das macht nicht nur die Arbeit der Fahrer angenehmer, sondern spart auch Kraftstoff- und Wartungskosten. Wir alle reisen für die Arbeit und zum Vergnügen, und das Herausfinden optimaler Routen für den Besuch mehrerer Ziele kann Ressourcen sparen. Aber das Problem des Handlungsreisenden ist nicht nur für Reiserouten relevant; es stellt sich in jedem Routenszenario, das einzelne Besuche bei jedem Knoten erfordert. Obwohl ein minimaler Spannbaum (Kapitel 4, »Graphenprobleme«) die Kabelmenge zur Verbindung einer Nachbarschaft minimieren kann, verrät er uns nicht die optimale Kabelmenge, um jedes Haus mit nur einem weiteren Haus zu verbinden und so einen riesigen Kreis zu bilden, der zu seinem Ursprung zurückkehrt. Das Problem des Handlungsreisenden tut dies.

Verfahren zum Erzeugen von Permutationen und Kombinationen – wie die für den naiven Ansatz im Problem des Handlungsreisenden und das Problem mit den Telefonnummer-Merkhilfen – sind nützlich, um Brute-Force-Algorithmen aller Art zu testen.

Wenn Sie zum Beispiel ein kurzes Passwort knacken wollten, dessen Länge Sie kennen, könnten Sie jede mögliche Permutation von Zeichen durchprobieren, die in dem Passwort vorkommen könnten. Wer solche Permutationserzeugungs-Aufgaben im großen Stil zu bewältigen hat, tut gut daran, einen besonders effizienten Algorithmus zur Permutationserzeugung zu verwenden, etwa den Heap-Algorithmus.

9.5 Übungsaufgaben

1. Programmieren Sie den naiven Ansatz für das Problem des Handlungsreisenden mithilfe des Graphen-Frameworks aus Kapitel 4 neu.
2. Implementieren Sie einen genetischen Algorithmus, wie in Kapitel 5, »Genetische Algorithmen«, beschrieben, um das Problem des Handlungsreisenden zu lösen. Beginnen Sie mit der in diesem Kapitel beschriebenen einfachen Datenmenge von Städten aus Vermont. Können Sie den genetischen Algorithmus dazu bringen, die optimale Lösung innerhalb kurzer Zeit zu finden? Dann probieren Sie das Problem mit einer größer werdenden Anzahl von Städten aus. Wie gut schlägt sich der Algorithmus? Sie können eine Vielzahl von Datenmengen für das Problem des Handlungsreisenden finden, indem Sie im Web suchen. Entwickeln Sie ein Test-Framework, um die Effizienz Ihrer Methode zu überprüfen.
3. Verwenden Sie ein Wörterbuch mit dem Programm für Telefonnummern-Merkhilfen, und geben Sie nur Permutationen zurück, die gültige Wörter aus dem Wörterbuch enthalten.

Anhang

A	Interview mit Brian Goetz	301
B	Glossar	317
C	Weiterführende Ressourcen	323

Anhang A
Interview mit Brian Goetz

Brian Goetz ist einer der führenden Köpfe der Java-Welt. Als Java Language Architect bei Oracle bestimmt er die Richtung der Sprachentwicklung und der unterstützenden Bibliotheken mit. Er begleitete die Sprache durch mehrere wesentliche Modernisierungen, darunter das Lambda-Projekt. Brian kann auf eine lange Karriere als Softwareentwickler zurückblicken und ist Autor des Bestsellers *Java Concurrency in Practice* (Addison-Wesley Professional, 2006).

Dieses Interview wurde am 25. August 2020 in Brians Haus in Williston, Vermont, geführt. Das Transkript wurde der Lesbarkeit wegen bearbeitet und gekürzt.

Wie haben Sie mit der Informatik angefangen?

Es begann hobbymäßig um das Jahr 1978, als ich 13 oder 14 war. Ich hatte in der Schule die Möglichkeit, mit einem Time-Sharing-Computersystem zu arbeiten, und mein älterer Bruder, der vor mir dasselbe Programm absolviert hatte, brachte mir Bücher und anderes Lesefutter mit. Ich war sofort Feuer und Flamme und total fasziniert von diesem System, das einem komplexen, aber verständlichen Regelwerk unterlag. Und so verbrachte ich nach dem Unterricht so viel Zeit wie möglich im Computerraum der Schule und lernte alles, was ich konnte. Für Programmierer war es damals eine sehr polyglotte Zeit. Anders als in den letzten 25 Jahren gab es keine dominante Sprache. Man erwartete, dass jeder mehrere Programmiersprachen beherrsche. Ich brachte mir selbst BASIC, Fortran, COBOL, APL und Assembler bei. Ich erkannte, dass jede dieser Sprachen ein kompletter Werkzeugkasten für ein spezielles Problem war. Ich war ein völliger Autodidakt, weil es zu dieser Zeit keine formale Ausbildung gab. Meinen Abschluss machte ich nicht in Informatik, sondern in Mathematik, denn zu der Zeit hatten viele Hochschulen nicht einmal eine Informatikabteilung. Und ich glaube, dass mir diese mathematische Ausrichtung sehr gutgetan hat.

Gab es eine Programmiersprache, deren Erwerb Sie besonders stark beeinflusst hat?

Als ich anfing zu lernen, eigentlich nicht. Ich stürzte mich einfach auf alles. Die vorherrschenden Sprachen waren zu dieser Zeit Fortran, COBOL und BASIC für verschiedene Problembereiche. Später als Doktorand hatte ich jedoch Gelegenheit, den Kurs »Structure and Interpretation of Computer Programs« am MIT zu belegen. Dort lernte ich Scheme, und das war der Punkt, an dem mir ein Licht aufging. Zu diesem Zeitpunkt programmierte ich schon fast 10 Jahre lang und war bereits auf viele interessante Probleme gestoßen. Und ich erkannte zum ersten Mal, dass es eine übergreifende Theorie gab, die viele meiner Beobachtungen verknüpfte. Für mich war es ein großer Glücksfall, dass ich diesen Kurs als Doktorand und nicht als Erstsemester belegt hatte, denn die Erstsemester waren von der Stoffmenge, die auf sie einprasselte, völlig erschlagen. Da ich mehr Erfahrung hatte, konnte ich die zugrunde liegende Schönheit und Struktur erkennen, ohne mich von den Details ablenken zu lassen. Wenn ich einen Augenblick nennen müsste, in dem mir die Schönheit der Informatik wirklich klar wurde, dann war es in diesem Kurs.

Wie haben Sie nach dem Studium Ihre Kompetenzen in den Bereichen Softwaretechnik und Informatik ausgebaut?

Ich glaube, genauso wie fast jeder andere auch – meistens durch Handeln. In typischen beruflichen Entwicklersituationen wird man meistens mit einer Aufgabe ins kalte Wasser geworfen und muss sie selbst lösen. Man hat eine Reihe von Werkzeugen zur Verfügung, aber es ist nicht immer offensichtlich, welches das richtige ist, und man probiert per Versuch und Irrtum verschiedene Dinge aus. Man sieht, was funktioniert – und was nicht mehr funktioniert, wenn das Problem eine bestimmte Komplexitätsstufe erreicht. Idealerweise läuft parallel dazu ein induktiver Denkprozess ab, durch den man herausfinden kann, warum etwas funktioniert hat und wann es wieder funktionieren könnte – oder eben nicht. Zu Beginn meiner Karriere hatte ich verschiedene ziemlich typische Jobs in der Softwareentwicklung; ich arbeitete für ein Forschungslabor, für eine kleine Softwarefirma, die Netzwerksoftware herstellte. Ich lernte durch praktisches Tun und Experimentieren, wie die meisten Entwickler heute auch.

Wie hat Sie Ihr beruflicher Werdegang zum Java Language Architect geführt?

Auf einem ziemlich seltsamen und verschlungenen Pfad! In der ersten Hälfte meiner Laufbahn war ich überwiegend ein einfacher Programmierer. Irgendwann schaffte ich den Umstieg auf eine Art Mittelding zwischen Programmierer und Pädagoge: Ich hielt Vorträge, schrieb Artikel und schließlich ein Buch. Ich versuchte immer, Themen zu wählen, die auf mich verwirrend wirkten, in der Annahme, dass sie auch andere verwirren könnten – und ich versuchte, sie in einem verständlichen Licht zu präsentieren. Ich entdeckte, dass ich die Begabung hatte, die Kluft zwischen den technischen Details und den intuitiven mentalen Modellen zu überbrücken, und das gipfelte in meinem Buch *Java Concurrency in Practice*. Das ist nun fast 15 Jahre her! Und von da an arbeitete ich bei Sun in einer Rolle, in der es mehr um Technologievermittlung als um Entwicklung ging, und erklärte den Leuten: »Wie funktioniert die JVM?« »Was macht ein dynamischer Compiler?« »Warum ist die dynamische Kompilierung möglicherweise besser als die statische Kompilierung?« Ich versuchte, die Technologie zu entmystifizieren und die Mythen, die sie umgeben, zu entlarven. Von Anfang an durfte ich dort den Entwicklungsprozess im Java-Team miterleben. Und irgendwann ergab sich die Gelegenheit, einen größeren Beitrag zu leisten. Wenn ich den Leuten eine Strategie aufzeigen müsste, wie man dorthin kommt, wüsste ich nicht, wie ich sie beschreiben sollte. Es war definitiv kein schnurgerader Weg.

Was bedeutet es, Java Language Architect zu sein?

Vereinfacht gesagt muss ich entscheiden, in welche Richtung sich das Java-Programmiermodell bewegen soll. Und natürlich gibt es hier sehr, sehr viele Möglichkeiten – und viele Leute, die mir gerne Ratschläge geben würden! Ich bin sicher, jeder der neun Millionen Java-Entwickler hat die eine oder andere Idee für ein Sprachfeature. Und natürlich können wir nicht alles umsetzen, oder auch nur viel davon. Also müssen wir sehr, sehr sorgfältig auswählen. Meine Aufgabe ist es, die Balance zu halten zwischen der Notwendigkeit, sich weiterzuentwickeln, damit Java relevant bleibt, und der Notwendigkeit, dass Java auch tatsächlich Java bleibt. Relevanz hat viele Dimensionen: relevant für die Probleme, die wir lösen wollen; relevant für die Hardware, mit der wir arbeiten, relevant für die Interessen, Ausrichtungen und sogar Modeströmungen der Programmierung. Wir müssen uns weiterentwickeln, aber wir können auch nicht so schnell voranschreiten, dass wir die Leute verlieren. Wenn wir über Nacht eine radikale Änderung vornehmen würden, würde es heißen: »Das ist nicht mehr das Java, das ich kenne«. Und sie würden etwas anderes machen. Wir müssen also sowohl die Richtung als auch das Tempo bestimmen, in dem wir uns vorwärts bewegen, damit wir für die Probleme der Leute relevant bleiben, ohne dass sie sich dabei unsicher fühlen.

Für mich bedeutet das, dass ich mich in die Lage von Java-Entwicklern versetze und verstehe, wo ihre Probleme liegen. Dann versuchen wir, die Sprache so zu entwickeln, dass sie mit ihnen zusammenarbeitet und ihre Probleme löst, aber nicht unbedingt so, wie sie es sich vorgestellt haben. Es gibt einen Ausspruch, der Henry Ford zugeschrieben wird: »Wenn ich meine Kunden fragen würde, was sie wollen, würden sie sagen – schnellere Pferde.« Programmierer äußern sehr oft »man sollte diese Funktion hinzufügen«, und die Kunst besteht darin, sich den Vorschlag anzuhören und herauszufinden, welches Problem hinter dieser Aussage steckt. Wenn wir das mit den Erfahrungen vergleichen, von denen andere Entwickler erzählen, erkennen wir vielleicht, was wirklich noch fehlt, um die Probleme der Leute zu lösen, sie produktiver zu machen, die Programme sicherer und effizienter zu gestalten.

Wie funktioniert die Weiterentwicklung der Sprache Java? Wie wird entschieden, welche neuen Funktionen der Sprache hinzugefügt werden sollen?

Es ist eigentlich ziemlich selten, dass ein Feature komplett aus dem Hut gezaubert wird. Tatsächlich geistert fast jede »neue« Idee schon seit Jahrzehnten in der Programmierwelt herum. Wenn mir jemand mit einer neuen Idee kommt, erkenne ich immer eine

Verbindung zu einem anderen Konzept, das vor langer Zeit in einer anderen Sprache entwickelt wurde. Ein Großteil des Vorgangs besteht darin, auf den richtigen Zeitpunkt zu warten, um ein neues Konzept vorzustellen und so anzupassen, dass es im Einklang mit dem Rest der Sprache steht. Es fehlt nicht an Ideen für Funktionen, und in jeder Sprache finden Sie zahlreiche Features, die den Leuten in diesen Communitys gefallen. Das Entscheidende ist, ihnen auf den Zahn zu fühlen und zu fragen: »Was erreichen Sie mit dieser Funktion tun, was sonst nicht möglich wäre? Inwiefern werden Ihre Programme sicherer? Warum gestattet sie eine bessere Typüberprüfung? Inwiefern werden Ihre Programme dadurch weniger fehleranfällig, ausdrucksstärker?« Und so weiter.

Es ist ein ziemlich subjektiver Vorgang: Wenn wir die Bedürfnisse der Leute erfüllen wollen, müssen wir subjektive Entscheidungen darüber treffen, welche Bedürfnisse wichtiger sind, sodass sie jetzt erfüllt werden müssen. Sehen Sie sich die großen Features an, die in der Vergangenheit zu Java hinzugefügt wurden: Mitte der 2000er-Jahre kamen Generics hinzu, und das war eine offensichtliche Lücke. Zu dieser Zeit schrie die Sprache förmlich nach parametrischem Polymorphismus. Man wollte ihn bereits 1995 implementieren, aber man wusste nicht, wie man das auf für die Sprache sinnvolle Weise umsetzen sollte. Und man wollte keine C++-Templates auf Java aufpfropfen, das wäre schrecklich gewesen. Es dauerte fast weitere 10 Jahre, bis man herausfand, wie man parametrischen Polymorphismus und Datenabstraktion auf eine natürliche Weise zu Java hinzufügen kann. Und ich finde, dass das fantastisch gelungen ist. Das Gleiche haben wir mit der Verhaltensabstraktion gemacht, als wir vor Kurzem Lambdas eingeführt haben. Auch hier steckte die ganze harte Arbeit nicht in der Theorie. Die Theorie der Lambda-Ausdrücke ist seit den 1930er-Jahren gut bekannt. Der schwierige Teil war: Wie kann man das so in Java integrieren, dass es nicht wie ein nachträglicher Zusatz wirkt? Das entscheidende Erfolgskriterium ist, dass man nach drei oder fünf oder sieben Jahren endlich etwas abliefert und die Leute sagen: »Warum habt ihr so lange gebraucht? Das war doch so naheliegend.« Nun, die Version, die wir im ersten Jahr entwickelt hatten, sah nicht so einfach oder offensichtlich aus. So etwas wollten wir den Leuten nicht zumuten, deshalb mussten wir uns Zeit lassen.

Woher wissen Sie, dass ein eventuell geplantes Feature nicht nur eine Modeerscheinung ist, sondern etwas Wichtiges, das die Entwickler wirklich brauchen?

Das ist eine wirklich gute Frage, denn es passierten in der Vergangenheit einige echte Beinahe-Pannen. In den frühen 2000er-Jahren wurden Rufe nach XML-Literalen in der Java-Sprache laut, und ich halte das für einen Kelch, der an Java, aber nicht an allen Sprachen vorübergegangen ist.

Ich kann Ihnen keinen Algorithmus dafür geben; oft muss man sich einfach hinsetzen und lange darüber nachdenken und die Zusammenhänge mit dem Rest der Sprache betrachten. Wir alle kennen Sprachen, in die nebenbei ein Feature eingebaut wurde, um ein bestimmtes Problem zu lösen, das aber vielleicht nicht für alle Zeiten besteht. Wenn man bereit ist, sich hinzusetzen und geduldig zu sein und immer wieder darüber nachzudenken, bevor man eine Entscheidung trifft, bekommt man sehr oft ein Gefühl dafür, wenn etwas nur eine Modeerscheinung ist.

Auf welche Java-Erweiterungen während Ihrer Zeit als Java Language Architect sind Sie besonders stolz?

Ich war für die Spezifikation von Lambdas in Java verantwortlich. Das war nicht nur eine enorme Veränderung, sondern auch ein Signal, wie die Sprache in Zukunft weiterentwickelt würde. Es war in gewissem Sinne eine Weichenstellung, denn in der Zeit davor war Sun ziemlich damit beschäftigt, langsam aus dem Geschäft auszusteigen, und wir waren nicht in der Lage, die Plattform in der Geschwindigkeit weiterzuentwickeln, die wir uns gewünscht hätten. Es war damals recht klar, dass Java ins Hintertreffen geraten war, und dies war unsere große Chance, der Welt zu beweisen, dass Java relevant bleiben würde und es Spaß machen konnte, damit zu programmieren – dass wir diesem alten Hund nach wie vor ein paar raffinierte neue Tricks beibringen konnten.

Die größte Herausforderung bei der Einführung von Lambdas in Java bestand darin, dass sie nicht wie ein nachträgliches Anhängsel aussehen, sondern so in das Ganze integriert werden sollten, als seien sie schon immer da gewesen. Es fehlte nicht an Vorschlägen, wie man das machen könnte – fast alle lauteten »mach es so wie in dieser anderen Sprache auch.« All das wäre unbefriedigend gewesen. Wir wären vielleicht ein oder zwei Jahre schneller ans Ziel gekommen, aber wir hätten kein so gut funktionierendes Ergebnis erhalten und lange damit zu kämpfen gehabt. Ich bin wirklich stolz darauf, dass wir es geschafft haben, Lambdas auf mehreren Ebenen so in die Sprache zu integrieren, als seien sie schon immer dort gewesen. Sie arbeiten sehr sauber mit dem generischen Typsystem zusammen. Wir mussten eine Reihe von anderen Aspekten der Sprache überarbeiten, damit es funktionierte, die Typinferenz und ihre Interaktion mit der Überladungsauswahl überarbeiten. Wenn Sie fragen, welche Funktionen in Java 8 hinzugekommen sind, würde das nie jemand auf dem Schirm haben. Aber es war ein wichtiger Teil der Arbeit – er fand unter der Haube statt, war aber die Voraussetzung dafür, dass man den gewünschten Code schreiben konnte, und es funktionierte einfach ganz natürlich.

Wir mussten auch das Problem der kompatiblen API-Weiterentwicklung in Angriff nehmen. In Java 8 sahen wir uns mit dem großen Risiko konfrontiert, dass die Programmierung einer Bibliothek mit Lambdas ganz anders funktioniert als in einer Sprache ohne Lambdas. Wir wollten die Sprache nicht verbessern und dann in die Situation kommen, dass alle unsere Bibliotheken plötzlich 20 Jahre älter aussehen. Wir mussten uns mit der Frage auseinandersetzen, wie wir die Bibliotheken kompatibel weiterentwickeln könnten, damit sie die Vorteile dieser neuen Bibliotheksdesign-Idiome nutzen könnten. Das führte zu der Möglichkeit, Methoden kompatibel zu Schnittstellen hinzuzufügen, und dies war ein entscheidender Faktor, um die vorhandenen Bibliotheken aktuell zu halten, sodass Sprache und Bibliotheken vom ersten Tag an für einen neueren Programmierstil bereit waren.

Viele Studierende stellen mir die Frage, wie intensiv sie Lambdas verwenden sollten. Kann man sie im Code auch überstrapazieren?

Ich betrachte das vielleicht aus einer anderen Perspektive als viele Studierende, weil der meiste Code, den ich schreibe, Bibliotheken sind, die von vielen Leuten genutzt werden sollen. Die Messlatte für eine solche Bibliothek wie etwa die Streams-API liegt sehr hoch, weil man es gleich beim ersten Mal richtig machen muss. Die Kompatibilitätshürde ist bei Änderungen sehr hoch. Wenn ich die Grenze zwischen Anwendercode und Bibliothekscode mal unberücksichtigt lasse, können durch Lambdas vor allem APIs entwickelt werden, die nicht nur mit Daten, sondern mit Verhalten parametrisiert werden können, weil wir mithilfe von Lambdas Verhalten als Daten behandeln können. Ich konzentriere mich also auf die Interaktion zwischen dem Client und dieser Bibliothek und den natürlichen Kontrollfluss. Wann ist es sinnvoll, dass der Client alle Fäden in der Hand hält, und wann ist es sinnvoll, dass der Client ein bestimmtes Verhalten an die Bibliothek weitergibt, das sie dann zum richtigen Zeitpunkt aufruft? Ich bin mir nicht sicher, ob sich meine Erfahrungen direkt auf die Erfahrungen Ihrer Studierenden übertragen lassen. Aber eines wird hier sicherlich ein Schlüssel zum Erfolg sein: die Fähigkeit zu erkennen, wo die Grenzen in Ihrem Code liegen und wie die Zuständigkeiten verteilt sind. Sind strikt separat kompilierte Module oder sorgfältig dokumentierte APIs voneinander abgegrenzt, oder sind es nur Konventionen, wie wir unseren Code organisieren? Das sollten wir uns immer bewusst machen.

Auf diese Weise können wir die Komplexität nach dem Teile-und-herrsche-Verfahren im Griff behalten. Jedes Mal, wenn Sie eine solche Grenze erreichen, entwickeln Sie eine kleine Protokollinteraktion, und Sie sollten sich Gedanken über die Rollen der Beteiligten auf beiden Seiten machen: über die Informationen, die sie austauschen, und über die Art dieses Austauschs.

Sie sprachen vorhin von einer Phase der Stagnation für Java. Wann war das, und warum ist es passiert?

Ich würde sagen, dass die Zeit von Version 6 bis 7 das dunkle Java-Zeitalter war. Nicht zufällig begann Scala zu dieser Zeit, an Zugkraft zu gewinnen. Zum Teil denke ich, dass das Umfeld sich sagte: »Nun, wir müssen vielleicht ein anderes Pferd finden, auf das wir setzen können, wenn Java nicht mehr auf die Beine kommt.« Glücklicherweise ist es aber wieder auf die Beine gekommen, und seitdem läuft es.

Und jetzt sehen wir eine ziemlich schnelle Entwicklung der Sprache. Wie hat sich die Philosophie verändert?

Im Großen und Ganzen hat sich nicht viel geändert, aber in den Details hat sich Java ziemlich stark verändert. Ab Java 9 sind wir von den mehrjährigen Featurebox-Kadenzen abgekommen und zu sechsmonatigen Timebox-Releases übergegangen. Dafür gab es alle möglichen guten Gründe. Einer war, dass es eine Menge guter, kleinerer Ideen gab, die immer untergingen, wenn wir mehrjährige große Releases planten. Die kürzeren Release-Zyklen ermöglichten uns eine bessere Mischung aus großen und kleinen Features. In den sechsmonatigen Releases gibt es viele kleinere Sprachfeatures, etwa die Inferenz lokaler Variablentypen. Für ihre Entwicklung haben wir nicht unbedingt nur sechs Monate gebraucht; sie können auch ein oder zwei Jahre in Anspruch genommen haben. Wir haben jetzt aber mehr Möglichkeiten, etwas zu veröffentlichen, sobald es fertig ist. Zusätzlich zu den kleineren Funktionen finden Sie auch größere Feature-Bereiche, zum Beispiel das Pattern Matching, das sich schrittweise über einen Zeitraum von mehreren Jahren weiterentwickeln könnte. Die ersten Komponenten geben uns aber bereits ein Gefühl für die Richtung, in die sich die Sprache entwickeln wird.

Es gibt auch zusammenhängende Funktionen, die einzeln bereitgestellt werden können. Zum Beispiel unterstützen Pattern Matching, Records und versiegelte Datentypen im Zusammenspiel ein stärker datenorientiertes Programmiermodell. Und das ist kein Zufall. Es basiert auf der Beobachtung der Probleme bei der Datenmodellierung mit dem statischen Typsystem von Java. Und wie haben sich die Programme in den letzten 10 Jahren verändert? Sie sind kleiner geworden. Die Leute schreiben kleinere funktionale Einheiten und stellen sie als (sagen wir) Microservices bereit. Das bedeutet, dass ein immer größerer Teil des Codes Drittdaten benötigt – ob es sich nun um JSON oder XML oder YAML über eine Socket-Verbindung handelt –, die dann in ein Java-Datenmodell umgewandelt werden und mit denen operiert wird, und dann in die umgekehrte Richtung. Wir wollten es leichter machen, Daten als Daten zu modellieren, da dies immer häufiger benötigt wird. Diese Feature-Gruppe ist also auf diese Art des Zusammenspiels ausgelegt. Auch in vielen anderen Sprachen finden Sie ähnliche Feature-Gruppen, nur unter anderen Namen. In ML würde man sie algebraische Datentypen nennen, weil Datensätze Produkttypen und versiegelte Klassen Summentypen sind, und Sie nutzen Polymorphie über algebraische Datentypen mit Pattern Matching. Dies sind einzelne Funktionen, die Java-Entwickler möglicherweise noch nicht kennen, weil sie nicht in Scala oder ML oder Haskell programmieren. Sie mögen neu in Java sein, aber es sind keine neuen Konzepte, und es hat sich gezeigt, dass sie zusammengenommen einen Programmierstil ermöglichen, der für die heute anstehenden Probleme geeignet ist.

Auf welches geplante Java-Feature freuen Sie sich besonders?

Ich bin wirklich begeistert von dem Gesamtkonzept des Pattern Matching, denn bei der Arbeit daran ist mir klar geworden, dass es schon die ganze Zeit ein fehlendes Glied im Java-Objektmodell war, das wir nur nicht bemerkt hatten. Java bietet gute Werkzeuge für die Kapselung, aber nur in eine Richtung: Sie rufen einen Konstruktor mit einigen Daten auf und erhalten ein Objekt, das seinen Zustand dann nur sehr zurückhaltend preisgibt. Und das geschieht in der Regel über eine programmtechnisch schwer erschließbare Ad-hoc-API. Es gibt jedoch eine große Kategorie von Klassen, die einfach nur normale Daten modellieren. Der Begriff des Dekonstruktionsmusters ist eigentlich nur das Pendant eines Konzepts, das es seit dem ersten Tag gibt, nämlich des Konstruktors. Der Konstruktor nimmt einen Zustand und verwandelt ihn in ein Objekt. Was ist die Umkehrung davon? Wie rekonstruiert man aus einem Objekt den Zustand, mit dem man begonnen hat (oder mit dem man neu starten könnte)? Genau das können Sie mit Pattern Matching tun. Es hat sich gezeigt, dass es eine Menge Probleme gibt, bei denen die Lösung mit Pattern Matching viel einfacher, eleganter und vor allem berechenbarer ist als das Ad-hoc-Konzept.

Ich erwähne das, weil die Geschichte der Programmiersprachen trotz all der Fortschritte, die wir in den letzten 50 Jahren in der Theorie gemacht haben, lautet: »Wir haben einen guten Trick, der funktioniert.« Und dieser Trick ist Komposition. Sie ist die einzige funktionierende Möglichkeit, um die Komplexität der Programmierung zu beherrschen. Als Sprachentwickler sollten Sie also nach Techniken suchen, die es den Entwicklern ermöglichen, mit Komposition zu arbeiten und nicht dagegen.

Warum ist es wichtig, Problemlösungstechniken aus dem Bereich der Informatik zu kennen?

Um auf den Schultern von Riesen zu stehen! Es gibt so viele Probleme, die bereits von jemand anderem gelöst worden sind, oft mit großem Aufwand und vielen Fehlversuchen. Wenn man nicht weiß, wie man erkennen soll, dass man vor einem wahrscheinlich bereits gelösten Problem steht, ist man versucht, die Lösung neu zu erfinden – und man wird es wahrscheinlich nicht so gut machen.

Ich habe neulich einen lustigen Comic über die Funktionsweise der Mathematik gesehen. Wenn etwas Neues entdeckt wird, glaubt zunächst niemand, dass es überhaupt wahr ist, und es dauert Jahre, die Einzelheiten herauszufinden. Es kann weitere Jahre dauern, bis der Rest der mathematischen Gemeinschaft zustimmt, dass das tatsächlich Sinn macht. Und dann beschäftigt man sich 45 Minuten damit in einer Vorlesung, und wenn ein Student es nicht versteht, fragt der Professor: »Wir haben das gestern in der ganzen Vorlesung behandelt, warum verstehen Sie das nicht?« Über viele Konzepte, die wir als Wissenseinheiten in Vorlesungslänge kennen, hat sich jemand jahrelang den Kopf zerbrochen. Die Probleme, die wir lösen, sind so schwierig, dass wir jedes bisschen Hilfe brauchen, das wir bekommen können. Wenn wir ein Problem so zergliedern können, dass ein Teil davon mit einer vorhandenen Technik gelöst werden kann, ist es eine enorme Erleichterung. Es bedeutet, dass man eine Lösung nicht neu erfinden muss, und schon gar nicht eine schlechte Lösung. Man muss sich nicht aufs Neue mit all den Fällen auseinandersetzen, bei denen die offensichtliche Lösung nicht ganz stimmig ist. Man kann sich einfach auf eine bestehende Lösung stützen und auf ein spezielles Teilproblem konzentrieren.

Manchmal fällt es Studierenden schwer, sich vorzustellen, inwieweit die erlernten Datenstrukturen und Algorithmen in der realen Softwareentwicklung tatsächlich vorkommen werden. Können Sie uns sagen, wie oft Informatik-Probleme tatsächlich in der Softwareentwicklung auftauchen?

Das erinnert mich an ein Gespräch mit meinem Doktorvater, als ich ihn 10 oder 15 Jahre nach meinem Abschluss wieder besuchte. Er stellte mir zwei Fragen. Die erste lautete: »Wenden Sie die Mathematik, die Sie hier gelernt haben, bei Ihrer Arbeit an?« Ich sagte: »Nun, um ehrlich zu sein, nicht sehr oft.« Die zweite war: »Aber nutzen Sie die Denk- und Analysefähigkeiten, die Sie im Mathematikstudium erlernt haben?« Und ich sagte: »Auf jeden Fall, jeden Tag.« Und er lächelte voller Stolz auf seine gute Arbeit.

Nehmen Sie zum Beispiel Rot-Schwarz-Bäume. Wie funktionieren die? Die meiste Zeit kann mir das egal sein. Wenn man sie braucht, hat jede Sprache eine exzellent vorgefertigte, gut getestete, leistungsstarke Bibliothek, die man einfach benutzen kann. Wichtig ist nicht, diese Bibliothek nachbauen zu können, sondern zu wissen, wann man sie gewinnbringend zur Lösung eines größeren Problems einsetzen kann, ob sie das richtige Werkzeug ist, wie sie sich in die zeitliche oder räumliche Komplexität der Gesamtlösung einfügt und so weiter. Solche Kenntnisse braucht man dauernd. Es kann schwer sein, den Wald vor lauter Bäumen zu sehen, wenn man mitten in einem Seminar über Datenstrukturen steckt. Sie können viel Zeit damit verbringen, die Funktionsweise eines Rot-Schwarz-Baums durchzuarbeiten, und es mag wichtig sein – aber Sie werden es wahrscheinlich nie wieder benötigen. Und hoffentlich werden Sie in einem Vorstellungsgespräch nicht danach gefragt, denn ich finde, das ist eine ganz miserable Interview-Frage! Sie sollten aber wissen, wie hoch die Zeitkomplexität für die Suche in einem Suchbaum sein könnte, wie die Bedingungen für die Schlüsselverteilung sein müssen, um diese Komplexität zu erreichen, und so weiter. Das ist die Denkweise, die Entwickler in der realen Welt tagtäglich benötigen.

Können Sie uns ein Beispiel nennen, bei dem Sie oder ein anderer Entwickler mithilfe von Informatikkenntnissen ein technisches Problem besser lösen konnten?

Bei meiner eigenen Arbeit ist es schon komisch – die Theorie ist eine sehr wichtige Grundlage für viele unserer Tätigkeiten. Aber die Theorie ist auch nicht in der Lage, das Problem in der realen Welt der Sprachentwicklung zu lösen. Java ist zum Beispiel keine rein funktionale Sprache, also gibt in der Theorie nichts, was man von Monaden lernen könnte. Aber in der Praxis kann man natürlich eine ganze Menge von Monaden lernen. Wenn ich mich also mit einem möglichen Feature beschäftige, gibt es sehr viel Theorie, auf die ich mich stützen kann. Dadurch entsteht eine Intuition, aber die letzten Schritte muss ich selbst gehen. Das Gleiche gilt für Typsysteme. Der Großteil der Typentheorie befasst sich nicht mit dem Werfen von Exceptions oder Ähnlichem. Nun, in Java gibt es Exceptions. Das heißt aber nicht, dass die Typentheorie nutzlos wäre. Es gibt einiges an Typentheorie, worauf ich mich bei der Entwicklung der Sprache Java stützen kann. Aber ich muss erkennen, dass die Theorie mich nur bis zu einem gewissen Punkt bringt und ich die letzten Meter selbst bewältigen muss.

Es ist schwer, dieses Gleichgewicht zu finden. Aber es ist entscheidend, denn allzu leicht sagt man »Oh, die Theorie hilft mir nicht« und erfindet das Rad dann neu.

Welche Bereiche der Informatik sind für die Sprachentwicklung wichtig?

Die Typentheorie ist der offensichtliche Bereich. Die meisten Sprachen haben ein Typsystem, manche auch mehr als eins. Java zum Beispiel hat ein Typsystem zur statischen Kompilierungszeit und ein anderes zur Laufzeit. Es gibt sogar ein drittes Typsystem für die Verifikationszeit. Diese Typsysteme müssen natürlich konsistent sein, aber sie sind unterschiedlich präzise und granular. Daher ist die Typentheorie natürlich wichtig. Es gibt eine ganze Menge an nützlichen, formalen Arbeiten zur Programmsemantik, aber man braucht sie nicht unbedingt in der alltäglichen Sprachentwicklung. Gleichwohl denke ich, dass kein ernsthaftes Projekt entwickelt wird, ohne dass man die Bücher zur Typentheorie zur Hand zu nimmt und Dutzende von Artikeln liest.

Was sollte jemand, der irgendwann in die Sprachentwicklung einsteigen möchte, studieren oder beruflich tun, damit er eines Tages eine ähnliche Position wie Sie erreichen kann?

Um an der Entwicklung von Sprachen mitzuwirken, müssen Sie natürlich die Werkzeuge verstehen, die Sprachentwickler verwenden. Sie müssen sich mit Compilern und Typsystemen auskennen und alle Details der Computertheorie verstehen: endliche Automaten, kontextfreie Grammatiken und so weiter. Das Verständnis all dieser Dinge ist Voraussetzung.

Es ist auch ganz wichtig, in mehreren Sprachen programmiert zu haben – und zwar in verschiedenen Arten von Sprachen –, um zu erkennen, wie unterschiedlich sie an Probleme herangehen, ihre unterschiedlichen Voraussetzungen und Werkzeuge zu erlernen und so weiter. Ich denke, man braucht eine ziemlich breite Sicht auf das Programmieren, um bei der Sprachentwicklung erfolgreich zu sein. Sie benötigen auch die systemorientierte Denkweise. Wenn Sie einer Sprache ein Feature hinzufügen, verändert sich die Programmierung in dieser Sprache, und es verändern sich die möglichen Richtungen, die man in Zukunft einschlagen kann. Es genügt nicht zu erkennen, wie ein Feature verwendet wird. Sie müssen auch erkennen können, wie es missbraucht werden kann und ob das neue System tatsächlich besser ist als das alte oder ob es das Problem nur verlagert.

Tatsächlich würde ich manche dieser Ratschläge – insbesondere, verschiedene Arten von Programmiersprachen zu lernen – jedem geben, egal ob er an Programmiersprachen interessiert ist oder nicht. Wen Sie mehr als ein Programmierparadigma erlernen, werden Sie ein besserer Programmierer; wenn sie sich einem Problem annähern, erkennen Sie leichter mehrere Möglichkeiten, es anzugehen. Insbesondere würde ich empfehlen, eine funktionale Sprache zu erlernen, weil Sie damit eine neue und nützliche Perspektive bezüglich des Aufbaus von Programmen erhalten und Ihren Geist (auf sinnvolle Weise) anstrengen.

Welche häufigen Fehler könnten Java-Programmierer vielleicht vermeiden, wenn sie die Eigenschaften der Sprache besser ausnutzen würden?

Der größte Fehler ist wohl, sich nicht die Mühe zu machen, sich die Funktionsweise von Generics zu verdeutlichen. Es gibt ein paar nicht ganz selbstverständliche Konzepte in der generischen Programmierung, aber nicht allzu viele. Und wenn man sich erst einmal auf sie einlässt, sind sie gar nicht so schwierig. Generics sind zudem die Grundlage für Features wie Lambdas sowie der Schlüssel zum Verständnis zahlreicher Bibliotheken. Aber viele Entwickler behandeln sie nicht als Werkzeug, sondern als Übung in »Was muss ich tun, damit die roten Unterkringelungen verschwinden?«.

Was ist Ihrer Meinung nach die größte Veränderung, die Berufsprogrammierer in den nächsten 5 bis 10 Jahren erleben werden?

Ich gehe davon aus, dass es die Integration von traditioneller rechnergestützter Problemlösung mit maschinellem Lernen sein wird. Im Moment sind Programmierung und maschinelles Lernen völlig voneinander getrennte Bereiche. Die aktuellen Techniken für maschinelles Lernen liegen seit 40 Jahren in der Schublade. Die gesamte Forschung an neuronalen Netzwerken stammt aus den 1960er- und 1970er-Jahren. Bis jetzt hatten wir jedoch weder die Rechenleistung noch die Daten, um sie zu trainieren. Jetzt ist beides vorhanden, und plötzlich hat es eine Bedeutung bekommen. Wir sehen, wie maschinelles Lernen auf Handschrifterkennung, Spracherkennung, Betrugsermittlung und all diese Dinge angewandt wird, die wir früher (nicht sehr gut) mit regelgesteuerten Systemen oder Heuristiken zu lösen versuchten. Das Problem ist jedoch, dass die Werkzeuge und die Denkweisen, die wir für maschinelles Lernen verwenden, sich völlig von der traditionellen Programmierung unterscheiden. Das wird wohl eine große Herausforderung für die Programmierer der nächsten 20 Jahre sein. Wie werden sie diese beiden unterschiedlichen Denkweisen miteinander verbinden und Probleme lösen, die zunehmend beide Arten von Fähigkeiten erfordern werden?

Was halten Sie für die größten Entwicklungen bei Programmiersprachen im nächsten Jahrzehnt?

Ich denke, wir sehen jetzt die Grundzüge eines Trends, nämlich die Annäherung von objektorientierten und funktionalen Sprachen. Vor zwanzig Jahren gab es eine strikte Trennung in funktionale, prozedurale und objektorientierte Sprachen, und jede hatte ihre eigene Philosophie, wie man die Welt modelliert. Aber jedes dieser Modelle war in irgendeiner Weise mangelhaft, weil es nur einen Teil der Welt modellierte. Beginnend mit Sprachen wie Scala und F# und jetzt C# und Java haben wir in den letzten zehn Jahren gesehen, dass viele Konzepte, die ursprünglich aus der funktionalen Programmierung stammen, ihren Weg in Sprachen mit einem breiteren Spektrum gefunden haben. Und ich denke, dass sich dieser Trend fortsetzen wird. Manche Leute scherzen gerne, dass alle Sprachen zu $MY_FAVORITE_LANGUAGE verschmelzen werden. An diesem Witz ist insofern etwas Wahres dran, als dass funktionale Sprachen immer mehr Werkzeuge für die Datenkapselung und objektorientierte Sprachen immer mehr Werkzeuge für die funktionale Komposition erhalten. Und dafür gibt es einen offensichtlichen Grund: Beides sind nützliche Werkzeugsätze. Jeder Sprachentyp hat im einen oder anderen Problembereich seine Stärken, und unsere Aufgabe ist es, Probleme zu lösen, die beide Aspekte berücksichtigen. Ich denke also, dass wir in den nächsten 10 Jahren eine zunehmende Annäherung von traditionell als objektorientiert betrachteten und traditionell als funktional betrachteten Konzepten sehen werden.

Ich meine, es gibt viele Beispiele für Einflüsse aus der Welt der funktionalen Programmierung auf Java. Können Sie uns ein paar davon nennen?

Das offensichtlichste Beispiel sind Lambda-Ausdrücke. Aber eigentlich ist es nicht wirklich angemessen, sie als Konzept der funktionalen Programmierung zu bezeichnen, denn das Lambda-Kalkül ist mehrere Jahrzehnte älter als der Computer. Es ist ein natürliches Modell zur Beschreibung und zum Aufbau von Verhalten und macht in einer Sprache wie Java oder C# genauso viel Sinn wie in Haskell oder ML. Ein ähnliches Modell ist das Pattern Matching, das wiederum die meisten Leute mit funktionalen Sprachen assoziieren, weil sie es dort wahrscheinlich zum ersten Mal kennengelernt haben. Eigentlich reicht der Musterabgleich aber weit zurück, bis zu Sprachen wie SNOBOL, einer Textverarbeitungssprache aus den 1970er-Jahren. Pattern Matching passt eigentlich sehr gut zur Objektorientierung. Es handelt sich nicht um ein rein funktionales Konzept. Es ist einfach so, dass die Entwickler der funktionalen Sprachen ein wenig früher als wir erkannt haben, wie nützlich dieses Konzept ist. Viele Konzepte, die wir mit funktionalen Sprachen in Verbindung bringen, machen auch in objektorientierten Sprachen durchaus Sinn.

Java ist in vielerlei Hinsicht eine der beliebtesten Programmiersprachen der Welt. Was hat sie Ihrer Meinung nach so erfolgreich gemacht, und warum glauben Sie, dass sie auch in Zukunft erfolgreich sein wird?

Wie bei jedem Erfolg gehört auch ein bisschen Glück dazu, und ich denke, man sollte immer die Rolle anerkennen, die das Glück beim Erfolg von Java gespielt hat, denn alles andere wäre nicht ehrlich. Ich glaube, dass Java in vielerlei Hinsicht genau zum richtigen Zeitpunkt erschien. Zu dieser Zeit stand die Programmierwelt an der Schwelle zur Entscheidung, ob sie von C zu C++ wechseln sollte. C war zu dieser Zeit die dominierende Sprache, im Guten wie im Schlechten, und C++ bot einerseits eine bessere Abstraktionskraft als C, andererseits aber auch eine grässliche Komplexität. Sie können sich also vorstellen, dass man vor einer Klippe stand und sich fragte: »Sollen wir diesen Sprung wirklich wagen?« Und Java kam daher und sagte: »Ich kann euch fast alles geben, was C++ verspricht, aber nicht annähernd so komplex.« Und alle sagten: »Ja, bitte, das wollen wir!« Es war die richtige Sache zur richtigen Zeit. Java griff eine Reihe von alten Ideen auf, die schon seit Jahren in der Computerwelt herumgeisterten, darunter die Garbage Collection und die Nebenläufigkeit, die bis dahin in ernsthaften kommerziellen Sprachen nicht verwendet wurde. All diese Dinge waren relevant für die Probleme, die die Leute in den 1990er-Jahren lösten.

James Gosling beschrieb Java einmal als »Wolf im Schafspelz«. Die Leute brauchten eine Garbage Collection, sie brauchten ein integriertes Nebenläufigkeitsmodell, das besser war als PThreads, aber die Sprachen, die all das von Haus aus mit sich brachten, wollten sie nicht, weil die mit allen möglichen anderen Dingen daherkamen, die sie zu Tode erschreckten. Java hingegen sah aus wie C. Tatsächlich hat man sich Mühe gegeben, seine Syntax wie C aussehen zu lassen. Java wirkte vertraut, und dann konnte man einige coole Sachen einbauen, die sich erst viel später bemerkbar machten. Die Schöpfer von Java entwickelten die gesamte Laufzeit der Sprache in der Erwartung, dass die Just-in-Time-Kompilierung kommen würde, aber noch nicht ganz so weit war. Die erste Version von Java im Jahr 1995 war strikt interpretiert, sie war langsam – aber jede Entwicklungsentscheidung zur Sprache, zu dem Klassendateiformat und der Laufzeitstruktur wurde mit dem Bewusstsein getroffen, dass Java einmal schnell sein würde. Schließlich wurde die Sprache hinreichend schnell, in einigen Fällen sogar schneller als C (obwohl manche

Leute immer noch nicht glauben, dass das möglich ist). Es war also eine Kombination aus etwas Glück zur richtigen Zeit am richtigen Ort und einer Menge brillanter Visionen, wohin sich die Technologie entwickeln sollte und was die Leute wirklich brauchten. Aber das war nur der Anfang – damit Java Nummer eins blieb, während es die Konkurrenz juckte, uns das Wasser abzugraben, brauchten wir etwas mehr. Und ich glaube, dass das unnachgiebige Streben nach Kompatibilität uns selbst in den geschilderten dunklen Zeiten am Leben erhalten hat.

Wer inkompatible Änderungen vornimmt, bricht sein Versprechen und macht die Mühe, die seine Kunden in ihren Code investiert haben, zunichte. Immer wenn Sie den Code eines Programmierers zerstören, geben Sie ihm quasi die Chance, ihn in einer anderen Sprache neu zu schreiben, und das haben wir mit Java nie getan. Der Java-Code, den Sie vor 5, 10, 15, 20, 25 Jahren geschrieben haben, funktioniert immer noch. Das bedeutet, dass wir uns ein wenig langsamer entwickeln. Aber es bedeutet, dass die Investition, die Sie in den Code sowie in Ihre Kenntnisse der Arbeitsweise der Sprache getätigt haben, nicht verloren geht. Wir brechen unsere Versprechen nicht, und wir schaden unseren Usern nicht auf diese Weise. Die Herausforderung besteht darin, ein Gleichgewicht zwischen dem Fortschritt und dieser Verpflichtung zur Kompatibilität zu finden. Ich glaube, das ist unsere Geheimwaffe. Wir haben in den letzten 25 Jahren herausgefunden, wie es geht, und wir sind ziemlich gut darin geworden. Dadurch können wir Generics, Lambda-Ausdrücke, Module, Pattern Matching und andere Dinge hinzufügen, die in Java fremd erscheinen mögen, ohne dass sie wie ein nachträglicher Zusatz wirken – weil wir herausgefunden haben, wie es geht.

Go bekommt viel Anerkennung für sein integriertes Nebenläufigkeitsmodell, aber in Java gab es bereits 1995 Synchronisationsprimitive, Schlüsselwörter und ein Threading-Modell. Warum bekommt es Ihrer Ansicht nach nicht mehr Anerkennung dafür?

Ich glaube, es liegt teilweise daran, dass sich die wahre Raffinesse unter der Haube abspielt, wo man davon nichts mitbekommt. Wenn etwas einfach funktioniert, wird es oft nicht gewürdigt. Daran könnte es zum Teil liegen. Ich bin kein großer Fan von Go, und zwar aus mehreren Gründen. Jeder denkt, dass das Nebenläufigkeitsmodell die Geheimwaffe von Go ist, aber ich finde, dass es in Wirklichkeit ziemlich fehleranfällig ist. Es gibt Co-Routinen mit sehr einfachen nachrichtenorientierten Mechanismen (Channels). Aber in fast allen Fällen werden die Dinge auf der einen oder anderen Seite des Kanals einen gemeinsamen veränderbaren Zustand besitzen, der durch Locks geschützt ist. Und das bedeutet, dass Sie die durch Message-Passing- und die durch Shared-State-Concurrency ermöglichten Fehler mit der Tatsache kombinieren, dass die Go-Nebenläufigkeitsprimitive für Shared-State-Concurrency signifikant schwächer sind als die von Java. (Zum Beispiel sind ihre Locks nicht eintrittsinvariant, was bedeutet, dass Sie keine Verhalten mit Locks erstellen können. Deshalb müssen Sie oft zwei Versionen der gleichen Sache schreiben – eine für das aktive Lock und eine ohne das aktive Lock.) Ich denke, dass die Leute erkennen werden, dass das Nebenläufigkeitsmodell von Go ähnlich wie die reaktive Programmierung eine Übergangstechnologie sein wird, die für eine Weile attraktiv wirkt. Es wird aber etwas Besseres kommen, und die Leute werden ziemlich schnell von Go abspringen. (Natürlich könnte das auch einfach mein Vorurteil sein.)

Wie sieht Ihr Arbeitsalltag als Java Language Architect aus?

Der ist eigentlich sehr vielfältig. An einem normalen Tag beschäftige ich mich vielleicht mit reiner Forschungsarbeit zur Sprachentwicklung und untersuche, wie künftige Funktionen miteinander zusammenhängen werden. Vielleicht entwickle ich Prototypen für die Implementierung eines Features, um zu prüfen, wie die einzelnen Bestandteile zusammenpassen. Vielleicht formuliere ich eine Leitlinie für das Team: »Ich denke, so weit sind wir bei der Lösung dieses Problems, das haben wir herausgefunden, und hier sind die noch offenen Punkte.« Vielleicht spreche ich auf Konferenzen, unterhalte mich mit Anwendern, versuche ihre Probleme zu verstehen und verkaufe gewissermaßen die Botschaft, wohin wir uns in der Zukunft entwickeln werden. Jeder beliebige Arbeitstag könnte all diese Tätigkeiten bereithalten. Manches davon ist sehr aktuell, manches ist zukunftsorientiert, anderes in die Vergangenheit gerichtet, manches an der Entwickler-Community orientiert, anderes nach innen gerichtet. Jeder Tag ist anders!

Ein Projekt, an dem ich im Moment beteiligt bin und an dem wir schon seit mehreren Jahren arbeiten, ist eine Erweiterung des generischen Typsystems, um Primitive und primitivähnliche Aggregate zu unterstützen. Dies ist etwas, was Sprache, Compiler, Interpreter, Klassendateiformat und JVM betrifft. Um wirklich behaupten zu können, dass wir hier etwas auf die Beine gestellt haben, müssen alle diese Teile zusammenpassen. Es kann also sein, dass ich an einem typischen Arbeitstag an dem Schnittpunkt zweier dieser Dinge arbeite, um festzustellen, ob sie sich richtig zusammenfügen oder nicht. Dieser Prozess kann Jahre dauern!

Welchen Ratschlag haben Sie für Autodidakten, die versuchen, ihre Fähigkeiten zu verbessern, für Studierende oder für erfahrene Entwickler, die ihre Informatikkenntnisse durch Lektüre vertiefen wollen?

Eine der besten Möglichkeiten, eine Technologie zu verstehen, ist ihre Einordnung in den historischen Kontext. Fragen Sie sich: »Wie verhält sich diese Technologie zu ihrem Vorläufer, der das gleiche Problem lösen sollte?« Denn die meisten Entwickler können sich nicht immer aussuchen, welche Technologie sie verwenden wollen, um ein Problem zu lösen. Wenn Sie im Jahr 2000 einen Entwickler-Job annahmen, sagte man Ihnen zum Beispiel: »Wir benutzen diese Datenbank, wir benutzen jenen Anwendungscontainer, wir benutzen diese IDE, wir benutzen jene Sprache. Jetzt geh programmieren.« Alle diese Entscheidungen wurden für Sie getroffen, und die Komplexität dieses Puzzles überforderte Sie möglicherweise. Aber jedes dieser Teile existiert in einem historischen Kontext und ist das Produkt einer neuen Idee, wie ein Problem besser gelöst werden könnte, als wir es gestern noch getan haben. Sehr oft verstehen Sie besser, wie eine bestimmte Technologie funktioniert, wenn Sie sich vergegenwärtigen, was bei der vorherigen Iteration der Technologie nicht funktioniert hat, bis jemand sagte: »Lasst uns das nicht so machen. Lasst es uns so probieren.« Weil die Geschichte der Informatik so kurz ist, ist das meiste Material immer noch verfügbar, und Sie können jederzeit nachlesen, was zu Version 1.0 geschrieben wurde. Die Entwickler werden Ihnen erzählen, warum sie die Technologien erdacht und welche Probleme sie frustriert haben, die sie damals nicht lösen konnten. Das ist ungeheuer wertvoll, um zu verstehen, wofür die Technologie gedacht ist und wo ihre Grenzen liegen.

Folgen Sie Brian auf Twitter: @BrianGoetz.

Anhang B
Glossar

Dieser Anhang definiert eine Reihe von Schlüsselwörtern aus dem gesamten Buch.

Aktivierungsfunktion Eine Funktion, die die Ausgabe eines *Neurons* in einem künstlichen neuronalen Netzwerk umwandelt, im Allgemeinen, um es zur Durchführung nicht linearer Transformationen in die Lage zu versetzen oder um sicherzustellen, dass seine Ausgabe innerhalb eines bestimmten Bereichs bleibt (Kapitel 7).

Ausgabeschicht Die letzte Schicht in einem künstlichen neuronalen Netzwerk vom Feedforward-Typ, die verwendet wird, um das Ergebnis des Netzwerks bei einer bestimmten Eingabe für ein Problem zu ermitteln (Kapitel 7).

Auslese Der Prozess, Individuen in einer *Generation* eines genetischen Algorithmus zur Reproduktion auszuwählen, um Individuen für die nächste *Generation* zu erzeugen (Kapitel 5).

Auto-Memoisation Eine auf der Ebene der Sprache implementierte Version der *Memoisation*, bei der die Ergebnisse von Funktionsaufrufen ohne Nebeneffekte zum Nachschlagen bei späteren identischen Aufrufen gespeichert werden (Kapitel 1).

Azyklisch Ein *Graph* ohne *Kreise* (Kapitel 4).

Backpropagation Ein Verfahren, das zum *Training* der Gewichte *neuronaler Netzwerke* anhand einer Menge von Eingaben mit bekanntermaßen korrekten Ausgaben eingesetzt wird. Teilableitungen werden verwendet, um die »Verantwortung« jedes Gewichts am Fehler zwischen tatsächlichen und erwarteten Ergebnissen zu berechnen. Diese *Deltas* werden verwendet, um die Gewichte für spätere Durchläufe anzupassen (Kapitel 7).

Backtracking Zu einem früheren Entscheidungspunkt zurückkehren (um in eine andere als die zuletzt eingeschlagene Richtung zu gehen), nachdem man in einem Suchproblem auf eine Wand gestoßen ist (Kapitel 3).

Baum Ein Graph, in dem es zwischen je zwei Knoten nur einen Pfad gibt. Ein Baum ist azyklisch (Kapitel 4).

Bedingung Eine Vorgabe, die erfüllt werden muss, um ein Bedingungserfüllungsproblem zu lösen (Kapitel 3).

Bit-String Eine Datenstruktur, die eine Abfolge von Einsen und Nullen speichert, die je ein einzelnes Speicherbit darstellen. Wird manchmal auch als *Bit-Vektor* oder *Bit-Array* bezeichnet (Kapitel 1).

Chromosom In einem genetischen Algorithmus wird jedes Individuum in der *Population* als *Chromosom* bezeichnet (Kapitel 5).

Cluster Siehe *Clustering* (Kapitel 6).

Clustering Ein Verfahren des *unüberwachten Lernens*, das eine Datenmenge in Gruppen verwandter Punkte aufteilt, die als *Cluster* bezeichnet werden (Kapitel 6).

Codon Eine Kombination aus drei *Nukleotiden*, die eine Aminosäure formen (Kapitel 2).

Crossover In einem genetischen Algorithmus Individuen aus der *Population* kombinieren, um

Nachwuchs zu erzeugen, der eine Mischung der Eltern ist und ein Teil der nächsten *Generation* wird (Kapitel 5).

CSV Ein Textaustauschformat, in dem Zeilen von Datenmengen stehen, bei denen die Werte durch Kommas getrennt sind, während die Zeilen selbst üblicherweise durch Zeilenumbruch-Zeichen voneinander getrennt werden. *CSV* steht für *Comma-Separated Values*. CSV ist ein gängiges Austausch-Exportformat aus Tabellenkalkulationen und Datenbanken (Kapitel 7).

Deep Learning Siehe *Tiefes Lernen*.

Dekomprimierung Kehrt den Prozess der *Komprimierung* um und verwandelt die Daten in ihre ursprüngliche Form zurück (Kapitel 1).

Delta Ein Wert, der die Abweichung zwischen dem erwarteten Wert eines Gewichts in einem *neuronalen Netzwerk* und seinem tatsächlichen Wert darstellt. Der erwartete Wert wird durch die Verwendung von *Trainingsdaten* und *Backpropagation* bestimmt (Kapitel 7).

Digraph Siehe *gerichteter Graph* (Kapitel 4).

Domäne Die möglichen Werte einer *Variablen* in einem Bedingungserfüllungsproblem (Kapitel 3).

Dynamische Programmierung Anstatt ein großes Problem direkt mithilfe eines Brute-Force-Ansatzes zu lösen, wird das Problem bei der dynamischen Programmierung in kleinere Teilprobleme zerlegt, die jeweils leichter zu bearbeiten sind (Kapitel 9).

Eingabeschicht Die erste Schicht in einem künstlichen neuronalen Netzwerk vom Feedforward-Typ, die ihre Eingabe aus irgendeiner Art von externer Einheit erhält (Kapitel 7).

Endlosrekursion Eine Menge rekursiver Aufrufe, die nicht endet, sondern stattdessen immer weiter rekursive Aufrufe durchführt. Analog zu einer *Endlosschleife*. Oft durch das Fehlen einer Abbruchbedingung verursacht (Kapitel 1).

Endlosschleife Eine Schleife, die nicht endet (Kapitel 1).

Exklusiv-Oder Siehe *XOR* (Kapitel 1).

Feedforward Eine Art von *neuronalem Netzwerk*, in dem Signale nur in eine Richtung weitergesendet werden (Kapitel 7).

Fitnessfunktion Eine Funktion, die die Effektivität einer potenziellen Lösung für ein Problem bewertet (Kapitel 5).

Generation Eine Runde in der Bewertung eines genetischen Algorithmus; wird auch zur Beschreibung der in dieser Runde aktiven *Population* von Individuen verwendet (Kapitel 5).

Genetische Programmierung Programme, die sich selbst durch *Selektions-*, *Crossover-* und *Mutations*-Operatoren modifizieren, um Lösungen für Programmierprobleme zu finden, die nicht offensichtlich sind (Kapitel 5).

Gerichteter Graph Auch *Digraph* genannt; ein *Graph*, in dem Kanten nur in eine Richtung überquert werden dürfen (Kapitel 4).

Gradientenabstiegsverfahren Die Methode, bei der die Gewichte eines *künstlichen neuronalen Netzwerks* mithilfe der während der *Backpropagation* berechneten Deltas und des *Lerntempos* modifiziert werden (Kapitel 7).

Graph Ein abstraktes mathematisches Konstrukt, das zur Modellierung eines Alltagsproblems verwendet wird, indem dieses Problem in eine Menge *verbundener Knoten* unterteilt wird. Die Verbindungen werden als *Kanten* bezeichnet (Kapitel 4).

Greedy-Algorithmus Auch *gieriger Algorithmus*; ein Algorithmus, der an jedem Entscheidungspunkt sofort die bestmögliche Auswahl trifft, in der Hoffnung, dass dies zur global optimalen Lösung führt (Kapitel 4).

Halbzug Eine Runde (oft als *Zug* bezeichnet) in einem Zwei-Spieler-Spiel (Kapitel 8).

Heuristik Eine intuitive Annahme über den Lösungsweg für ein Problem, die in die richtige Richtung weist (Kapitel 2).

Kante Eine Verbindung zwischen zwei *Knoten* in einem *Graphen* (Kapitel 4).

Knoten (Graph) (englisch vertex) Eine der durch Kanten zu verbindenden Stellen in einem *Graphen* (Kapitel 4).

Komprimierung Codierung (Änderung der Form) von Daten, um weniger Speicherplatz zu verbrauchen (Kapitel 1).

Kreis Ein Pfad in einem Graphen, der denselben Knoten ohne Backtracking zweimal besucht (Kapitel 4).

Künstliches neuronales Netzwerk Eine Simulation eines biologischen neuronalen Netzwerks mithilfe von Rechenwerkzeugen, um Probleme zu lösen, die sich nicht einfach auf Formen reduzieren lassen, die für traditionelle algorithmische Ansätze zugänglich sind. Beachten Sie, dass die Arbeitsweise eines künstlichen neuronalen Netzwerks im Allgemeinen beträchtlich von seinem biologischen Pendant abweicht (Kapitel 7).

Lerntempo Ein Wert, üblicherweise eine Konstante, zur Anpassung der Rate, mit der Gewichte in einem künstlichen neuronalen Netzwerk auf der Basis berechneter *Deltas* modifiziert werden (Kapitel 7).

Memoisation Ein Verfahren, bei dem die Ergebnisse von Rechenvorgängen für den späteren Abruf aus dem Speicher vorgehalten werden, was zusätzliche Rechenzeit zur Neuerzeugung derselben Ergebnisse spart (Kapitel 1).

Minimaler Spannbaum Ein *Spannbaum*, die alle Knoten mithilfe des minimalen Gewichts von *Kanten* verbindet (Kapitel 4).

Mutieren In einem genetischen Algorithmus zufällig irgendeine Eigenschaft eines Individuums ändern, bevor es Teil der nächsten *Generation* wird (Kapitel 5).

Natürliche Auslese Der evolutionäre Prozess, durch den gut angepasste Organismen Erfolg haben und schlecht angepasste nicht. Bei einer begrenzten Menge an Ressourcen in der Umwelt werden die Organismen, die diese Ressourcen am besten nutzen können, überleben und sich fortpflanzen. Über mehrere *Generationen* führt dies dazu, dass sich nützliche Merkmale in einer *Population* verbreiten, also durch die Umweltbedingungen natürlich ausgelesen werden (Kapitel 5).

Neuron Eine individuelle Nervenzelle wie diejenigen im menschlichen Gehirn (Kapitel 7) oder die kleinste Recheneinheit in einem künstlichen neuronalen Netzwerk.

Neuronales Netzwerk Ein Netzwerk aus mehreren *Neuronen*, die zusammenarbeiten, um Informationen zu verarbeiten. Neuronen werden oft als organisiert in Schichten betrachtet (Kapitel 7).

Normalisierung Ein Prozess, der verschiedene Datentypen miteinander vergleichbar macht (Kapitel 6).

NP-komplex Ein Problem, das zu einer Klasse von Problemen gehört, zu deren Lösung kein in polynomieller Zeit laufender Algorithmus bekannt ist (Kapitel 9).

Nukleotid Eine Instanz einer der vier Basen der DNA: Adenin (A), Cytosin (C), Guanin (G) und Thymin (T) (Kapitel 2).

Pfad Eine Menge von *Kanten*, die zwei Knoten in einem Pfad verbinden (Kapitel 4).

Population In einem genetischen Algorithmus die Sammlung von Individuen, die je eine potenzielle Problemlösung darstellen und um die beste Lösung des Problems wetteifern (Kapitel 5).

Prioritätswarteschlange Eine Datenstruktur, die Elemente anhand einer »Prioritäts«-Sortierung herausgibt. Eine Prioritätswarteschlange kann beispielsweise auf eine Sammlung von Notrufen angewendet werden, um zuerst auf die dringendsten Notrufe zu reagieren (Kapitel 2).

Rekursive Funktion Eine Funktion, die sich selbst aufruft (Kapitel 1).

Sigmoidfunktion Eine Funktion aus einer Gruppe verbreiteter *Aktivierungsfunktionen*, die in *künstlichen neuronalen Netzwerken* verwendet werden. Die Sigmoidfunktion im engeren Sinne gibt stets einen Wert zwischen 0 und 1 zurück. Sie ist auch nützlich, um dafür zu sorgen, dass Ergebnisse, die über bloße lineare Transformationen hinausgehen, von dem Netzwerk dargestellt werden können (Kapitel 7).

SIMD-Instruktionen Mikroprozessor-Instruktionen, die für Berechnungen mit Vektoren optimiert wurden, manchmal auch *Vektorinstruktionen* genannt. *SIMD* steht für *Single Instruction, Multiple Data* (Kapitel 7).

Spannbaum Ein *Baum*, der jeden *Knoten* in einem *Graphen* verbindet (Kapitel 4).

Stapel Eine abstrakte Datenstruktur, die die Last-In-First-Out-Reihenfolge (LIFO) erzwingt. Eine Stapel-Implementierung stellt mindestens die Operationen Push und Pop zum Hinzufügen beziehungsweise Entfernen von Elementen zur Verfügung (Kapitel 2).

Synapsen Lücken zwischen *Neuronen*, in die Neurotransmitter ausgeschüttet werden, um die Leitung einer elektrischen Spannung zu ermöglichen. In Laiensprache handelt es sich um die Verbindungen zwischen *Neuronen* (Kapitel 7).

Tiefes Lernen (englisch *deep learning*) In gewisser Weise ein Buzzword, das sich auf diverse Verfahren beziehen kann, die fortgeschrittene Algorithmen des maschinellen Lernens zur Big-Data-Analyse verwenden. Am häufigsten bezieht sich tiefes Lernen auf den Einsatz *künstlicher neuronaler Netzwerke* mit mehreren Schichten, um Probleme mit großen Datenmengen zu lösen (Kapitel 7).

Training Eine Phase, in der die Gewichte eines *künstlichen neuronalen Netzwerks* angepasst werden, indem *Backpropagation* mit bekanntermaßen korrekten Ausgaben für bestimmte Eingaben verwendet wird (Kapitel 7).

Überwachtes Lernen Jedes Verfahren des maschinellen Lernens, in dem der Algorithmus auf irgendeine Weise mithilfe äußerer Ressourcen in Richtung korrekter Ergebnisse gesteuert wird (Kapitel 7).

Unüberwachtes Lernen Jedes Verfahren des maschinellen Lernens, das kein Vorwissen benötigt, um seine Schlussfolgerungen zu erreichen – mit anderen Worten ein Verfahren, das nicht gelenkt wird, sondern stattdessen selbstständig läuft (Kapitel 6).

Variable Im Kontext eines Bedingungserfüllungsproblems irgendein Parameter, der als Teil der Problemlösung gelöst werden muss. Die möglichen Werte der Variablen sind ihre *Domäne*. Die Vorgaben für eine Lösung sind eine oder mehrere *Bedingungen* (Kapitel 3).

Verbunden Eigenschaft eines Graphen, die angibt, dass es einen *Pfad* von jedem *Knoten* zu jedem anderen *Knoten* gibt (Kapitel 4).

Versteckte Schicht Jegliche Schichten zwischen der *Eingabeschicht* und der *Ausgabeschicht* in einem *künstlichen neuronalen Netzwerk* vom *Feedforward*-Typ (Kapitel 7).

Vertex Siehe *Knoten (Graph)*.

Warteschlange Eine abstrakte Datenstruktur, die die Reihenfolge FIFO (First-In-First-Out) erzwingt. Eine Warteschlangen-Implementierung stellt mindestens die Operationen Push und Pop zum Hinzufügen beziehungsweise Entfernen von Elementen zur Verfügung (Kapitel 2).

XOR Eine bitweise logische Operation, die true zurückgibt, wenn einer ihrer Operanden true ist, aber nicht, wenn beide true sind oder keiner true ist. Die Abkürzung steht für *exclusive or*. In Java wird der Operator ^ für XOR verwendet (Kapitel 1).

z-Score Die Anzahl der Standardabweichungen, die ein Datenpunkt vom Mittelwert einer Datenmenge entfernt ist (Kapitel 6).

Zentroid Der zentrale Punkt in einem *Cluster*. Typischerweise ist jede Dimension dieses Punktes der Mittelwert der restlichen Punkte in dieser Dimension (Kapitel 6).

Zulässige Heuristik Eine *Heuristik* für den A*-Algorithmus, die die Kosten zum Erreichen des Ziels niemals überschätzt (Kapitel 2).

Anhang C
Weiterführende Ressourcen

Wohin sollten Sie sich als Nächstes wenden? Dieses Buch hat ein weites Feld von Themen behandelt, und dieser Anhang stellt Ihnen großartige Ressourcen vor, die Ihnen helfen, sich intensiver damit zu beschäftigen.

C.1 Java

Wie in der Einleitung erwähnt, geht *Algorithmen in Java* davon aus, dass Sie über zumindest etwas Erfahrung mit der Sprache Java verfügen. Java hat sich in den letzten Jahren ziemlich stark weiterentwickelt. Der folgende Titel kann Ihnen helfen, mit den neuesten Entwicklungen der Java-Sprache Schritt zu halten und Ihre Java-Kenntnisse auf ein noch höheres Niveau zu bringen[1]:

- Raoul-Gabriel Urma, Mario Fusco, Alan Mycroft, *Modern Java in Action* (Manning, 2018), *www.manning.com/books/modern-java-in-action*.
  - behandelt Lambdas, Streams und moderne funktionale Mechanismen in Java
  - Die Beispiele verwenden die neueste LTS-Version (Long-Term-Support) Java 11
  - behandelt eine Vielzahl moderner Java-Themen, hilfreich für viele Entwicklern, die die Sprache vor Java 8 erlernt haben

C.2 Datenstrukturen und Algorithmen

Um die Einleitung dieses Buchs zu zitieren: »Dies ist kein Lehrbuch über Datenstrukturen und Algorithmen.« In diesem Buch wird nur wenig Gebrauch von der Big-O-Notation gemacht, und es gibt keine mathematischen Beweise. Dies ist eher ein praxisorientiertes Tutorial für wichtige, lösungsorientierte Programmierverfahren, und es kann wertvoll sein, auch ein richtiges Lehrbuch zur Hand zu haben. Ein solches liefert Ihnen nicht nur formalere Erläuterungen dafür, warum bestimmte Verfahren funktionieren, sondern dient auch als hilfreiches Nachschlagewerk. Online-Ressourcen sind toll, aber

---

[1] Geeignete deutschsprachige Literatur zum Weiterlernen wäre *Java ist auch eine Insel* von Christian Ullenboom, 5. Auflage, Rheinwerk 2020, sowie das Aufgabenbuch *Captain CiaoCiao erobert Java* vom gleichen Autor, Rheinwerk 2021.

manchmal ist es gut, Informationen zu haben, die aufs Gründlichste von Akademikern und Verlegern aufbereitet wurden.

- Thomas Cormen, Charles Leiserson, Ronald Rivest und Clifford Stein, *Introduction to Algorithms*, 3. Auflage (MIT Press, 2009), https://mitpress.mit.edu/books/introduction-algorithms-third-edition [deutschsprachige Ausgabe: *Algorithmen – Eine Einführung*, DeGruyter Oldenburg 2013]
  - Dies ist einer der meistzitierten Texte der Informatik – so maßgeblich, dass er oft nur mit den Initialen seiner Autoren bezeichnet wird: CLRS.
  - ausführlich und gründlich in seiner Themenbehandlung
  - Sein Lehrstil wird manchmal als weniger zugänglich angesehen als der anderer Texte, aber er ist dennoch eine exzellente Referenz.
  - Pseudocode wird für die meisten Algorithmen zur Verfügung gestellt.
  - Eine vierte Auflage ist in Arbeit, und da das Buch teuer ist, kann es sich lohnen, nachzuschauen, wann die vierte Auflage veröffentlicht werden soll.

- Robert Sedgewick und Kevin Wayne, *Algorithms*, 4. Auflage (Addison-Wesley Professional, 2011), http://algs4.cs.princeton.edu/home[2] [deutschsprachige Ausgabe: *Algorithmen: Algorithmen und Datenstrukturen*, Pearson Studium 2014]
  - eine zugängliche, aber ausführliche Einführung in Algorithmen und Datenstrukturen
  - gut organisiert mit vollständigen Beispielen aller Algorithmen in Java
  - populär in universitären Algorithmen-Seminaren

- Steven Skiena, *The Algorithm Design Manual*, 2. Auflage (Springer, 2011), http://www.algorist.com
  - Sein Ansatz unterscheidet sich von demjenigen der anderen Lehrbücher dieser Disziplin.
  - Bietet weniger Code, aber mehr beschreibende Erläuterungen zu der passenden Verwendung jedes Algorithmus.
  - Bietet eine »Wähle dein eigenes Abenteuer«-Anleitung für eine breite Auswahl von Algorithmen.

- Aditya Bhargava, *Grokking Algorithms* (Manning, 2016), https://www.manning.com/books/grokking-algorithms [deutschsprachige Ausgabe: *Algorithmen kapieren*, MITP 2019]

---

[2] Eines der wenigen Bücher in dieser Liste, die in deutscher Übersetzung erschienen sind: Algorithmen – Algorithmen und Datenstrukturen, 4. Auflage, Pearson Studium 2014.

- ein grafischer Ansatz zum Erlernen grundlegender Algorithmen, noch dazu mit drolligen Cartoons
- kein Referenz-Lehrbuch, sondern eine Anleitung für das erste Erlernen einiger ausgewählter Grundlagenthemen
- sehr intuitive Beschreibungen und leicht verständliche Sprache
- Beispielcode in Python

C.3 Künstliche Intelligenz

Künstliche Intelligenz verändert unsere Welt. In diesem Buch wurden Ihnen nicht nur einige traditionelle Suchverfahren der künstlichen Intelligenz wie A* und Minimax vorgestellt, sondern auch Verfahren aus ihrer spannenden Unterdisziplin, dem maschinellen Lernen, etwa k-Means und neuronale Netzwerke. Mehr über künstliche Intelligenz zu lernen, ist nicht nur interessant, sondern sorgt auch dafür, dass Sie auf die nächste Welle der Computernutzung vorbereitet sind.

▶ Stuart Russell und Peter Norvig, *Artificial Intelligence: A Modern Approach*, 3. Auflage (Pearson, 2009), *http://aima.cs.berkeley.edu* [deutschsprachige Ausgabe: *Künstliche Intelligenz*, Pearson Studium 2012]
  - das definitive Lehrbuch über KI, das oft in Universitätskursen verwendet wird
  - breites Themenspektrum
  - exzellente Quellcode-Repositorys (implementierte Versionen des Pseudocodes im Buch) online verfügbar

▶ Stephen Lucci und Danny Kopec, *Artificial Intelligence in the 21st Century*, 2. Auflage (Mercury Learning and Information, 2015), *http://mng.bz/1N46*
  - ein zugänglicher Text für alle, die eine bodenständigere und farbenfrohere Anleitung als Russell und Norvig suchen
  - interessante Kurzporträts von Praxisanwendern und viele Bezüge zu Anwendungen im Alltag

▶ Andrew Ng, »Machine Learning«-Kurs (Stanford University), *https://www.coursera.org/learn/machine-learning*
  - ein kostenloser Onlinekurs, der viele der fundamentalen Algorithmen im maschinellen Lernen behandelt
  - von einen Experten von Weltruf
  - wird von Praxisanwendern oft als großartiger Einstiegspunkt in das Gebiet bezeichnet

C.4 Funktionale Programmierung

Java kann im funktionalen Stil programmiert werden, wurde aber nicht wirklich dafür entwickelt. Der Einstieg in den Bereich der funktionalen Programmierung ist in Java selbst möglich, aber es kann hilfreich sein, mit einer rein funktionalen Sprache zu arbeiten und dann einige der Ideen, die Sie während dieser Erfahrung gelernt haben, in Java anzuwenden.

- Harold Abelson und Gerald Jay Sussman mit Julie Sussman, *Structure and Interpretation of Computer Programs* (MIT Press, 1996), *https://mitpress.mit.edu/sicp* [deutschsprachige Ausgabe: *Struktur und Interpretation von Computerprogrammen*, Springer 2001]
    - eine klassische Einführung in die funktionale Programmierung, die oft in Informatik-Einstiegskursen in Universitäten verwendet wird
    - lehrt in Scheme, einer einfach zu erlernenden, rein funktionalen Sprache
    - kostenlos online verfügbar
- Michał Płachta, *Grokking Functional Programming* (Manning, 2021), *https://www.manning.com/books/grokking-functional-programming*
    - eine grafische und freundliche Einführung in die funktionale Programmierung
- Pierre-Yves Saumont, *Functional Programming in Java* (Manning, 2017), *https://www.manning.com/books/functional-programming-in-java*
    - gibt eine grundlegende Einführung in einige der Hilfsmittel zur funktionalen Programmierung in der Java-Standardbibliothek
    - zeigt Ihnen die funktionale Anwendung von Java

Index

^, Operator 39

A

A*-Suche
   Algorithmus für 78
   Heuristik 76
      euklidischer Abstand 76
      Manhatten-Abstand 77
   Prioritätswarteschlangen 76
Abbruchbedingung 25
abstract 93
Acht-Damen-Problem 101
activationFunction, Variable 219
addEdge() 126
Adjazenzliste 122
Adversarial Search 243
   Anwendungen im Alltag 273
   Brettspiele 245
   Grundkomponenten von Brettspielen 243
   iterative Tiefensuche 272
   Minimax-Algorithmus 251, 272
   Ruhesuche 273
   Tic Tac Toe 245
      KI entwickeln 257
      Minimax-Algorithmus 251
      Zustände verwalten 246
   Vier gewinnt 260
      Alpha-Beta-Suche 270
      Code 260
      KI entwickeln 268
Aktivierungsfunktion 208, 216, 317, 320
Algorithmus 323
Allgemeine künstliche Intelligenz 207
alphabeta() 271, 275
assignment 97
astar() 79–80, 85, 89
A-Suche 75
Ausgabeschicht 209, 317, 321
Auslese 317
   natürliche 319
Australien-Karte einfärben 98
Auto-Memoisation 46, 317
Azyklischer Baum 136, 317

B

Backpropagation 207, 210, 317–318, 320
Backtracking 95, 317, 319
backtrackingSearch() 95, 101
Basic Linear Algebra Subprograms → BLAS
Baum 317
   azyklischer 136, 317
Bedingung 317, 320
Bedingungserfüllungsproblem 91
   Acht-Damen-Problem 101
   Anwendungen im Alltag 115
   Australien-Karte einfärben 98
   Frameworks 92
   kryptoarithmetische Rätsel 112
   Leiterplatten-Layout 115
   Wortsuche 104
BFS (Breadth-First Search) → Breitensuche
bfs() 74, 81, 85–86, 89, 140
Binärbedingungen 99
Binärsuche 53
binaryContains() 89
Bit-Array 317
BitSet, Klasse 33–34, 47
Bit-String 32–34, 317
BitString, Klasse 179
Bit-Vektor 317
BLAS (Basic Linear Algebra Subprograms) 238
Board, Interface 245, 260
Board, Klasse 248, 257
Breitensuche 70, 129
   Algorithmus 72
   Warteschlangen 72
Brian Goetz 301
Brute-Force-Suche 289

C

C4Board, Klasse 262
calculatePi() 41

Index

Callable 129
Cell, Enum 59
Chromosom 317
Chromosome, Klasse 155–156, 158, 164, 179
Cluster, Klasse 188
Clustering 181, 317
   nach Alter 193
   nach Längengrad 193
Codon 49, 317
Codon, Typ 55
Collections, Klasse 171
Comma-Separated Values → CSV
compress() 33
CompressedGene, Klasse 33
consistent() 95, 97
Constraint Propagation 116
Constraint, Klasse 92, 99
Constraint-Satisfaction-Problem → Bedingungs-
   erfüllungsproblem
Core ML 240
Crossover 154, 317
crossover() 166, 171, 175
Crossover-Operator 318
CSP → Bedingungserfüllungsproblem
CSP, Klasse 93
CSV 318
CSV (Comma-Separated Values) 230

D

DataPoint 185, 188, 190
DataPoint, Interface 184
Daten
   große Datenmengen 292
   Normalisierung 227
   Ressourcen für Datenstrukturen 323
decompress() 35
Deep Learning → Tiefes Lernen
Dekomprimierung 31, 318
Delta 211, 318
DFS (Depth-First Search) → Tiefensuche
dfs() 69, 73–74, 89
Digraph → Gerichteter Graph
dijkstra() 144, 147–148
Dijkstra-Algorithmus 89, 143, 148
DijkstraNode 144
DijkstraResult 144

dimensionSlice() 191
displaySolution() 85
DNA-Suchaufgabe 49
   Beispiel 57
   Binärsuche 53
   DNA speichern 50
   lineare Suche 52
Domäne 91, 318, 320
DoubleSummaryStatistics, Klasse 182
Dynamische Programmierung 318
   Anwendungen im Alltag 296
   Definition 279
   Rucksackproblem 277

E

Eclipse 19, 60
Edge, Klasse 120
Edge-Protokoll
   Implementierung 126
Eingabeschicht 209, 321
encrypt() 39
Endlosrekursion 24–25, 318
Endlosschleife 318
Entschlüsseln 38
euclideanDistance() 77
Euklidischer Abstand 76, 185
Exklusiv-Oder → XOR (Exklusiv-Oder), Operation

F

Feature-Skalierung 228
Feedforward (künstliches neuronales Netzwerk)
   Definition 207, 318
   erste Schicht von 318
   letzte Schicht von 317
fib1() 24, 29
fib2() 26–27, 29
fib3() 28
fib5() 30
Fibonacci-Folge 23
   Abbruchbedingungen verwenden 25
   erster rekursiver Ansatz 23
   Generator zur Erzeugung 30
   iterativer Ansatz 29
   Memoisation 27

FIFO (First In, First Out) 72, 321
findBestMove() 253, 268, 272
Fitnessfunktion 318
Fitness-proportionale Selektion 158
Fließkommazahl 41, 208–209, 214, 226
fMRT (funktionale Magnetresonanz-
 tomografie) 206
Framework
 Edge-Protokoll 126
 für Graphen 120
 Graph-Protokoll 126
Funktion
 rekursive 25, 320
Funktionale Programmierung 326

G

Gene, Typ 55
generateDomain() 108–109
Generation 317–319
GeneticAlgorithm, Klasse 157–158, 164, 166,
 170–171, 179, 187
Genetische Algorithmen 153
 Anwendungen im Alltag 178
 biologischer Hintergrund 153, 155
 generischer genetischer Algorithmus 155
 Kritik 176
 kryptoarithmetische Rätsel 167
 Listenkomprimierung optimieren 172
 naiver Test 164
Genetische Programmierung 178, 318
Gerichteter Graph (Digraph) 121, 151, 318
Gewicht
 arbeiten mit 131
 Dijkstra-Algorithmus 143
 gewichteter Pfad, Gesamtwert berechnen 137
 kürzesten Pfad in gewichteten Graphen
  finden 143
Gewichteter Graph 120, 125, 148
Goetz, Brian 301
Gradientenabstieg 213, 318
Graph 318
 gerichteter 121, 318
 gewichtet 125
 gewichteter 120, 148
 ungerichteter 121
 ungewichtet 125

Graph (Forts.)
 ungewichteter 120, 129
 verbundener 321
 vollständiger 137
Graph, Klasse 120–122, 125, 129
Graphenproblem 117, 151
 Anwendungen im Alltag 150–151
 Breitensuche 129
 Edge-Protokoll 126
 Graphen-Frameworks schreiben 120
 Graph-Protokoll 126
 in gewichteten Graphen 143
 Kosten des Netzwerkaufbaus minimieren 131
 kürzesten Pfad finden 128
 Landkarten als Graphen 117
 minimalen Spannbaum finden 136
 mit Gewichten arbeiten 131
Graph-Protokoll, Implementierung 126
Greedy-Algorithmus 140, 319
GridLocation 109
GZIPOutputStream, Klasse 173

H

Halbzug 251, 319
Handlungsreisender, Problem 284
 Anwendungen im Alltag 296
 mit großen Datenmengen 292
 naiver Ansatz 285
  Beispieldaten 285
  Brute-Force-Suche 289
  Permutationserzeugung 287
heuristic 79
Heuristik 76, 319
 euklidischer Abstand 76
 Manhattan-Abstand 77
 zulässige 321
Hyperloop-Netz 118–119, 121, 126,
 128–129, 131

I

int, Typ 32
Intelligenz, allgemeine KI 207
IntelliJ 19
interpretOutput() 226

Index

irisClassifications 232
Iris-Datenmenge 229
Item, Klasse 278
Iterative Tiefensuche 272

J

Jarník-Algorithmus 132–133, 138
Java, Programmiersprache
    Quellcode-Repository 19
    Ressourcen für 323
    Versionierung 18
java.util.zip, Paket 173
JUnit 254

K

Kante 318–320
KI → Künstliche Intelligenz
Klassifikationsproblem 227
    Iris-Datenmenge 229
    Normalisierung von Daten 227
    Wein klassifizieren 234
Klassische Informatikaufgaben
    Definition 15
Kleine Probleme
    Türme von Hanoi
        Lösung 46
KMeans, Klasse 188–189, 197, 203, 228
k-Means-Clustering
    Alben-Beispiel 199
    Algorithmus für 185
    Anwendungen im Alltag 202
    Clustering nach Alter und Längengrad 193
    Erweiterungen 201
    Probleme mit 201
    Vorbereitungen für 182
Knoten (Graph) 318–319
Knotenmatrix 122
Komprimierung 319
    Anwendungen im Alltag 46
    Listenkomprimierung optimieren 172
    triviale 31
Kosten des Netzwerkaufbaus minimieren ... 131
Kreis 319
Kryptoarithmetische Rätsel 112, 167

Künstliche Intelligenz
    allgemeine KI 207
    Ressourcen für 325
    starke KI 207
Künstliches neuronales Netzwerk 207
    Backpropagation 210
    Neuronen 208
    Schichten 209
    Überblick 214

L

Labyrinth-Aufgaben 59
    A-Suche* 75
        Algorithmus für 78
        Heuristik 76
        Prioritätswarteschlangen 76
    Breitensuche 70
        Algorithmus 72
        Warteschlangen 72
    Labyrinth-Hilfsfunktionen 64
    Tiefensuche 65
        Algorithmus 66
        Stapel 66
    Zufallslabyrinthe erzeugen 62
Landkarte als Graphen 117
Last In, First Out (LIFO) 43, 66, 320
Layer, Klasse 218, 220–221, 242
layerStructure, Argument 233
Leiterplatten-Layout 115
Lernen
    tiefes 320
    überwachtes 211, 320
    unüberwachtes 320
Lerntempo 213, 218–220, 222, 233, 237, 319
LIFO (Last In, First Out) 43, 66, 320
linearContains() 57, 89
Lineare Suche 52
localAssignment, Map 97

M

Manhattan-Abstand 77
map() 125
MapColoringConstraint, Klasse 99
Maschinelles Lernen 205

Index

maxDepth 268
Maze, Klasse 62, 69, 77, 105
MazeLocation 64, 66
MCState, Klasse 83
mean() 182
Memoisation 27, 319
   Anwendungen im Alltag 46
Merkhilfen für Telefonnummern 292
Methode
   rekursive 23
Methode, unüberwachte 181
Metropolregionen 117–118
Minimaler Spannbaum 319
minimax() 252–253, 260, 268, 272
Minimax-Algorithmus 251
   testen 254
   verbessern 272
      mit Alpha-Beta-Suche 270
      mit iterativer Tiefensuche 272
      mit Ruhesuche 273
Missionare und Kannibalen 82
   Darstellung 82
   Lösung 85
move() 44, 46
MST 137
mst() 139–140, 142
mutate() 166, 171, 175
Mutations-Operator 318
Mutieren 319

N

Natürliche Auslese 319
neighborsOf() 124
NetBeans 19
Network, Klasse 242
Netzwerk
   Aufbaukosten minimieren 131
   minimalen Spannbaum finden 136
   mit Gewichten arbeiten 131
Neuron 206, 208, 218, 319
   Synapse 320
Neuron, Klasse 218–219, 242
Neuronales Netzwerk 206, 319
   Anwendungen im Alltag 241
   aufbauen 218
      Netzwerke implementieren 222

Neuronales Netzwerk (Forts.)
      Neuronen implementieren 218
      Schichten implementieren 220
   beschleunigen 238
   biologische Grundlagen 206
   Definition 319
   Erweiterungen 239
   implementieren 222
   Klassifikationsproblem 227
      Iris-Datenmenge 229
      Normalisierung von Daten 227
      Wein klassifizieren 234
   künstliches 207
      Backpropagation 210
      Neuronen 208
      Schichten 209
      Überblick 214
   Probleme 239
   Vorbereitungen für 215
      Aktivierungsfunktionen 216
      Skalarprodukte 215
nextBytes() 38
Node, Klasse 66, 144
nodeToPath() 85
Normalisierung 186, 319
   Daten 227
normalizeByFeatureScaling() 229
NP-komplexes Problem (nichtdeterministisch
   polynomiell) 284, 319
Nukleotid 49, 317, 320

O

Operation, stochastische 154
Overfitting 234

P

Permutationserzeugung
   Anwendungen im Alltag 296
   Problem des Handlungsreisenden 287
   Telefonnummer-Merkhilfen 292
Pfad .... 128 (Forts.)
   Definition 320
   gewichteter 137
   kürzesten finden 128

Pfad (Forts.)
   kürzesten in gewichteten Graphen finden 143
      Dijkstra-Algorithmus 143
Pi berechnen 40
pickTournament() 161
Piece, Interface 244, 260
pop() 66
Pop-Operation 43
Population 320
Potenzmenge 278
Prim-Algorithmus 138
printWeightedPath() 148
Prioritätswarteschlange 76, 320
PriorityQueue, Klasse 76
Problem des Handlungsreisenden
   → Handlungsreisender, Problem
Programmierung
   dynamische 318
   genetische 318
Pseudocode 324
pstdev() 182
push(), Operation 66
Push-Operation 43

Q

QueensConstraint, Klasse 103
Queue, Klasse 72–73

R

Random, Klasse 38
randomInstance() 166, 171
randomKey() 39
Rätsel, kryptoarithmetische 167
Rekursive Funktion 25, 320
Rekursive Methode 23
reproduceAndReplace() 161, 164
Roulette-Wheel-Selektion 158–159
Rucksackproblem 277
Ruhesuche 273
run() 163, 193

S

satisfied() 92, 170
Schicht 209, 220
   versteckte 209, 321
Seeding 159
SelectionType, Enum 158
Selektion, fitness-proportionale 158
Selektions-Operator 318
SEND+MORE=MONEY-Rätsel 112, 167
shuffle() 161, 171
Sigmoidfunktion 216–217, 320
SIMD (Single Instruction,
   Multiple Data) 238, 320
SimpleEquation 166, 171
Single Instruction, Multiple Data (SIMD) 238
Skalarprodukt 215
Spannbaum
   minimaler 319
   Minimum finden 136
   Gesamtgewicht gewichteter Pfade
      berechnen 137
   Jarník-Algorithmus 138
Spanning Tree 137
Stack, Klasse 66, 72
Stack-Klasse 73
Standard-Score 186
Stapel 66, 320
Starke KI 207
std() (Standardabweichung) 182
Stochastische Operation 154
successors() 64
Suchaufgabe 49
   Anwendung im Alltag 89
   DNA-Suche 49
      Beispiel für 57
      binäre Suche 53
      DNA speichern 50
      lineare Suche 52
   Labyrinth-Aufgaben 59
      A*-Suche 75
      Breitensuche 70
      Labyrinth-Hilfsfunktionen 64
      Tiefensuche 65
      Zufallslabyrinthe erzeugen 62
   Missionare und Kannibalen 82
      Darstellung 82
      Lösung 85

Suchaufgabe → Adversarial Search
Suche, lineare 52
sum() 182
Synapse 206, 320

T

table, Variable 284
Telefonnummer-Merkhilfen 292
Tic Tac Toe 245
   KI entwickeln für 257
   Minimax-Algorithmus 251
   Zustände verwalten 246
Tiefensuche 65
   Algorithmus für 66
   iterative 272
   Stapel 66
Tiefes Lernen 205, 320
totalWeight() 137
Tournament-Selektion ... 158, 160–162, 172, 179
Training 210, 320
TTTBoard, Klasse 247, 251
TTTPiece, Enum 246–247
TTTPiece, Klasse 261
Türme von Hanoi 42
   lösen 43
   Lösung 46
   Modellierung der Türme 43

U

Überwachtes Lernen 211, 320
Ungerichtete Graphen 121
Ungewichteter Graph 120, 125, 129
Unit-Tests 254
Unknackbare Verschlüsselung
   Daten bereitstellen 37
   entschlüsseln 38
   verschlüsseln 38
Unüberwachte Methode 181
Unüberwachtes Lernen 320
UnweightedGraph 125
User-Interface-Code 20
util, Paket 182

V

validate() 225–226
Variable 91–93, 320
variance() 183
Vektorinstruktion 238
Verbunden (Eigenschaft) 321
Verschlüsselung 36
   Anwendungen im Alltag 46
   Daten bereitstellen 37
   Entschlüsselung und 38
Versteckte Schicht 209, 321
vertices, Liste 122, 124
Vier gewinnt 260
   Alpha-Beta-Suche 270
   Code für 260
   KI entwickeln für 268
visit 141
Vollständiger Graph 137

W

Warteschlange 72, 76, 321
WeightedEdge, Klasse 132–133, 140
WeightedGraph, Klasse 132–133, 138, 144
WeightedPath, Klasse 140
WordSearchConstraint, Klasse 110, 116
Wortsuche 104

X

XOR (Exklusiv-Oder), Operation 38, 321

Z

Zeichencodierung 37
Zentroid 185, 321
z-Score 186, 321
zscored() 182, 184, 186, 189
zScoreNormalize() 189
Zulässige Heuristik 75, 80, 321

Über 300 Aufgaben für Ihre Java-Skills

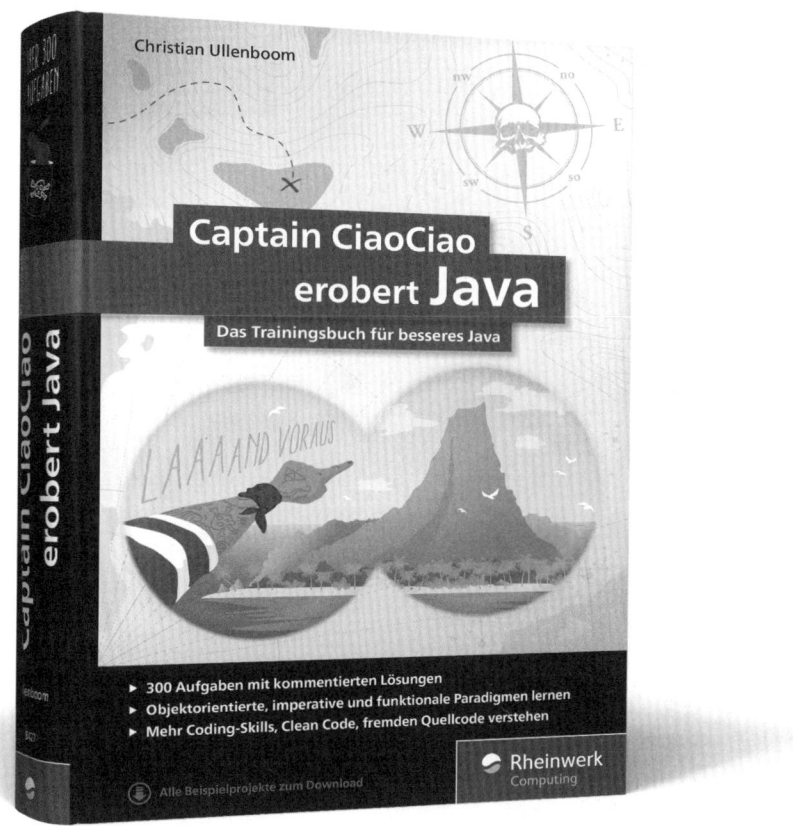

Bringen Sie Ihre Fähigkeiten aufs nächste Level! Der Java-Champion Christian Ullenboom bietet Ihnen alles, was Sie dafür brauchen: rund 300 Übungen zu allen Java-Features in drei Schwierigkeitsgraden und Kniffe, die man als Profi einfach kennen sollte. Das Ganze serviert mit gutem Beispielcode und Illustrationen rund um Captain CiaoCiao und seine Crew, die einfach Spaß beim Mitcoden und Tüfteln machen. Inkl. Lösungen zu allen Aufgaben. Die ideale Ergänzung zum IT-Kultbuch »Java ist auch eine Insel«.

800 Seiten, gebunden, 39,9 Euro, ISBN 978-3-8362-8427-1
www.rheinwerk-verlag.de/5329

Objektorientierung auf den Punkt erklärt

In diesem Handbuch finden Sie alles, was Sie brauchen, um sich in die objektorientierte Programmierung einzuarbeiten. Machen Sie die OOP-Prinzipien zur Basis Ihrer eigenen Arbeit und entwickeln Sie guten Code. Die Autoren erläutern alle Themen anschaulich und verständlich mit vielen typischen Beispielen. An einem größeren Projekt bekommen Sie zudem von Anfang bis Ende gezeigt, wie Sie die OOP-Prinzipien konsequent und richtig umsetzen.

688 Seiten, gebunden, 49,90 Euro, ISBN 978-3-8362-8317-5
www.rheinwerk-verlag.de/5289